U0877374

文化自信，从阅读开始

“文化自信与中国现当代文学·中学生读本”编委会

学术顾问　雷　实

总 主 编　蒋述卓　陈剑晖　贺仲明

执行主编　周　群　黄红丽

编　　委（按姓氏笔画排序）

王　惠　王春雷　申霞艳　司马晓雯　李金涛

杨汤琛　张　华　陈　希　陈剑晖　季　丰

周建江　钟凌翊　咸立强　钱　丹　徐　珊

郭小东　郭冰茹　黄　平　黄红丽　傅修海

童志斌　曾湖仙　蔡莉玲　谭健文　黎小敏

本册主编　申霞艳　童志斌

“百部好书”扶持项目
GUANGDONG PUBLISHING

文化自信与中国现当代文学·中学生读本

万物静观皆自得

申霞艳 童志斌◎主编

青少年
品质阅读精选

语言·思维
审美·文化

广东高等教育出版社
Guangdong Higher Education Press
·广州·

本书部分文字作品稿酬已委托中国文字著作权协会转付，敬请相关著作权人与中国文字著作权协会联系。电话：010 - 65978917，传真：010 - 65978926，E-mail：wenzhuxie@126.com。

图书在版编目（CIP）数据

万物静观皆自得/申霞艳，童志斌主编. —广州：广东高等教育出版社，2020.5

（文化自信与中国现当代文学·中学生读本/蒋述卓，陈剑晖，贺仲明主编）

ISBN 978 - 7 - 5361 - 6560 - 1

Ⅰ.①万… Ⅱ.①申…②童… Ⅲ.①阅读课 - 中学 - 课外读物 Ⅳ.①G634.333

中国版本图书馆 CIP 数据核字（2019）第 169199 号

书　　名　万物静观皆自得
　　　　　WANWU JINGGUAN JIE ZIDE
出版发行　广东高等教育出版社
　　　　　地址：广州市天河区林和西横路　电话：(020) 87554153
　　　　　http://www.gdgjs.com.cn
印　　刷　佛山市浩文彩色印刷有限公司
开　　本　787 毫米×1 092 毫米　1/16
印　　张　15.5
字　　数　287 千
版　　次　2020 年 5 月第 1 版　2020 年 5 月第 1 次印刷
定　　价　36.00 元

如发现印装质量问题，请直接与印刷厂联系调换。

写在前面

作为一个编辑，我经常感叹文学的世界浩瀚如大海，书太多，而时间太少。作为一个母亲，我又经常困惑这么多书，该怎么选，读哪些书，才能让孩子在繁重课业之外挤出的阅读时间，读得有品质；怎么读，才能对他的阅读和写作能力提升有所帮助。同时我还非常苦恼，如何与处于叛逆期的孩子对话，建立沟通。众所周知，中学阶段是人的人生观、世界观、价值观以及思维方式、创造能力和审美能力形成的关键时期，而这些能力却绝非朝夕可成。很多家长即使意识到其重要性，但多半也不知从何入手，如何引导。

基于以上，我们尝试从中华文化精神的角度来做一套适合这一年龄段孩子阅读的书。

怎么选？我们遵循“循序渐进”、由浅到深、从近到远的原则。按照情感发展规律，即个人—家庭—国家（民族）—世界的思路精选12个专题。先侧重从中学生的日常生活、身边事物、自信自尊自强、诚实守信，以及文化人格塑造，如何对待爱情友谊，如何增强忧患意识，将个人的“小家”与国家的“大家”统一起来等方面着手。后由“小”到“大”，由“内”及“外”，由“近”及“远”，从个人、自我、家庭延伸到信仰、理想主义与英雄主义、天人合一、人类共同价值观，以及汉语文化、逻辑思维和创造性思维等。

我们首创“学术主编+教学主编”的编写模式，由知名高校学术主编与中学一线教研员、中学语文名师组成的教学主编，以现当代作家名作名篇为基础，围绕自尊自信自强、亲情与爱情等12个专题选择篇目，并以“中华文化精神”贯穿之，精挑细选，匠心打造，体裁涵盖散文、小说、杂文、诗歌、报告文学等文学样式。同时以入选的各篇目的通用版本为底本，撰写导读和作品赏读。编者悉心解读，所撰写的细腻、隽永的文字，引领我们步进文学的殿堂，领略文学之美，值得珍藏。

阅读是一种力量，在这里有300多位中国现当代名家，跨越时空，通过文学的形式，与我们的孩子对话，以想象性、形象性和情感性的文学作品深入孩子内心，通过共鸣，因感受而唤醒孩子自身的精神诉求，进而有意识地构建精神家园。这些作品一旦进入孩子的生命，就会成为其情感和审美结构的一部分，并在最深的意义上构成“自我”。在这纷扰的世界上，孩子无论是认识世界还是面对人生，都能保持正确的世界观、价值观、人生观，以及看问题的大局观。

同时我们特地邀请了各地几十所学校广播站的同学朗读选文作品。不一定是字正腔圆的专业朗读，但这些有感情、有温度的同龄人的声音一定能打动内心，扫码即可用耳朵“悦”读。

在编辑过程中，我们针对青少年的阅读心理和阅读习惯，按照现代出版规范对选文进行了处理，对部分选文做了删减。

在此还要向各选文的作者致以诚挚的敬意，是他们用自己伟大的思想和精湛的文字，为青少年一代提供了思想的源泉和振翅的境界。我们已委托中国文字著作权协会代理稿酬事宜，一并致谢。

希望这套书能够让我们的孩子从繁重的课业和纷杂的电子游戏中走出来，在文学的港湾憩息，感受到文学的力量并得到丰厚的滋养，从中获得面对未知的好奇、追逐梦想的激情、拥抱生活的热情、直面坎坷的勇气和击败困难的力量。

目录

放纸鸢

听春雨

看云起

锁清秋

怀采薇

放纸鸢

导读

童年，故乡是文学恒久的母题。“草长莺飞二月天，拂堤杨柳醉春烟。儿童散学归来早，忙趁东风放纸鸢。”童年，如同生命里的二月天，嫩芽的颜色被永久地保存着；童心，就像东风中的纸鸢，总是向往着无限的高处、无穷的远方。人生的春天，一切刚刚苏醒，带着初生的纯净，人一生的记忆和感情，就在这里初次放飞了。无论风筝的线放得多远，无论季节的风如何变迁，那小小的纸鸢，始终是天空中最明亮的色彩。

童年终要逝去，童心却成为人类最珍贵的价值。毕加索说自己的一生都在学习像孩子一样绘画。子说：“大人者，不失其赤子之心者也。”在我们的日常用语中，“大人”和“孩子”通常是一对反义词，而在孟子心中，“大人”不只意味着成年，只有那些离开了童年却依然保留着童心的人，才是真正的“大人”。明代李贽的《童心说》，更是直言：“夫童心者，真心也。……若失却童心，便失却真心；失却真心，便失却真人。”李贽把童心视为做人的根本，童心就是真心，如果失去童心，人就成了没有心灵的假人。

健康、知识、财富、爱情，这些东西是人们想要的，却不是人人都能拥有的。然而，童心是每个人都能拥有的，或是曾经拥有，或是正在拥有。世界变幻无常，人生跌宕起伏，握住手中的童心之线，才不会忘记生命本真的模样。

本单元所选的7篇作品，作家在写下这些作品时都已告别童年，但童心依然引领着他们回到童年，回到人生的原初。莫言的《大风》展示了作家非凡的讲述能力。小说以孩子的视角回忆爷爷为了护住一车茅草与龙卷风搏斗的情景。这场殊死搏斗展现了人类不屈不挠的精神，这种精神与女娲补天、精卫填海、后羿射日、愚公移山等民族神话是一脉相承的。风停之后，车上的茅草被风刮得只剩一根，就是这唯一的一根茅草成了祖孙两人终生不忘的记忆。这根茅草也象征着在艰苦命运之下认真生活的精神，隐喻着无数平凡百姓无惧历史风浪、代代相传的生存意志。这种意志乃中华民族能历数千年而不败的核心，这种不屈服的精神今天依然激励我们。顾城的《远和近》(1980)、《我是一个任性的孩子》(1981) 带回了在十年动乱中久违的天真视野，在这两首诗里，顾城不再用他“黑色的眼睛”寻找光明，而是用重见光明的眼睛看云、看“像彩色蜡笔那样美丽”的世界，以求重新唤起人们心中的爱与美。三毛的《拾荒梦》用诙谐轻松的笔调，讲述了三毛怎样实现她从小到大一直没有放弃的独特理想——“希望做一个拾破烂的人”，让我们发现原来从功利角度看来毫无用处的垃圾在善于发现的眼睛里也能成为宝藏，蕴藏着细小然而无穷的乐趣。钱锺书的《论快乐》跟读者开了个玩笑，标题说的是快乐，正文说的却是快乐如何使人不快乐，以及快乐如何从不快乐中产生，这看似矛盾，然而正如文章最后所说：“矛盾是智慧的代价。”朱光潜的《无言之美》以美术、文学、音乐、戏剧、雕刻的静默留白为例，展现想象力从不完美中得到激发，然后将人引领到理想世界的过程。沈从文的《生命》亦诗亦文，犹如多彩的梦境碎片，串联起对生命真实的种种叩问。

作品

大风[①]

莫言

学校里放了暑假，我匆匆忙忙地收拾收拾，便乘上火车，赶回故乡去。路上，我的心情十分沉重。前些天家里来信说，我八十六岁的爷爷去世了。寒假我在家时，老人家还很硬朗，耳不聋眼不花，想不到仅仅半年多工夫，他竟溘然逝去了。

爷爷是个干瘦的小老头儿，肤色黝黑，眼白是灰色的，人极慈祥，对我很疼爱。我很小时，父亲就病故了，本来已经“交权”的爷爷，重新挑起了家庭的重担，率领着母亲和我，度过了艰难的岁月。爷爷是村里数一数二的庄稼人，推车打担、使锄耍镰都是好手。经他的手干出的活儿和旁人明显的两样。初夏五月天，麦子黄熟了，全队的男劳力都提着镰刀下了地。爷爷割出的麦茬又矮又齐，捆出来的麦个子，中间卡，两头奓，麦穗儿齐齐的，连一个倒穗也没有。生产队的马车把几十个人割出的麦个拉到场里，娘儿们铡场时，能从小山一样的麦个垛里把爷爷的活儿挑出来。

“瞧啊，这又是‘蹦蹦’爷的活儿！”

① 选自《莫言作品精选》（长江文艺出版社 2009 年版），有改动。莫言，1955 生于山东，著有《透明的红萝卜》《红高粱家族》《蛙》等。

娘儿们怀里抱的麦个子一定是紧腰齐头爹根子，像宣传画上经常画着的那个扎着头巾的小媳妇怀里抱的麦个子一样好看，她们才这样喊。

“除了‘蹦蹦’爷谁也干不出这手活儿。”娘儿们把麦个子往铡刀下一送，按铡的娘儿们一手叉腰，单手握着铡刀柄，手腕一抖，屁股一翘，……“嚓”，麦个子拦腰切断，根是根，穗是穗。要是碰上埋汰主儿捆的麦个子，娘儿们就搜罗着最生动形象的话儿骂。按铡的娘儿们双手按铡刀，……才能把麦个子铡断。而麦根部分里往往还夹带麦穗。

干什么都要干好，干什么都要专心，不能干着东想着西，这是爷爷的准则。爷爷使用的工具是全村最顺手的工具。他的锄镰镢锨都是擦得亮亮的，半点锈迹也没有。他不抽烟，干活干累了，就蹲下来，或是找块碎瓦片，或是揪把干草，擦磨那闪亮的工具……

我带着很悒郁的心情跨进家门，母亲在家。母亲也是六十多岁的人了，多年的操心劳神使她的面貌比实际年龄更大得多。母亲说，爷爷没得什么病，去世前一天还推着小车到东北洼转了一圈，割回了一棵草。母亲从一本我扔在家里的杂志里把那株草翻出来，小心地捏着，给我看，“他两手捧回这棵草来，对我说，‘星儿他娘，你看看，这是棵什么草?’说着，人兴头得了不得。夜里，听到他屋里响了一声，起来过去一看，人已经不行了……老人临死没遭一点罪，这也是前世修的。”母亲款款地说着，“只是没能侍候他，心里愧得慌。他出了一辈子的力，不容易啊……”

我眼窝酸酸地听着母亲的话，想起了很多往事——

我家房后有一条弯弯曲曲的胶河，沿着高高的窄窄的河堤向东北方向走七里左右路，就到了一片方圆数千亩的荒草甸子。每年夏天，爷爷都去那儿割草。离我们村二十里有部队一个马场，每年冬季都收购干青草喂马，价钱视草的质量而定。我爷爷的镰刀磨得快，割草技术高，割下来的草干净，不拖泥带水。晒草时又摊得薄，翻得勤，干草都是很新鲜的淡绿色，像植物标本一样鲜活，爷爷的干草向来卖最高的价钱。我至今还留恋在干草堆里打滚的快乐——尤其是秋天，夜晚凉凉爽爽，天上的颜色是墨绿，星星像宝石一样闪闪烁烁，松软的干草堆暖暖和和，干青草散发出沁人心脾的甜香味……

最早跟爷爷去荒草甸子割草，是刚过了七岁生日不久的一天。我们动身很早，河堤上没有行人。堤顶也就是一条灰白的小路，路的两边长满了野草，行人的脚压迫得它们很瑟缩，但依然是生气勃勃的。河上有雾，雾很重，但不均匀，一块白，一块灰，有时像炊烟，有时又像落下来的云朵。看不见河水，河水在雾下无声无息地流淌，间或有泼剌的响声，也许是因为鱼儿在水里动作吧。爷爷和我都不说话。爷爷的步子轻悄悄的，走得不紧不慢，听不到脚步声。小车轮子沙沙地响。有时候，车上没收拾干净的一根草梗会落在辐条之间，草梗轻轻地拨弄着车辐条，发出很细微的“劈劈劈劈，叮叮叮叮”的响声。我有时把脸朝着前方（爷爷用小车推着我），看着河堤两边的景致。高粱田、玉米田、谷子田。雾淡了些，仍然高高低低地缠绕着田野和田野里的庄稼。丝线流苏般的玉米缨儿，刀剑般的玉米叶儿，刚秀出的高粱穗儿，很结实的谷子尾巴，都在雾中时隐时现。很远，很近。清楚又模糊。河堤上的绿草叶儿上挂着亮晶晶的露水珠儿，在微微颤抖着，对我打着招呼。车子过去，露珠便落下来，河堤上留下很明显的痕迹，草的颜色也加深了。

雾越来越淡薄。河水露出了脸儿，是银白色的，仿佛不流动。灰蓝的天空也慢慢地明亮起来，东方渐渐发红，云彩边儿是粉红色的。太阳从挂满露珠的田野边缘上升起来，一点一点的。先是血一样红，没有光线，不耀眼。云彩也红得像鸡冠子。

天变得像水一样，无色，透明。后来太阳一下子弹出来，还是没有光线，也不耀眼，很大的椭圆形。这时候能看到它很快地往上爬，爬着爬着，像拉了一下开关似的，万道红光突然射出来，照亮了天，照亮了地，天地间顿时十分辉煌，草叶上的露珠像珍珠一样闪烁着。河面上躺着一根金色的光柱，一个拉长了的太阳。我们走到哪儿，光柱就退到哪儿。田野里还是很寂静，爷爷漫不经心地哼起歌子来。

一匹马踏破了铁甲连环

一杆枪杀败了天下好汉

曲调很古老，节拍很缓慢，歌声悲壮苍凉。坦荡荡的旷野上缓慢地爬行着爷爷的歌声，空气因歌声而起伏，没散尽的雾也在动。

一碗酒消解了三代的冤情

一文钱难住了盖世的英雄

从爷爷唱出第一个音节时，我就把头拧回来，面对着爷爷，双眼紧盯着他。他的头秃了，秃顶的地方又光滑又亮，连一丝细皱纹也没有。瘦得没有腮的脸是木木的，没有表情。眼睛是茫然的，但茫然的眼睛中间还有两个很亮的光点，我紧盯着这两个光点，似乎感到温暖。我想，他大概把我、把他自己、把车子、把这还没苏醒的田野全忘却了吧？他的走路、推车、歌唱都与他无关吧？我听到了自己的心跳声，"咚咚咚咚"，像很远很远的树上有一个啄木鸟在凿树洞……

一声笑颠倒了满朝文武

一句话失去了半壁江山

爷爷唱的是什么，我不知道。但我从爷爷的歌唱中感受到一种很新奇很惶惑的情绪，很幸福又很痛苦。我感到陡然间长大了不少，童年时代就像消逝在这条灰白的镶着野草的河堤上。爷爷用他的手臂推着我的肉体，用他的歌声推着我的灵魂，一直向前走。

"爷爷，你唱的什么？"我捕捉着爷爷唱出的最后一个尾音，一直等到它变成一种感觉消逝在茵茵绿草叶梢上时，我才迷惘地问。

"瞎唱呗，谁知道它是什么……"爷爷说。

夜宿的鸟儿从草丛中飞起来，在半空中嘹亮地叫着。田野顷刻变得生气勃勃。十几只百灵在草甸子上空盘旋着鸣啭。秃尾巴鹌鹑在草丛中"哗——哗——"地鸣叫着。爷爷停下车子，说，"孩子，下来吧。"

"到了吧？爷爷。"

"噢。"

爷爷把车子推到草地上，竖起来，脱下褂子蒙在车轱辘上，带着我向草甸子深处走去。爷爷带着我去找老茅草，老茅草含水少，干得快，牲口也爱吃。

爷爷提着一把大镰力，我提着一柄小镰刀，在一片茅草前蹲下来。"看我怎么割。"爷爷作着示范给我看。他并不认真教我，比划了几下子就低头割他的草去了。他割草的姿势很美，动作富有节奏。我试着割了几下，很累，厌烦了，扔下镰刀，追鸟捉蚂蚱去了。草甸子里蚂蚱很多，我割草没成绩，捉蚂蚱很有成绩。中午，爷爷点起一把火，把干粮烤了烤，又烧熟了我捉的蚂蚱，蚂蚱满肚子籽儿，好香。

迷蒙中感到爷爷在推我，睁眼爬起来一看，已是半下午了，吃过蚂蚱后，爷爷支起一个凉棚让我钻进去，我睡了一大觉，草甸子里夹杂着野花香气的热风吹得我满身是汗。爷爷已经把草捆成四大捆，全背到了河堤上，小车也推上了河堤。

“星儿，快起来，天不好，得快点儿走。”爷爷对我说。

不知何时——在我睡梦中茶色的天上布满了大块的黑云，太阳已挂到西半边，光线是橘红色，很短，好像射不到草甸子就没劲了。

“要下雨吗？爷爷。”

“灰云主雨，黑云主风。”

我帮着爷爷把草装上车，小车像座小山包一样，爷爷在车前横木上拴上一根细绳子，说，“小驹，该抻抻你的懒筋了，拉车。”

爷爷弯腰上绊，把车子扶起来，我抻紧了拉绳，小车晃晃悠悠地前进了。河堤很高，坡也陡，我有点头晕。

“爷爷，您可要推好，别轱辘到河里去。”

“使劲拉吧，爷爷推了一辈子车，还没翻过一回呢。”

我相信爷爷说的是实话。爷爷的腿好，村里人都叫他“蹦蹦”。

大堤弯弯曲曲，像条大蛇躺在地上。我们踩着蛇背走。这时是绿色的光线照耀着我，我低头看着自己的膝盖。也可以看到自己的肚脐。我偶尔回过头来，从草捆缝隙里望望爷爷。爷爷眼泪汪汪地盯着我，我赶紧回过头，下死劲拉车。

走出里把路，黑云把太阳完全遮住了。天地之间没有了界限，一切都不发声，各种鸟儿贴着草梢飞，但不敢叫唤。我突然感到一种莫名的恐惧，回头看爷爷，爷爷的脸，还是木木的，一点表情也没有。

河堤下的庄稼叶子忽然动起来了，但没有声音。河里也有平滑的波浪涌起，同样没有响声。很高很远的地方似乎传来了世上没有的声音，跟着这声音而来的是天地之间变成紫色，还有扑鼻的干草气息，野蒿子的苦味和野菊花幽幽的药香。

我回头看爷爷，爷爷还是木木的，一点表情也没有。

我的小心儿缩得很紧，不敢说话，静静地等待着。一只长长的蚂蚱蹦到我的肚皮上，两只五色的复眼仇视地瞪着我。一只拳头大的野兔在堤下的谷子地里出没着。

“爷爷！”我惊叫一声。

在我们的前方，出现了一个黑色的、顶天立地的圆柱，圆柱飞速旋转着，向我们逼过来。紧接着传来沉闷如雷鸣的呼噜声。

“爷爷，那是什么？”

“风。”爷爷淡淡地说，“使劲拉车吧，孩子。”说着，他弯下了腰。

我身体前倾，双脚蹬地，把细绳拽得紧紧的。

我们钻进了风里。我听不到什么声音，只感到有两个大巴掌在使劲扇着耳门子，鼓膜嗡嗡地响。风托着我的肚子，像要把我扔出去。堤下的庄稼像接到命令的士兵，一齐倒伏下去。河里的水飞起来，红翅膀的鲤鱼像一道道闪电在空中飞。

“爷爷——！”我拼命地喊着。喊出的声音连我自己都没听到。肩头的绳子还是紧紧地绷着，这使我意识到爷爷的存在。爷爷在我就不怕，我把身体尽量伏下去，一只胳膊低下去，连结着胳膊的手死死抓住路边的草墩。我觉得自己没有体重，只要一松手，就会化成风消失掉。

爷爷让我拉车，本来是象征性的事儿。那根拉车绳很细，它一下子绷断了。我扑倒在堤上。风把我推得翻筋斗，翻到河堤半腰上，我终于又伸出双手抓住了救命的草墩，把自己固定住了。我抬起头来看爷爷和车子。车子还挺在河堤上，车子后边是爷爷。爷爷双手攥着车把，脊背绷得像一张弓。他的双腿像钉子一样钉在堤上，腿上的肌肉像树根一样条条棱棱地凸起来。风把车上半干不湿的茅草揪出来，扬起来，小车在哆嗦。

我揪着野草向着爷爷跟前爬。我看到爷爷的双腿开始颤抖了，汗水从他背上流下来。

“爷爷，把车子扔掉吧！”我趴在地上喊。

爷爷倒退了一步，小车猛然往后一冲，他脚忙乱起来，连连倒退着。

“爷爷！”我惊叫着，急忙向前爬。小车倒推着爷爷从我面前滑过去。我灵机一动，耸身扑到小车上。借着这股劲，爷爷又把腰煞下去，双腿又像生了根似地定住了。我趴在车梁上，激动地望着爷爷。爷爷的脸还是木木的，一点表情也没有。

刮过去的是大风。风过后，天地间静了一小会儿。夕阳不动声色地露出来，河里通红通红，像流动着冷冷的铁水。庄稼慢慢地直腰。爷爷像一尊青铜塑像一样保持着用力的姿势。

我从车上跳下来，高呼着："爷爷，风过去了！"

爷爷眼里突然盈出了泪水。他慢慢地放下车子，费劲地直起腰。我看到他的手指都蜷曲着不能伸直了。

"爷爷，你累了吧？"

"不累，孩子。"

"这风真大。"

"唔。"

风把我们车上的草全卷走了，不，还有一棵草夹在车梁的榫健里。我把那根草举着给爷爷看，一根普通的老茅草，也不知是红色还是绿色。

"爷爷，就剩下了一棵草了。"我有点懊丧地说。

"天黑了，走吧。"爷爷说着，弯腰推起了小车。

我举着那棵草，跟着爷爷走了一会，就把它随手扔在堤下淡黄色的暮色中了。

"人老了，就像孩子一样，"母亲说，"大老远跑到东北洼，弄回来这么一棵草，还说，'等星儿回来让他认认，这是棵什么草，他学问大。'你认得出吗？"母亲说着把草递给我。

我把这棵草接过来，珍重地夹在相册里。夹草的那一页，正好镶着我的比我大六岁的未婚妻的照片。

赏读

20 世纪 70 年代末及 80 年代，中国文学面临着一个重要的问题：如何在"文化大革命"等历次政治运动所造成的精神废墟上，重建属于"人"的精神家园？最初，人们用文学作品来宣泄政治运动带来的伤痛，掀起了以小说讲述苦难、控诉"文革"的潮流，"伤痕文学""反思文学"风起云涌。青年作家莫言不满足于这种陈旧的表现形式，在 1985 年发表了让人刮目相看的《透明的红萝卜》和《大风》，尝试用孩子的眼睛来呈现世界。

《大风》以第一人称视角叙事，由“我”来回忆“爷爷”的故事。这种第一人称与家族故事相结合的叙述方式，是莫言小说的一大特色，除《大风》外，还有《红高粱家族》中“我奶奶”“我爷爷”“我父亲”的抗日传奇，《食草家族》从“四老爷”“九老爷”到“我儿子”“我孙子”的漫长家族史。莫言认为自己“最得意的是‘发明’了‘我爷爷’‘我奶奶’这个独特的视角，打通了历史与现代之间的障碍”。

《大风》的创作时间略早，《红高粱家族》和《食草家族》的家族人物充满了非道德、轻生死的野性本能，故事多彩而奇幻；《大风》却只通过一个与风搏斗的侧面描绘“爷爷”的精神，爷爷认认真真做事、认认真真生活，风格平淡而隽永。爷爷是个平凡而不平庸的人，在最日常的劳作中寄寓了他全部的人生热望，使平凡的生活显现星星的光华：

“爷爷割出的麦茬又矮又齐，捆出来的麦个子，中间卡，两头奓，麦穗儿齐齐的，连一个倒穗也没有。生产队的马车把几十个人割出的麦个拉到场里，娘儿们铡场时，能从小山一样的麦个垛里把爷爷的活儿挑出来。”

“干什么都要干好，干什么都要专心，不能干着东想着西，这是爷爷的准则。爷爷使用的工具是全村最顺手的工具。他的锄镰镢锨都是擦得亮亮的，半点锈迹也没有。他不抽烟，干活干累了，就蹲下来，或是找块碎瓦片，或是揪把干草，擦磨那闪亮的工具……”

“我爷爷的镰刀磨得快，割草技术高，割下来的草干净，不拖泥带水。晒草时又摊得薄，翻得勤，干草都是很新鲜的淡绿色，像植物标本一样鲜活，爷爷的干草向来卖最高的价钱。”

爷爷身上有着最为珍贵的“敬业”精神：前文割麦茬、擦工具、割草这三段描写，与下文爷爷勇斗龙卷风的情节看似没有联系，实则相辅相成。正是由于一贯做事的风格，爷爷才练就了娴熟的技艺、培养出自信的品格，才有能力在致命的龙卷风面前镇定自若，从容前进。尽管最终失去了一车茅草，但爷爷护住了车子，祖孙两人也平安无事，并让孙子在仅剩的一根茅草中得到终生的教益。

像爷爷这样认真生活的人物，就是使中国乡土社会穿越漫长艰苦的历史绵延至今的深层力量，韩少功呼吁人们寻找的“文学之根”，其实就扎根在这样的人物当中。历史不会留下这种小人物的名字，他们也没有机会像成功人士一样回顾自己的人生，讲述自己的传奇。然而，风轻云淡之际，风云人物多数大浪淘沙，所剩无几；而在“我”的记忆中，爷爷的故事却闪闪发光，永不磨灭。小说结尾，母亲将爷爷割回来的那棵象征当年与大风一战的草给了“我”，“我把这棵草接过来，珍重地夹在相册里。夹草的那一页，正好镶着我的比我大六岁的未婚妻的照片。”可想而知，这棵小草所凝聚的精神力量，又将在新一代身上传承下去，正是大风刮不尽，春风吹又生。

作品

远和近（外一首）[1]

顾　城

远和近

你
一会看我
一会看云

我觉得
你看我时很远
你看云时很近

我是一个任性的孩子

——我想在大地上画满窗子
让所有习惯黑暗的眼睛

① 选自《你是前所未有的，又是久已存在的》（长江文艺出版社2015年版），有改动。顾城（1956—1993），原籍上海。著有《一代人》《英儿》《白昼的月亮》等。

都习惯光明

也许
我是被妈妈宠坏的孩子
我任性

我希望
每一个时刻
都像彩色蜡笔那样美丽
我希望
能在心爱的白纸上画画
画出笨拙的自由
画下一只永远不会
流泪的眼睛
一片天空
一片属于天空的羽毛和树叶
一个淡绿的夜晚和苹果

我想画下早晨
画下露水所能看见的微笑
画下所有最年轻的
没有痛苦的爱情
画下想象中
我的爱人
她没有见过阴云
她的眼睛是晴空的颜色
她永远看着我
永远，看着
绝不会忽然掉过头去

我想画下遥远的风景

画下清晰的地平线和水波
画下许许多多快乐的小河
画下丘陵——
长满淡淡的茸毛
我让它们挨得很近
让它们相爱
让每一个默许
每一阵静静的春天的激动
都成为
一朵小花的生日

我还想画下未来
我没见过她，也不可能
但知道她很美
我画下她秋天的风衣
画下那些燃烧的烛火和枫叶
画下许多因为爱她
而熄灭的心
画下婚礼
画下一个个早早醒来的节日——
上面贴着玻璃糖纸
和北方童话的插图

我是一个任性的孩子
我想涂去一切不幸
我想在大地上
画满窗子
让所有习惯黑暗的眼睛
都习惯光明
我想画下风
画下一架比一架更高大的山岭

画下东方民族的渴望
画下大海——
无边无际愉快的声音

最后，在纸角上
我还想画下自己
画下一只树熊
他坐在维多利亚深色的丛林里
坐在安安静静的树枝上
发愣
他没有家
没有一颗留在远处的心
他只有，许许多多
浆果一样的梦
和很大很大的眼睛

我在希望
在想
但不知为什么
我没有领到蜡笔
没有得到一个彩色的时刻
我只有我
我的手指和创痛
只有撕碎那一张张
心爱的白纸
让它们去寻找蝴蝶
让它们从今天消失

我是一个孩子
一个被幻想妈妈宠坏的孩子
我任性

赏读

同样面对20世纪80年代的精神重建问题，作家莫言寻根乡土，而朦胧诗人顾城与想象为伴。《远和近》写于1980年，《我是一个任性的孩子》写于1981年，迅速引起广泛的传颂。

《远和近》只有六行，语简而意深。诗的主旨体现在最后三行："我觉得/你看我时很远/你看云时很近"。这三行诗的字面意义有两种解读方式：其一，"很远""很近"是指"你"的内心感受，"你"看"我"时感到"我"与"你"是陌生的，"你"看云时感到云与"你"是亲近的；其二，"很远""很近"是指"你"的目光给"我"带来的感觉，"你"看"我"的目光，让"我"感到陌生，"你"看云的目光，让"我"感到亲切。第一种解读里，"你"对"我"是疏远的，对云是亲近的，并用目光表现了这种差别；第二种解读里，"你"对"我"和云没有故意做出区分，只是细心的"我"更喜欢"你"看云的目光，觉得它更加亲切。

无论采用哪一种解读，有一点可以肯定："你"与"我"是远的，与云是近的。引申开去，就是人与人之间关系疏远，人对自然反而更觉亲近。为什么近在眼前的人，不如远在天边的云亲近呢？为什么人们不能通过语言交流相互理解，而要通过意义模糊的眼神来感觉对方的心意呢？结合时代背景，答案自然清晰——在刚结束不久的那个黑暗时代，人与人之间迫于政治压力不敢交流、不愿交流，因为人们无法确定，身边的人会不会把自己的心里话当成告密揭发的罪证。语言既然是危险的，人们只好"道路以目"，把目光当成语言，而且就连目光也不能过于坦诚。

当黑暗过去，光明重现，人们终于可以在阳光下好好看看彼此的时候，诗人发现，原来那个不正常的世界已经把我们也变得不正常了。那么，一个正常的世界应该是什么样的呢？

在《我是一个任性的孩子》中，顾城用孩子般的语言，给出了他自己的答案。

一方面，生于1956年的顾城是一个早慧的孩子，童年就开始写诗，诗中有着敏锐的感觉和独到的思想，如《杨树》（1964）"我失去了一只臂膀/就睁开了一只眼睛"、《星月的来由》（1968）"树枝想去撕裂天空/却只戳了几个微小的窟窿/它透出天外的光亮/人们把它叫做月亮和星星"。另一方面，顾城又是一个不愿意长大的成年人，这既造成了他扭曲的人生结局，也成就了他奇异斑斓的诗歌，《我是一个任性的孩子》就是其中的代表。

《我是一个任性的孩子》说："我想在大地上画满窗子/让所有习惯黑暗的眼睛/都习惯光明"，这似乎是在回应《一代人》（1979）"黑夜给了我黑色的眼睛/我却用它寻找光明"。一个"画"字，是全诗的线索，用蜡笔画画本来是儿童的游戏，而在诗里，它是通往美好世界的途径。诗人画"笨拙的自由""一只永远不会流泪的眼睛""所有最年轻的/没有痛苦的爱情""东方民族的渴望"……总之，画下一切失去已久的、苦苦盼望的美好，尽管这些事物不太可能画得出来。可想而知，这一串同时包含着大喜和大悲的词组，会给当时读者的心灵带来多么强烈的震撼。

诗人自己也知道，生活不可能像他所奢求的"都像彩色蜡笔那样美丽"，所以他把自己称为"被妈妈宠坏的孩子"。在诗的倒数第二节，诗人幻灭了，因为蜡笔和彩色的时刻并不存在，于是他痛苦地撕碎了心爱的白纸，然而仍然固守他的幻想，在最后一节重复第一节的语言，不再说"也许"，并且在妈妈前面加了"幻想"二字，这就使最后一行的"我任性"显得更加倔强。从这里可以看出顾城有追求纯粹的倾向：如果不能得到，那就宁可毁灭。

诗歌赏析完毕，补充一句题外话：保留童心与不愿长大不能混为一谈。童心的核心是真心，是在成年以后仍然保留着孩子的好奇心和学习能力，而不是自欺欺人，始终用儿童的方式去行动。儿童每天都在学习，每天都在变化，成年人如果抱着虚假的幻想一成不变，那才是背离了真正的童心，顾城在人生后期所犯的就是这个错误。逝者已矣，不必苛责，但生者自当警醒。

作品

拾荒梦——永远的夏娃①

三　毛

在我的小学时代里，我个人最拿手的功课就是作文和美术。当时，我们全科老师是一个教学十分认真而又严厉的女人。她很少给我们下课，自己也不回办公室去，连中午吃饭的时间，她都舍不得离开我们，我们一面静悄悄的吃便当，一面还得洗耳恭听老师习惯性的骂人。

我是常常被指名出来骂的一个。一星期里也只有两堂作文课是我太平的时间。也许老师对我的作文实在是有些欣赏，她常常忘了自己叫骂我时的种种可厌的名称，一上作文课，就会说："三毛，快快写，写完了站起来朗诵。"

有一天老师出了一个每学期都会出的作文题目，叫我们好好发挥，并且说："应该尽量写得有理想才好。"

等到大家都写完了，下课时间还有多，老师坐在教室右边的桌上低头改考卷，顺口就说："三毛，站起来将你的作文念出来。"

① 选自《背影》（广东旅游出版社 1996 年版），有删改。三毛（1943—1991），原名陈懋平（后改名为陈平），浙江定海人。著有《撒哈拉的故事》《万水千山走遍》《滚滚红尘》等。

小小的我捧了簿子大声朗读起来。

“我的志愿——

我有一天长大了，希望做一个拾破烂的人，因为这种职业，不但可以呼吸新鲜的空气，同时又可以大街小巷的游走玩耍，一面工作一面游戏，自由快乐得如同天上的飞鸟。更重要的是，人们常常不知不觉地将许多还可以利用的好东西当作垃圾丢掉，拾破烂的人最愉快的时刻就是将这些蒙尘的好东西再度发掘出来，这……”

念到这儿，老师顺手丢过来一只黑板擦，打到了坐在我旁边的同学，我一吓，也放下本子不再念了，呆呆地等着受罚。

“什么文章嘛！你……”老师大吼一声。她喜怒无常的性情我早已习惯了，可是在作文课上对我这样发脾气还是不太常有的。

“乱写！乱写！什么拾破烂的！将来要拾破烂，现在书也不必念了，滚出去好了，对不对得起父母……”老师又大拍桌子惊天动地的喊。

“重写！别的同学可以下课。”她瞪了我一眼便出去了。

于是，我又写：

“我有一天长大了，希望做一个夏天卖冰棒，冬天冬烤红薯的街头小贩，因为这种职业不但可以呼吸新鲜空气，又可以大街小巷的游走玩耍，更重要的是，一面做生意，一面可以顺便看看，沿街的垃圾箱里，有没有被人丢弃的好东西，这……”

第二次作文缴上去，老师划了个大红叉，当然又丢下来叫重写。结果我只好胡乱写着：“我长大要做医生，拯救天下万民……”老师看了十分感动，批了个甲，并且说：“这才是一个有理想，不辜负父母期望的志愿。”

我那可爱的老师并不知道，当年她那一只打偏了的黑板擦和两次重写的处罚，并没有改掉我内心坚强的信念，这许多年来，我虽然没有真正以拾荒为职业，可是我是拾着垃圾长大的，越拾越专门，这个习惯已经根深蒂固，什么处罚也改不了我。当初胡说的什么拯救天下万民的志愿是还给老师保存了。

说起来，在我们那个时代的儿童，可以说是没有现成玩具的一群小孩。树叶一折当哨子，破毛笔管化点肥皂满天吹泡泡，五个小石子下棋，粉笔地上一画跳房子，粗竹筒开个细缝成了扑满，手指头上画小人脸，手帕一围就开唱布袋戏，筷子用橡皮筋绑绑紧可以当手枪……那么多迷疯了小孩子的花样都是不花钱的，说得更清楚些，都是走路放学时顺手捡来的。

我制造的第一个玩具自然也是地上拾来的。那是一支弧形的树枝，像滚铁环一样一面跑一面跟着前面逃的人追，树枝点到了谁谁就死，这个玩具明明不过是一枝树枝，可是我偏喜欢叫它"点人机"，那时我三岁，就奠定了日后拾荒的基础。

拾荒人的眼力绝对不是一天就培养得出来的。也不是如老师所说，拾荒就不必念书，干脆就可以滚出学校的。

我自小走路喜欢东张西望，尤其做小学生时，放学了，书包先请走得快的同学送回家交给母亲，我便一人在田间小径上慢吞吞的游荡，这一路上，总有说不出的宝藏可以拾它起来玩。

有时是一颗弹珠，有时是一个大别针，有时是一颗狗牙齿，也可能是一个极美丽的空香水瓶，又可能是一只小皮球，运气再好的时候，还可以捡到一角钱。

放学的那条路，是最好的拾荒路，走起来也顶好不要成群结队，一个人玩玩跳跳捡捡，成绩总比一大批人在一起好得多。

捡东西的习惯一旦慢慢养成，根本不必看着地下走路，眼角闲闲一飘，就知哪些是可取的，哪些是不必理睬的，这些学问，我在童年时已经深得其中三昧了。

做少女的时代，我曾经发狂地爱上一切木头的东西，那时候，因为看了一些好书，眼光也有了长进，虽然书不是木头做的，可是我的心灵因为啃了这些书，产生了化学作用，所谓"格调"这个东西，也慢慢地能够分辨体会了。

十三岁的时候，看见别人家锯树，锯下来的大树干丢在路边，我细看那枝大枯枝，越看越投缘，顾不得街上的人怎么想我，掮着它走了不知多少路回到家，宝贝似的当艺术品放在自己的房间里，一心一意地爱着它。

后来，发现家中阿巴桑坐在院子里的一块好木头上洗衣服，我将这块形状美丽的东西拾起来悄悄打量了一下，这真是宝物蒙尘，它完全像复活岛上那些竖立着的人脸石像，只是它更木头木脑一点。我将这块木头也换了过来，搬了一块空心砖给阿巴桑坐着，她因为我抢去她的椅子还大大的生了一场气。

在我离家远走之前，我父母的家可以说堆满了一切又一切我在外面拾回来的好东西。当时我的父母一再保证，就是搬家，也不会丢掉我视为第二生命的破铜烂铁。

有些有眼光的朋友看了我当时的画室，赞不绝口，也有一些亲戚们来看了，直截了当的说："哎呀，你的房间是假的嘛!"这一句话总使我有些泄气，对于某些人，东西不照一般人的规矩用，就被称做假的。

我虽然是抗战末期出生的"战争儿童"，可是在我父母的爱护下，一向温饱过甚，从来不知物质的缺乏是什么滋味。

家中四个孩子，只有我这个老二，怪异的有拾废物的毛病，父亲常常开导我，要消费，要消耗，社会经济才能繁荣，不要一块碎布也像外婆似的藏个几十年。这些道理我从小听到大，可是，一见了尚可利用的东西，又忍不住去捡，捡回来洗洗刷刷，看它们在我的手底下复活，那真是太快乐的游戏。

离开了父母之后，我住的一直是外国的学生宿舍，那时心理上没有归依感，生命里也有好几年没有再捡东西的心情。无家的人实在不需要自己常常提醒，只看那空荡荡的桌椅就知道这公式化的房间不是一个家。

那一阵死书念得太多，头脑转不灵活，心灵亦为之蒙尘，而自己却找不出自救之道，人生最宝贵的青春竟在教科书本中度过实是可惜。

不再上学之后，曾经跟其他三个单身女孩子同住一个公寓，当时是在城里，虽然没有地方去捡什么东西，可是我同住的朋友们丢掉的旧衣服、毛线，甚而杂志，我都收拢了，夜间谈天说地的时候，这些废物，在我的改装下，变成了布娃娃、围裙、比基尼游泳衣……

当时，看见自己变出了如此美丽的魔术，拾荒的旧梦又一度清晰地浮到眼前来，那等于发现了一个还没有完全枯萎的生命，那份心情是十分感动自己的。

到那时为止，拾破烂在我的生活中虽然没有停顿，可是它究竟只是一份嗜好，并不是必须赖以生存的工作，我也没有想过，如果有一日，整个的家庭要依靠别人丢弃的东西一草一木地重组起来，会是怎么美妙的滋味。

等我体会出拾荒真正无与伦比的神秘和奇妙时，在撒哈拉沙漠里，已被我利用在大漠镇外垃圾堆里翻捡的成绩，布置出了一个世界上最美丽的家，那是整整两年的时间造成的奇迹。

拾荒人眼底的垃圾场是一块世界上最妩媚的花园。过去小学老师曾说："要拾破烂，现在就可以滚，不必再念书了。"她这话只有一半是对的，学校可以滚出来，书却不能不念的。垃圾虽是一样的垃圾，可是因为面对它的人在经验和艺术的修养上不同，它也会有不同的反应和回报。

在我的拾荒生涯里，最奇怪的还是在沙漠。这片大地看似虚无，其实它蕴藏了多少大自然的礼物，我至今收藏的一些石斧、石刀，还有三叶虫的化石，都是从那里得来的宝贝。

更怪异的是，在清晨的沙漠里，荷西与我拾到过一百多条长如手臂的法国面包，握在手里是热的，吃在嘴里外脆内软，显然是刚刚出炉的东西，没法解释它们为什么躺在荒野里，这么多条面包我们吃不了，整个工地拿去分，也没听说吃死了人。

还有一次西班牙人已经开始在沙漠撤退了，也是在荒野里，丢了一卡车几百箱的法国三星白兰地，我们捡了一大箱回来，竟是派不上什么用场，结果仍是放在家里人就离开了，离开沙漠时，有生以来第一回，丢了自己东西给人捡，那真说不出有多心痛。

我们定居到现在的群岛时，家附近靠海的地方也有一片垃圾场。在那儿，人们将建筑材料、旧衣鞋、家具、收音机、电视、木箱、花草、书籍等，数也数不清、分也分不完的好东西丢弃着。

这个垃圾场没有腐坏的食物，镇上清洁队每天来收厨房垃圾，而家庭中不用的物件和粗重的材料，才被丢弃在这住宅区的尽头。

也是在这个大垃圾场里，我认识了今生唯一的一个拾荒同好。

这人是我邻居葛雷老夫妇的儿子，过去是苏黎世一间小学校的教师，后来因为过分热爱拾荒自由自在的生涯，毅然放下了教职，现在靠拾捡旧货转卖得来的钱过日子。

在他住父母家度假的一段时间里，他是我们家的常客，据他说，拾荒的收入，不比一个小学老师差，这完全要看个人的兴趣。我觉得那是他的选择，外人是没有资格在这件事上来下评论的。

我的小学老师因为我曾经立志要拾荒而怒叱我，却不知道，我成长后第一个碰见的专业拾荒人居然是一个小学老师变过来的，这实在是十分有趣的事情。

这个专业的拾荒同好，比起我的功力来，又高了一层，往往我们一同开始在垃圾堆里慢慢散步，走完了一趟，我什么也没得着，他却抬出一整面雕花的木门来送荷西，这么好的东西别人为什么丢掉实在是想不透。

我的拾荒朋友回到瑞士之后不久，他的另一个哥哥开车穿过欧洲再坐船也来到了加纳利群岛。这一次，我的朋友托带来了一架货真价实的老式瑞士乡间的运牛奶的木拖车，有三分之二的汽车那么长，轮子、把手什么都可以转。它是绑在车顶上漂洋过海而来的一个真实的梦。我惊喜得不相信自己的眼睛，接着，一本淡绿封面、精装、写着老式花体英文字母、插画着精美钢笔线条画的故事书《威廉特尔》轻轻地又放在我手里，看看版本，竟是一九二〇年的。

这两样珍贵非常的东西使我们欢喜了好一阵，而我们托带去的回报，是一个过去西班牙人洗脸时盛水用的紫铜面盆和镶花的黑铁架，一个粗彩陶绘制的磨咖啡豆的磨子，还有一块破了一个洞又被我巧妙的绣补好了的西班牙绣花古式女用披肩。当然，这些一来一往的礼物，都是我们双方在垃圾堆里掏出来的精品。

拾荒不一定要在陆上拾，海里也有它的世界。荷西在海里掏出来过腓尼基人时代的陶瓮，十八世纪时的实心炮弹、船灯、船窗、罗盘、大铁链，最近一次，在水底，捡到一枚男用的金戒指，上面刻着一九四七年，名字已被磨褪得看不出来了。海底的东西，陶瓮因是西班牙国家的财产归了加地斯城的博物馆，其他的都用来装饰了房间，只有那只金戒指，因为不知道过去是属于什么人的，看了心里总是不舒服，好似它主人的灵魂还附在它里面一样。

拾荒赔本的时候也是有的，那是判断错误拾回来的东西。

有一次我在路上看见极大极大一个木箱，大得像一个房间，当时我马上想到，它可以放在后院里，锯开门窗，真拿它来当客房用。

结果我付了大卡车钱、四个工人钱。大箱子运来了，花园的小门却进不去。我当机立断，再要把这庞然大物丢掉，警察却跟在卡车后面不肯走，我如果丢了，他要开罚单，绕了不知多少转，我溜下车逃了，难题留给卡车司机去处理吧。第二天早晨一起床，大箱子居然挡在门口。支解那个大东西的时候，我似乎下决心不再张望路上任何一草一木了。

前一阵，荷西带了我去山里看朋友，沿途公路上许多农家，他们的垃圾都放在一个个小木箱里。

在回程的路上，我对荷西说："前面转弯，大树下停一停。"

车停了，我从从容容地走过去，在别人的垃圾箱内，捧出三大棵美丽的羊齿植物。

这就是我的生活和快乐。

拾荒的趣味，除了不劳而获这实际的欢喜之外，更吸引人的是，它永远是一份未知，在下一分钟里，能拾到的是什么好东西谁也不知道；它是一个没有终止、没有答案，也不会有结局的谜。

我有一天老了的时候，要动手做一本书，在这本书里，自我童年时代所捡的东西一直到老年的都要写上去，然后我把它包起来，丢在垃圾场里，如果有一天，有另外一个人，捡到了这本书，将它珍藏起来，同时也开始拾垃圾，那么，这个一生的拾荒梦，总是有人继承了再做下去，垃圾们知道了，不知会有多么欢喜呢。

赏读

"等我长大了，我要做一个……"大家上小学的时候，大概都写过类似的作文。你记得自己当时的理想职业是什么吗？老师给了你的作文什么评价？现在的你，还保持着当初的理想吗？每个人都有自己的答案。对于三毛来说，她想做的是一个不被老师接受的职业——"拾破烂的人"，这已经算少见的了，更难得的是，她从小到大都没有忘记这个理想，始终爱好拾荒，而且捡东西的水平越来越高：从小时候捡弹珠、枯枝，到后来捡到一百多条新出炉的面包，甚至用沙漠里的垃圾布置出了一个美丽的家。所谓"不忘初心"，用在三毛身上再合适不过了。

可是，三毛为什么如此热爱拾荒呢？

三毛爱拾荒，爱的是拾荒的"未知"；她的那位拾荒同好，爱的是拾荒的"自由"。其实，除了自由和未知，拾荒这一行为，还和远古人类狩猎采集的生活遥相呼应。

以色列历史学家尤瓦尔·赫拉利的《人类简史》写道：

在大多数的居住地，智人部落的饮食都是见机行事，有什么吃什么。他们会抓白蚁、采野果、挖树根、追兔子，还会猎野牛和长毛象。虽然现在流行的讲法都把他们形容成猎人，但其实智人生活主要靠的是采集，这不仅是主要的热量来源，还能得到像是燧石、木材、竹子之类的原物料。

智人部落"见机行事"，有什么吃（捡）什么的特点，不正是拾荒者的特点吗？

赫拉利认为，远古时期的采集者，比起后世的农业人口，较少有饥饿或营养不良的问题，是因为他们有着"多样化"的饮食：

采集者之所以能够免受饥饿或营养不良的困扰，秘诀就在于多样化的饮食。……他们可能早餐吃浆果和蘑菇；中餐吃水果、蜗牛和乌龟；晚餐则是来份野兔排佐野生洋葱。至于第二天，菜单又可能完全不同。

同理，拾荒也给三毛带来了"多样化"的生活体验，充实了她的心灵。可见，拾荒和远古狩猎采集的生活，尽管目标不同，但它们所需要的能力、所得到的体验是相通的。《人类简史》认为，虽然我们已经进入了工业化社会，但我们的基因并没有随之进化成适应工业化环境的形态，而是仍然保留了数万年前狩猎采集者的本能，因而尽管资源更多、寿命更长，却觉得更不快乐。三毛和她的同好热爱拾荒，也许就是感受到了血脉里远古祖先的呼唤，想用这种方式打破现代生活的单调，重拾人类远古时期多彩的快乐，尽管他们自己未必能意识到这一点。

人类社会的面貌历经沧桑，想要回到远古时代当然是不可能的，可是现代生活的压力又常常令人无法承受。怎么解决这种两难呢？不妨像三毛一样，培养一项简单而又充满乐趣的爱好，可以是变废为宝，也可以是养一盆小植物、学一样小手工、收藏小物件……这既是回到自己的童年，也是回到人类的童年。

作品

论快乐[①]

钱锺书

在旧书铺里买回来维尼（Vigny）的《诗人日记》（*Journal d'un poète*），信手翻开，就看见有趣的一条。他说，在法语里，喜乐（bonheur）一个名词是“好”和“钟点”两字拼成，可见好事多磨，只是个把钟头的玩意儿（Si le bonheur n'etait qu'une bonne heure!）。我们联想到我们本国话的说法，也同样的意味深永，譬如快活或快乐的快字，就把人生一切乐事的飘瞥难留，极清楚地指示出来。所以我们又慨叹说：“欢娱嫌夜短！”因为人在高兴的时候，活得太快，一到困苦无聊，愈觉得日脚像跛了似的，走得特别慢。德语的沉闷（langeweile）一字，据字面上直译，就是“长时间”的意思。《西游记》里小猴子对孙行者说：“天上一日，下界一年。”这种神话，确反映着人类的心理。天上比人间舒服欢乐，所以神仙活得快，人间一年在天上只当一日过。从此类推，地狱里比人间世更痛苦，日子一定愈加难度。段成式《酉阳杂俎》就说：“鬼言三年，人间三日。”嫌人生短促的人，真是最“快活”的人；反

① 选自《钱锺书选集·散文卷》（南海出版公司2001年版），有改动。钱锺书（1910—1998），江苏无锡人。著有《围城》《谈艺录》《写在人生边上》等。

过来说，真快活的人，不管活到多少岁死，只能算是短命夭折。所以，做神仙也并不值得，在凡间已经三十年做了一世的人，在天上还是个初满月的小孩。但是这种“天算”，也有占便宜的地方：譬如戴君孚《广异记》载崔参军捉狐妖，“以桃枝决五下”，长孙无忌说罚得太轻，崔答：“五下是人间五百下，殊非小刑。”可见卖老祝寿等等，在地上最为相宜，而刑罚呢，应该到天上去受。

“永远快乐”这句话，不但渺茫得不能实现，并且荒谬得不能成立。快乐的决不会永久；我们说永远快乐，正好像说四方的圆形、静止的动作同样地自相矛盾。在高兴的时候，我们的生命加添了迅速，增进了油滑。像浮士德那样，我们空对瞬息即逝的时间喊着说：“逗留一会儿吧！你太美了！”那有什么用？你要永久，你该向痛苦里去找。不讲别的，只要一个失眠的晚上，或者有约不来的下午，或者一课沉闷的听讲——这许多，比一切宗教信仰更有效力，能使你尝到什么叫做“永生”的滋味。人生的刺，就在这里，留恋着不肯快走的，偏是你所不留恋的东西。

快乐在人生里，好比引诱小孩子吃药的方糖，更像跑狗场里引诱狗赛跑的电兔子。几分钟或者几天的快乐赚我们活了一世，忍受着许多痛苦。我们希望它来，希望它留，希望它再来——这三句话概括了整个人类努力的历史。在我们追求和等候的时候，生命又不知不觉地偷渡过去。也许我们只是时间消费的筹码，活了一世不过是为那一世的岁月充当殉葬品，根本不会享到快乐。但是我们到死也不明白是上了当，我们还理想死后有个天堂，在那里——谢上帝，也有这一天！我们终于享受到永远的快乐。你看，快乐的引诱，不仅像电兔子和方糖，使我们忍受了人生，而且仿佛钓钩上的鱼饵，竟使我们甘心去死。这样说来，人生虽然痛苦，却并不悲观，因为它终抱着快乐的希望；现在的账，我们预支了将来去付。为了快活，我们甚至于愿意慢死。

穆勒曾把“痛苦的苏格拉底”和“快乐的猪”比较。假使猪真知道快活，那么猪和苏格拉底也相去无几了。猪是否能快乐得像人，我们不知道；但是人会容易满足得像猪，我们是常看见的。把快乐分肉体的和精神的两种，这是最糊涂的分析。一切快乐的享受都属于精神的，尽管快乐的原因是肉体上的物质刺激。小孩子初生下来，吃饱了奶就乖乖地睡，并不知道什么是快活，虽然它身体感觉舒服。缘故是小孩子的精神和肉体还没有分化，只是混沌的星云状态。洗一个澡，看一朵花，吃一顿饭，假使你觉得快活，并非全因为澡洗得干净，花开得好，或者菜合你口味，主要因为你心上没有挂碍，轻松的灵魂可以专注肉体的感觉，来欣赏，来审定。要是你精神不痛快，像将离别时的筵席，随它怎样烹调得好，吃来只是土气息、泥滋味。那时刻的灵魂，仿佛害病的眼怕见阳光，撕去皮的伤口怕接触空气，虽然空气和阳光都是好东西。快乐时的你，一定心无愧怍。假如你犯罪而真觉快乐，你那时候一定和有道德、有修养的人同样心安理得。有最洁白的良心，跟全没有良心或有最漆黑的良心，效果是相等的。

发现了快乐由精神来决定，人类文化又进一步。发现这个道理，和发现是非善恶取决于公理而不取决于暴力，一样重要。公理发现以后，从此世界上没有可被武力完全屈服的人。发现了精神是一切快乐的根据，从此痛苦失掉它们的可怕，肉体减少了专制。精神的炼金术能使肉体痛苦都变成快乐的资料。于是，烧了房子，有庆贺的人；一箪食，一瓢饮，有不改其乐的人；千灾百毒，有谈笑自若的人。所以我们前面说，人生虽不快乐，而仍能乐观。譬如从写《先知书》的所罗门直到做《海风》诗的马拉梅（Mallarmé），都觉得文明人的痛苦，是身体困倦。但是偏有人能苦中作乐，从病痛里滤出快活来，使健康的消失有种赔偿。苏东坡诗就说："因病得闲殊不恶，安心是药更无方。"王丹麓《今世说》也记毛稚黄善病，人以为忧，毛曰："病味亦佳，第不堪为躁热人道耳!"在着重体育的西洋，我们也可以找着同样达观的人。工愁善病的诺凡利斯（Novalis）在《碎金集》里建立一种病的哲学，说病是"教人学会休息的女教师"。罗登巴煦（Rodenbach）的诗集《禁锢的生活》（*les Vies Encloses*）里有专咏病味的一卷，说病是"灵魂的洗涤"（épuration）。身体结实、喜欢活动的人采用了这个观点，就对病痛也感到另有风味。顽健粗壮的十八世纪德国诗人白洛柯斯（B. H. Brockes）第一次害病，觉得是一个"可惊异的大发现（eine bewunderungswürdige Erfindung）"。对于这种人，人生还有什么威胁？这种快乐把忍受变为享受，是精神对于物质的大胜利。灵魂可以自主——同时也许是自欺。能一贯抱这种态度的人，当然是大哲学一家，但是谁知道他不也是个大傻子？

是的，这有点矛盾。矛盾是智慧的代价。这是人生对于人生观开的玩笑。

赏读

本文虽然标题是《论快乐》，但是对痛苦反而谈得更多一些。从他的这篇文章中，可以总结出关于快乐和痛苦的三个悖论：

经历过快乐，就更觉得痛苦漫长；

为了追求短暂的快乐，人愿意活过痛苦的一生；

把痛苦变成快乐，是最大的快乐。

钱锺书认为，快乐是属于精神的，婴儿尽管身体舒服，却并不知道什么是快乐，因为婴儿的精神和肉体还没有分化。如此说来，不知道快乐的婴儿才是最快乐的，等人懂得什么是快乐的时候，也就懂得了什么是痛苦，快乐与痛苦是一对相互依存的矛盾。这种对立共存的关系不只存在于苦乐中，也存在于世间种种概念中，春秋时期的《道德经》就已经提出类似的思想："天下皆知美之为美，斯恶已。皆知善之为善，斯不善已。故有无相生，难易相成，长短相形，高下相盈，音声相和，前后相随。恒也。"人们知道美、善的时候，也就知道了丑和不善；有无、难易、长短、高下、前后等概念并不是绝对的，而只是依靠它们的对立面来存在。老子让人通过"无为"来平息矛盾，这是很难做到的；钱锺书则把矛盾的一方转化为另一方，认为苦中可以作乐，这虽然也很难，但貌似是可行的。

钱锺书博闻强识，学贯中西，文风机智而幽默，《论快乐》就是一个例证。在本文中，钱锺书能够把法语、德语诗文，以及生僻的中文古籍信手拈来，将这些原本不相干的文本按照主题的需要熔裁为一体，而且翻译外文文本的时候严谨地在括号里写出原文。不过，钱锺书的好记性并非从天而降，而是勤学不辍的结果，钱锺书的夫人杨绛在《〈钱锺书手稿集〉序》的开头写道：

> 许多人说，钱锺书记忆力特强，过目不忘。他本人却并不以为自己有那么"神"。他只是好读书，肯下功夫，不仅读，还做笔记；不仅读一遍两遍，还会读三遍四遍，笔记上不断地添补。所以他读的书虽然很多，也不易遗忘。

此外，钱锺书善于用短小精悍的警句，达到反讽和启发的效果。试举

《写在人生边上》其他文章中的几个例子：

> 所以，一般人并非因有幽默而笑，是会笑而借笑来掩饰他们的没有幽默。(《说笑》)
>
> 吃饭有时很像结婚，名义上最主要的东西，其实往往是附属品。吃讲究的饭事实上只是吃菜，正如讨阔佬的小姐，宗旨倒并不在女人。(《吃饭》)
>
> 把整个历史来看，古代相当于人类的小孩子时期。……没有老头子肯承认自己是衰朽顽固的，所以我们也相信现代一切，在价值上、品格上都比了古代进步。(《读〈伊索寓言〉》)
>
> 调情可成恋爱，模仿引进创造，附庸风雅会养成内行的鉴赏，世界上不少真货色都是从冒牌起的。所以假道学可以说是真道学的学习时期。(《谈教训》)

学问不是枯燥的，做学问的人也并不一定是呆板的。用做学问的眼光看待生活，就像从后台看演出，既能看到舞台的精彩，也能看到这精彩背后的缘由和无奈。做学问的人虽然是少数，但通过读钱锺书的散文，每个人都可以通过一个大学者的眼睛，看到一个别样的世界。

作品

无言之美[①]

朱光潜

孔子有一天突然很高兴地对他的学生说："予欲无言。"子贡就接着问他："子如不言，则小子何述焉？"孔子说："天何言哉？四时行焉，百物生焉。天何言哉？"

这段赞美无言的话，本来从教育方面着想。但是要明了无言的意蕴，宜从美术观点去研究。

言所以达意，然而意绝不是完全可以言达的。因为言是固定的，有迹象的；意是瞬息万变，飘渺无踪的。言是散碎的，意是混整的。言是有限的，意是无限的。以言达意，好像用断续的虚线画实物，只能得其近似。

所谓文学，就是以言达意的一种美术。在文学作品中，语言之先的意象，和情绪意旨所附丽的语言，都要尽美尽善，才能引起美感。

尽美尽善的条件很多。但是第一要不违背美术的基本原理，要"和自然逼真"（true to nature）：这句话讲得通俗一点，就是说美术作品不能说谎。不说谎包含有两种意义：一、我们

① 选自《谈美书简》（长江文艺出版社 2016 年版），有改动。朱光潜（1897—1986），安徽桐城人。著有《悲剧心理学》《西方美学史》《谈美》等。

所说的话，就恰似我们所想说的话。二、我们所想说的话，我们都吐肚子说出来了，毫无余蕴。

意既不可以完全达之以言，“和自然逼真”一个条件在文学上不是做不到么？或者我们问得再直截一点，假使语言文字能够完全传达情意，假使笔之于书的和存之于心的铢两悉称，丝毫不爽，这是不是文学上所应希求的一件事？

这个问题是了解文学及其他美术所必须回答的。现在我们姑且答道：文字语言固然不能全部传达情绪意旨，假使能够，也并非文学所应希求的。一切美术作品也都是这样，尽量表现，非惟不能，而也不必。

先从事实下手研究。譬如有一个荒村或任何物体，摄影家把它照一幅相，美术家把它画一幅画。这种相片和图画可以从两个观点去比较：第一，相片或图画，哪一个较“和自然逼真”？不消说得，在同一视阈以内的东西，相片都可以包罗尽致，并且体积比例和实物都两两相称，不会有丝毫错误。图画就不然；美术家对一种境遇，未表现之先，先加一番选择。选择定的材料还须经过一番理想化，把美术家的人格参加进去，然后表现出来。所表现的只是实物一部分，就连这一部分也不必和实物完全一致。所以图画决不能如相片一样“和自然逼真”。第二，我们再问，相片和图画所引起的美感哪一个浓厚，所发生的印象哪一个深刻，这也不消说，稍有美术口味的人都觉得图画比相片美得多。

文学作品也是同样。譬如《论语》，“子在川上曰：‘逝者如斯夫，不舍昼夜！’”几句话决没完全描写出孔子说这番话时候的心境，而“如斯夫”三字更笼统，没有把当时的流水形容尽致。如果说详细一点，孔子也许这样说：“河水滚滚地流去，日夜都是这样，没有一刻停止。世界上一切事物不都像这流水时常变化不尽么？过去的事物不就永远过去决不回头么？我看见这流水心中好不惨伤呀！……”但是纵使这样说去，还没有尽意。而比较起来，“逝者如斯夫，不舍昼夜！”九个字比这段长而臭的演义就值得玩味多了！在上等文学作品中——尤其在诗词中——这种言不尽意的例子处处都可以看见。譬如陶渊明的《时运》，“有风自南，翼彼新苗”；《读〈山海经〉》，“微雨从东来，好风与之俱”；本来没有表现出诗人的情绪，然而玩味起来，自觉有一种闲情逸致，令人心旷神怡。钱起的《省试湘灵鼓瑟》末二句，“曲终人不见，江上数峰青”，也没有说出诗人的心绪，然而一种凄凉惜别的神情自然流露于言语之外。此外像陈子昂的《登幽州台歌》，“前不见古人，后不见来者，念天地之悠悠，独怆然而涕下!”李白的《怨情》，“美人卷珠帘，深坐颦蛾眉。但见泪痕湿，不知心恨谁”。虽然说明了诗人的情感，而所说出来的多么简单，所含蓄的多么深远?再就写景。说，无论何种境遇，要描写得惟妙惟肖，都要费许多笔墨。但是大手笔只选择两三件事轻描淡写一下，完全境遇便呈露眼前，栩栩如生。譬如陶渊明的《归园田居》，“方宅十余亩，草屋八九间。榆柳荫后檐，桃李罗堂前。暧暧远人村，依依墟里烟。狗吠深巷中，鸡鸣桑树颠”。四十字把乡村风景描写得多么真切!再如杜工部的《后出塞》，“落日照大旗，马鸣风萧萧。平沙列万幕，部伍各见招。中天悬明月，令严夜寂寥。悲笳数声动，壮士惨不骄”。寥寥几句话，把月夜沙场状况写得多么有声有色，然而仔细观察起来，乡村景物还有多少为陶渊明所未提及，战地情况还有多少为杜工部所未提及。从此可知文学上我们并不以尽量表现为难能可贵。

在音乐里面，我们也有这种感想，凡是唱歌奏乐，音调由洪壮急促而变到低微以至于无声的时候，我们精神上就有一种沉默肃穆和平愉快的景象。白香山在《琵琶行》里形容琵琶声音暂时停顿的情况说：“冰泉冷涩弦凝绝，凝绝不通声暂歇。别有幽愁暗恨生，此时无声胜有声。”这就是形容音乐上无言之美的滋味。著名英国诗人济慈（Keats）在《希腊花瓶歌》也说：“听得见的声调固然幽美，听不见的声调尤其幽美” （Heard melodies are sweet; but those unheard are sweeter），也是说同样道理。大概喜欢音乐的人都尝过此中滋味。

就戏剧来说，无言之美更容易看出。许多作品往往在热闹场中动作快到极重要的一点时，忽然万籁俱寂，现出一种沉默神秘的景象。梅特林克（Maeterlinck）的作品就是好例。譬如《青鸟》的布景，择夜阑人静的时候，使重要角色睡得很长久，就是利用无言之美的道理。梅氏并且说：“口开则灵魂之门闭，口闭则灵魂之门开。”赞无言之美的话不能比此更透辟了。莎士比亚的名著《哈姆雷特》一剧开幕便描写更夫守夜的状况，德林瓦特（Drinkwater）在其《林肯》中描写林肯在南北战争军事旁午的时候跪着默祷，王尔德（O. Wilde）的《温德梅尔夫人的扇子》里面描写温德梅尔夫人私奔在她的情人寓所等候的状况，都在兴酣局紧、心悬悬渴望结局时，放出沉默神秘的色彩，都足以证明无言之美的。近代又有一种哑剧和静的布景，或只有动作而无言语，或连动作也没有，就将靠无言之美引人入胜了。

雕刻塑像本来是无言的，也可以拿来说明无言之美。所谓无言，不一定指不说话，是注重在含蓄不露。雕刻以静体传神，有些是流露的，有些是含蓄的。这种分别在眼睛上尤其容易看见。中国有一句谚语说："金刚怒目，不如菩萨低眉。"所谓怒目，便是流露；所谓低眉，便是含蓄。凡看低头闭目的神像，所生的印象往往特别深刻。最有趣的就是西洋爱神的雕刻，他们男女都是瞎了眼睛。这固然根据希腊的神话，然而实在含有美术的道理，因为爱情通常都在眉目间流露，而流露爱情的眉目是最难比拟的。所以索性雕成盲目，可以耐人寻思。当初雕刻家原不必有意为此，但这些也许是人类不用意识而自然碰的巧。

要说明雕刻上流露和含蓄的分别，希腊著名雕刻《拉奥孔》（*Lao-coon*）是最好的例子。相传拉奥孔犯了大罪，天神用了一种极惨酷的刑法来惩罚他，遣了一条恶蛇把他和他的两个儿子在一块绞死了。在这种极刑之下，未死之前当然有一种悲伤惨戚、目不忍睹的一顷刻，而希腊雕刻家并不擒住这一顷刻来表现，他只把将达苦痛极点前一顷刻的神情雕刻出来，所以他所表现的悲哀是含蓄不露的。倘若是流露的，一定带了挣扎呼号的样子。这个雕刻，一眼看去，只觉得他们父子三人都有一种难言之恫；仔细看去，便可发见条条筋肉根根毛孔都暗示一种极苦痛的神情。德国莱辛（Lessing）的名著《拉奥孔》就根据这个雕刻，讨论美术上含蓄的道理。

以上是从各种艺术中信手拈来的几个实例。把这些个别的实例归纳在一起，我们可以得一个公例，就是：拿美术来表现思想和情感，与其尽量流露，不如稍有含蓄；与其吐肚子把一切都说出来，不如留一大部分让欣赏者自己去领会。因为在欣赏者的头脑里所生的印象和美感，有含蓄比较尽量流露的还要更加深刻。换句话说，说出来的越少，留着不说的越多，所引起的美感就越大越深越真切。

这个公例不过是许多事实的总结束。现在我们要进一步求出解释这个公例的理由。我们要问何以说得越少，引起的美感反而越深刻？何以无言之美有如许势力？

想答复这个问题，先要明白美术的使命。人类何以有美术的要求？这个问题本非一言可尽。现在我们姑且说，美术是帮助我们超现实而求安慰于理想境界的。人类的意志可向两方面发展：一是现实界，一是理想界。不过现实界有时受我们的意志支配，有时不受我们的意志支配。譬如我们想造一所房屋，这是一种意志。要达到这个意志，必费许多力气去征服现实，要开荒辟地，要造砖瓦，要架梁柱，要赚钱去请泥水匠。这些事都是人力可以办到的，都是可以用意志支配的。但是现实界凡物皆向地心下坠一条定律，就不可以用意志征服。所以意志在现实界活动，处处遇障碍，处处受限制，不能圆满地达到目的，实际上我们的意志十之八九都要受现实限制，不能自由发展。譬如谁不想有美满的家庭？谁不想住在极乐国？然而在现实界绝没有所谓极乐美满的东西存在。因此我们的意志就不能不和现实发生冲突。

一般人遇到意志和现实发生冲突的时候，大半让现实征服了意志，走到悲观烦闷的路上去，以为件件事都不如人意，人生还有什么意味？所以堕落，自杀，逃空门种种的消极的解决法就乘虚而入了，不过这种消极的人生观不是解决意志和现实冲突最好的方法。因为我们人类生来不是懦弱者，而这种消极的人生观甘心让现实把意志征服了，是一种极懦弱的表示。

然则此外还有较好的解决法么？有的，就是我所谓超现实。我们处世有两种态度，人力所能做到的时候，我们竭力征服现实。人力莫可奈何的时候，我们就要暂时超脱现实，储蓄精力待将来再向他方面征服现实。超脱到哪里去呢？超脱到理想界去。现实界处处有障碍有限制，理想界是天高任鸟飞，极空阔极自由的。现实界不可以造空中楼阁，理想界是可以造空中楼阁的。现实界没有尽美尽善，理想界是有尽美尽善的。

姑取实例来说明。我们走到小城市里去，看见街道窄狭污浊，处处都是阴沟厕所，当然感觉不快，而意志立时就要表示态度。如果意志要征服这种现实哩，我们就要把这种街道房屋一律拆毁，另造宽大的马路和清洁的房屋。但是谈何容易？物质上发生种种障碍，这一层就不一定可以做到。意志在此时如何对付呢？他说：我要超脱现实，去在理想界造成理想的街道房屋来，把它表现在图画上，表现在雕刻上，表现在诗文上。于是结果有所谓美术作品。美术家成就了一件作品，自己觉得有创造的大力，当然快乐已极。旁人看见这种作品，觉得它真美丽，于是也愉快起来了，这就是所谓美感。

因此美术家的生活就是超现实的生活，美术作品就是帮助我们超脱现实到理想界去求安慰的。换句话说，我们有美术的要求，就因为现实界待我们太刻薄，不肯让我们的意志推行无碍，于是我们的意志就跑到理想界去求慰情的路径。美术作品之所以美，就美在它能够给我们很好的理想境界。所以我们可以说，美术作品的价值高低就看它超现实的程度大小，就看它所创造的理想世界是阔大还是窄狭。

但是美术又不是完全可以和现实界绝缘的。它所用的工具——例如雕刻用的石头、图画用的颜色、诗文用的语言——都是在现实界取来的。它所用的材料——例如人物情状悲欢离合——也是现实界的产物。所以美术可以说是以毒攻毒，利用现实的帮助以超脱现实的苦恼。上面我们说过，美术作品的价值高低要看它超脱现实的程度如何。这句话应稍加改正，我们应该说，美术作品的价值高低，就看它能否借极少量的现实界的帮助，创造极大量的理想世界出来。

在实际上说，美术作品借现实界的帮助愈少，所创造的理想世界也因而愈大。再拿相片和图画来说明。何以相片所引起的美感不如图画呢？因为相片上一形一影，件件都是真实的，而且应有尽有，发泄无遗。我们看相片，种种形影好像钉子把我们的想象力都钉死了。看到相片，好像看到二五，就只能想到一十，不能想到其他数目。换句话说，相片把事物看得忒真，没有给我们以想象余地，所以相片，只能抄写现实界，不能创造理想界。图画就不然，图画家用美术眼光，加一番选择的功夫，在一个完全境遇中选择了一小部事物，把它们又经过一番理想化，然后才表现出来。唯其留着一大部分不表现，欣赏者的想象力才有用武之地。想象作用的结果就是一个理想世界，所以图画所表现的现实世界虽极小而创造的理想世界则极大。孔子谈教育说，“举一隅不以三隅反，则不复也”。相片是把四隅通举出来了，不要你劳力去“复”。图画就只举一隅，叫欣赏者加一番想象，然后“以三隅反”。

流行语中有一句说：“言有尽而意无穷。”无穷之意达之以有尽之言，所以有许多意，尽在不言中。文学之所以美，不仅在有尽之言，而尤在无穷之意。推广地说，美术作品之所以美，不是只美在已表现的一部分，尤其是美在未表现而含蓄无穷的一大部分，这就是本文所谓无言之美。

因此美术要和自然逼真一个信条应该这样解释：和自然逼真是要窥出自然的精髓所在，并表现出来；不是说要把自然当作一篇印版文字，很机械地抄写下来。

这里有一个问题会发生。假使我们欣赏美术作品，要注重在未表现而含蓄着的一部分，要超“言”而求“言外意”，各个人有各个人的见解，所得的言外意不是难免殊异么？当然，美术作品之所以美，就美在有弹性，能拉得长，能缩得短。有弹性所以不呆板。同一美术作品，你去玩味有你的趣味，我去玩味有我的趣味。譬如莎氏乐府所以在艺术上占极高位置，就因为各种阶级的人在不同的环境中都欢喜读他。有弹性所以不陈腐。同一美术作品，今天玩味有今天的趣味，明天玩味有明天的趣味。凡是经不得时代淘汰的作品都不是上乘。上乘文学作品，百读都令人不厌的。

就文学说，诗词比散文的弹性大；换句话说，诗词比散文所含的无言之美更丰富。散文是尽量流露的，愈发挥尽致，愈见其妙。诗词是要含蓄暗示，若即若离，才能引人入胜。现在一般研究文学的人都偏重散文——尤其是小说。对于诗词很疏忽。这件事实可以证明一般人文学欣赏力很薄弱。现在如果要提高文学，必先提高文学欣赏力，要提高文学欣赏力，必先在诗词方面特下功夫，把鉴赏无言之美的能力养得很敏捷。因此我很希望文学创作者在诗词方面多努力，而学校国文课程中诗歌应该占一个重要的位置。

本文论无言之美，只就美术一方面着眼。其实这个道理在伦理哲学、教育、宗教及实际生活各方面，都不难发现。老子《道德经》开卷便说："道可道，非常道；名可名，非常名。"这就是说伦理哲学中有无言之美。儒家谈教育，大半主张潜移默化，所以拿时雨春风做比喻。佛教及其他宗教之能深入人心，也是借沉默神秘的势力。幼稚园创造者蒙台梭利利用无言之美的办法尤其有趣。在她的幼稚园里，教师每天趁儿童顽得很热闹的时候，猛然地在粉板上写一个"静"字，或奏一声琴。全体儿童于是都跑到自己的座位去，闭着眼睛蒙着头伏案假睡的姿势，但是他们不可睡着。几分钟后，教师又用很轻微的声音，从颇远的地方呼唤各个儿童的名字。听见名字的就要立刻醒起来。这就是使儿童可以在沉默中领略无言之美。

就实际生活方面说，世间最深切的莫如男女爱情。爱情摆在肚子里面比摆在口头上来得恳切。"齐心同所愿，含意俱未伸"和"更无言语空相觑"，比较"细语温存""怜我怜卿"的滋味还要更加甜蜜。英国诗人布莱克（Blake）有一首诗叫作《爱情之秘》（*Love's Secret*）里面说：

（一）

切莫告诉你的爱情，
爱情是永远不可以告诉的，
因为她像微风一样，
不做声不做气地吹着。

（二）

我曾经把我的爱情告诉而又告诉，
我把一切都披肝沥胆地告诉爱人了，
打着寒战，耸头发地告诉，
然而她终于离我去了！

（三）

她离我去了，
不多时一个过客来了。
不做声不做气地，只微叹一声，
便把她带去了。

这首短诗描写爱情上无言之美的势力，可谓透辟已极了。本来爱情完全是一种心灵的感应，其深刻处是老子所谓的不可道不可名。所以许多诗人以为“爱情”两个字本身就太滥太寻常太乏味，不能拿来写照男女间神圣深挚的情绪。

其实何止爱情？世间有许多奥妙，人心有许多灵悟，都非言语可以传达，一经言语道破，反如甘蔗渣滓，索然无味。这个道理还可以推到宇宙人生诸问题方面去。我们所居的世界是最完美的，就因为它是最不完美的。这话表面看去，不通已极。但是实在含有至理。假如世界是完美的，人类所过的生活——比好一点，是神仙的生活，比坏一点，就是猪的生活——便呆板单调已极，因为倘若件件都尽美尽善了，自然没有希望发生，更没有努力奋斗的必要。人生最可乐的就是活动所生的感觉，就是奋斗成功而得的快慰。世界既完美，我们如何能尝创造成功的快慰？这个世界之所以美满，就在有缺陷，就在有希望的机会，有想象的田地。换句话说，世界有缺陷，可能性（potentiality）才大。这种可能而未能的状况就是无言之美。世间有许多奥妙，要留着不说出；世间有许多理想，也应该留着不实现。因为实现以后，跟着“我知道了！”的快慰便是“原来不过如是！”的失望。

天上云霞有多么美丽！风涛虫鸟声息有多么和谐！用颜色来摹绘，用金石丝竹来比拟，任何美术家也是作践天籁，糟蹋自然！无言之美何限？让我这种拙手来写照，已是糟粕枯骸！这种罪过我要完全承认的。倘若有人骂我胡言乱道，我也只好引陶渊明的诗回答他说：“此中有真意，欲辩已忘言。”

1924 年仲冬于上虞白马湖

赏读

1924年，朱光潜创作了他的第一篇美学论文《无言之美》，尽管年代久远，但这篇文章的语言、理念放在今天仍然不显得陈旧，跃动着鲜活的思维火花。

在英语中，美学称作“Aesthetics”，意为“感性学”（德语、法语中也用了相同的概念，只是拼写稍有不同），这一命名最初由德国哲学家鲍姆加登提出，旨在强调艺术与感觉的联系。感觉是广泛的，因此美学的研究领域也是广泛的，只要是与艺术相关的事物，都能纳入研究范围，比如《无言之美》，就涉及了摄影、绘画、诗歌、音乐、戏剧、雕塑这些艺术门类，甚至举了儿童教育的例子，但广泛之余并不散漫，众多话题始终围绕着“无言之美”这一思想展开。

“无言之美”糅合了中国古典艺术和西方表现主义的因素，朱光潜有时讲古诗，提到“言有尽而意无穷”；有时从城市面貌入手，讲美术作品表达理想、调和现实与意志之间冲突的作用。与“无言之美”相对立的，是“和自然逼真”。如果说“无言之美”倾向于表现主义，那么“和自然逼真”就倾向于再现主义。

再现与表现，哪一个更好？在过去很长一段时间里，再现论占据了主流地位。古希腊的主流观念认为艺术摹仿自然，例如柏拉图的《理想国》将真理（又称理念）比喻为太阳，事物是理念的影子，而艺术品则是影子的影子。文艺复兴时期的大师达·芬奇说：“画家的心应该像一面镜子，永远把它所反映事物的色彩摄进来，前面摆着多少事物，就摄取多少形象。”19世纪中期，现实主义文艺思潮在欧洲各国兴起，用艺术再现生活的创作理念空前发展。

表现论兴盛起来，是比较晚的事情。19世纪初兴起的浪漫主义文学，以人的内心世界为表现对象。法国美学家维隆（E. Veron）在其著作《美学》（1878）中写道：“所谓艺术，就是感情的表现，表现即意味着使情感在外部世界中获得解释。”20世纪初，文艺批评家克罗齐在他的《美学原理》中提出“艺术即直觉”的重要观点，反对将艺术作为物理事实或逻辑的活动。“野兽派”创始人、画家马蒂斯更在1908年宣称：“奴隶式地再现自然，对于我是不可能的事。”

朱光潜的美学思想，是西方表现主义思潮的延伸，然而采用了“无言之美”这种中国式的表达。这种中国化的改造，和他希望在中国推广文学审美教育的愿景有关，文中写道：“现在如果要提高文学，必先提高文学欣赏力，要提高文学欣赏力，必先在诗词方面特下功夫，把鉴赏无言之美的能力养得很敏捷。因此我很希望文学创作者在诗词方面多努力，而学校国文课程中诗歌应该占一个重要的位置。”朱光潜提倡诗词教育，而诗词是中国文学最能区别于西方文学的独特部分。可见，《无言之美》体现了朱光潜借助、改造西方思想资源，在现代教育中为中国古典文学争取一席之地的努力。

作品

生命[①]

沈从文

我好像为什么事情很悲哀，我想起“生命”。

每个活人都像是有一个生命，生命是什么，居多人是不曾想起的，就是“生活”也不常想起。我说的是离开自己生活来检视自己生活这样事情，活人中就很少那么作，因为这么作不是一个哲人，便是一个傻子了。“哲人”不是生物中的人的本性，与生物本性那点兽性离得太远了，数目稀少正见出自然的巧妙与庄严。因为自然需要的是人不离动物，方能传种。虽有苦乐，多由生活小小得失而来，也可望从小小得失得到补偿与调整。一个人若尽向抽象追究，结果纵不至于违反自然，亦不可免疏忽自然，观念将痛苦自己，混乱社会。因为追究生命意义时，即不可免与一切习惯秩序冲突。在同样情形下，这个人脑与手能相互为用，或可成为一思想家或艺术家；脑与行为能相互为用，或可成为一革命者。若不能相互为用，引起分裂现象，末了这个人就变成疯子。其实哲人或疯子，在违反生物原则、否认自然秩序上，将脑子向抽象思索，意义完全相同。

① 选自《七色魇》（江苏教育出版社2005年版），有改动。沈从文（1902—1988），湖南凤凰人。著有《长河》《边城》等。

我正在发疯，为抽象而发疯。我看到一些符号，一片形，一把线，一种无声的音乐，无文字的诗歌。我看到生命一种最完整的形式，这一切都在抽象中好好存在，在事实前反而消灭。

有什么人能用绿竹作弓矢，射入云空，永不落下？我之想象，犹如长箭，向云空射去，去即不返。长箭所注，在碧蓝而明静之广大虚空。

明智者若善用其明智，即可从此云空中，读示一小文，文中有微叹与沉默，色与香，爱和怨。无著者姓名，无年月，无故事，无……然而内容极柔美。虚空静寂，读者灵魂中如有音乐。虚空明蓝，读者灵魂上却光明净洁。

大门前石板路有一个斜坡，坡上有绿树成行，长干弱枝，翠叶积叠，如翠翣，如羽葆，如旗帜。常有山灵，秀腰白齿，往来其间。遇之者即喑哑。爱能使人喑哑——一种语言歌呼之死亡，“爱与死为邻”。

然抽象的爱，亦可使人超生。爱国也需要生命，生命力充溢者方能爱国。至如阉寺性的人，实无所爱，对国家，貌作热诚；对事，马马虎虎；对人，毫无情感；对理想，异常吓怕。也娶妻生子，治学问教书，做官开会，然而精神状态上始终是个阉人。与阉人说此，当然无从了解。

夜梦极可怪。见一淡绿百合花，颈弱而花柔，花身略有斑点青渍，倚立门边微微动摇。在不可知地方好像有极熟悉的声音在招呼：

“你看看好，应当有一粒星子在花中。仔细看看。”

于是伸手触之。花微抖，如有所怯。亦复微笑，如有所恃。因轻轻摇触那个花柄，花蒂，花瓣。近花处几片叶子全落了。

如闻叹息，低而分明。

……

雷雨刚过。醒来后闻远处有狗吠，吠声如豹。半迷糊中卧床上默想，觉得惆怅之至。因百合花在门边动摇，被触时微抖或微笑，事实上均不可能！

起身时因将经过记下，用半浮雕手法，如玉工处理一片玉石，琢刻割磨。完成时犹如一壁炉上小装饰。精美如瓷器，素朴如竹器。

一般人喜用教育身份来测量一个人道德程度。尤其是有关乎性的道德。事实上这方面的事情，正复难言。有些人我们应当嘲笑的，社会却常常给以尊敬，如阉寺。有些人我们应当赞美的，社会却认为罪恶，如诚实。多数人所表现的观念，照例是与真理相反的。多数人都乐于在一种虚伪中保持安全或自足心境。因此我焚了那个稿件。我并不畏惧社会，我厌恶社会，厌恶伪君子，不想将这个完美诗篇，被伪君子眼目所污渎。

百合花极静。在意象中尤静。

山谷中应当有白中微带浅蓝色的百合花，弱颈长蒂，无语如语，香清而淡，躯干秀拔。花粉作黄色，小叶如翠珰。

法郎士曾写一《红百合》故事，述爱欲在生命中所占地位，所有形式，以及其细微变化。我想写一《绿百合》，用形式表现意象。

赏读

1940 年，任教于西南联大的沈从文创作了《生命》，本文后来与写于同一时期的《烛虚》《潜渊》《长庚》结集出版，题名为《烛虚》。

这几篇散文都以生命和人性为主题，围绕这些主题，沈从文反复地思考、热切地追问。他思考的结果可以归结为八个字：人性庸俗，生命高贵。然而，人性是现实的，生命是抽象的，这两者之间的天壤之别，逼得人“为抽象而发疯”。

《生命》是这四篇散文中简短而诗意的一篇，它的思路是不连贯的，似乎在写作时中断了几次，然后又换一个角度继续写下去，最后也没有明确的结尾。作者的灵感飘然而来，又飘然而去，无法形成规整的文字，不过也正因为如此，使本文不落雕琢，自有天然之美。

第 1 ~3 自然段讲生命与人性的区别。人性来自于自然的兽性，遵从习惯秩序，没有太多的情感和抽象思考，这些特点使人类物种能够生存并繁衍下去。多数人拥有生命而不思考生命，只有少数人会去思考生命的意义，这种思考是疯狂而危险的，但也美妙无比，因为作者在疯狂中发现了真正的生命：“我看到一些符号，一片形，一把线，一种无声的音乐，无文字的诗歌。我看到生命一种最完整的形式，这一切都在抽象中好好存在，在事实前反而消灭。”

第 4 ~5 自然段用比喻来展现生命“最完整的形式”。生命的完整形式，在天上的虚空之中，是没有姓名、年月、故事却有觉有情的柔美小文，是在灵魂中响起的静寂音乐，呼应上文“无声的音乐，无文字的诗歌”。

第 6 ~7 自然段，人性和生命的冲突重新出现，作者表现出强烈的爱憎。生命力旺盛的人愿意为爱而死，也在爱中超生，与此相对的是精神上的“阉人”，也就是社会上从众生活却不懂生命和爱的一般人。

第8~18自然段记述一个与百合花有关的梦，以及梦醒后的思考。作者笔下的百合花如同女子："颈弱而花柔，花身略有斑点青渍，倚立门边微微动摇"，"花微抖，如有所怯"，"弱颈长蒂，无语如语，香清而淡，躯干秀拔"。第14、17自然段是议论，表现出对诚实和爱欲的推崇。

在《生命》里，我们可以看到一个和1934年发表《边城》时不一样的沈从文。沈从文希望用《边城》表现一种"优美、健康、自然，而又不悖乎人性的人生形式"（《习作选集代序》），可见那时他还在试图调和人性和人生（即生命）的矛盾，到1940年，他已经放弃了这种努力，转而相信大多数人不会追寻生命的意义，但他自己在抽象（而非现实生活）中发现了生命的完整形式。这种转变，与抗战全面爆发，大批文化界人士向西南地区转移的背景是有关联的，沈从文也在这场时代的浪潮中流落异乡，时代的巨变，无疑让他更清楚地看到了现实的残酷，于是他转向内心，将对生命的理想保留在抽象思考当中。关于20世纪40年代以后，沈从文为什么不再从事文学，转行做文物研究，论者纷纭，外部环境的转变固然重要，沈从文个人文学理想的崩溃也是不容忽视的因素，这种崩溃在1940年前后的散文中已经显现出来。可是谁又能说得清，崩溃背后，是死亡还是新生呢？

切磋琢磨

1. 莫言《大风》中的"我"童年时目睹了爷爷与龙卷风搏斗的情景，这段描述一直铭记在心。如果你读过《呼兰河传》和《边城》，是否记得文中也都有一位可亲可敬的爷爷？能否拿起手中的笔写下自己的爷爷（外公）。

2. 对于童年，你有至今仍然清楚记得的故事吗？童年时你对家乡和亲人的印象，和现在相比有变化吗？

3.《我是一个任性的孩子》这首诗中，顾城想象自己是一个孩子，用蜡笔画出了他的理想世界。请你画一幅画来表现你的童年（回忆、梦想等），并向同学解释图画的含义。

4. 儿童的思维和行动方式尚未被社会所规范，保留着自然的姿态（虽然未必都是好的），因而常常给人以启发。观察你身边的儿童，如果可以的话，跟他们交流互动，然后说说他们有哪些有趣的、引发你思考的地方。

5. 请仔细思考钱锺书和朱光潜的论述，写下你对于快乐和美的独特思考。

听春雨

导读

青春，多么美丽的字眼。从古到今，多少文人墨客用文字吟咏过青春。有我们都熟悉的“和羞走，倚门回首，却把青梅嗅”的烂漫，也有“举觞白眼望青天，皎如玉树临风前”的潇洒；有“仰手接飞猱，俯身散马蹄。狡捷过猴猿，勇剽若豹螭”的豪迈，也有“少年不识愁滋味，爱上层楼。爱上层楼。为赋新词强说愁”的缠绵。

对于“随风潜入夜”的“好雨”的惊喜，可能更多地是来自成人；两样面对“春雨”的青春少年，虽无“一任阶前、点滴到天明”的芜杂，却亦未必就是“少年听雨歌楼上，红烛昏罗帐”的暧昧。恰如塞缪尔·乌尔曼《青春》所言，“有青春不是年华，而是心境；青春不是桃面、丹唇、柔膝，而是深沉的意志，恢宏的想象，炽热的感情；青春是生命的深泉在涌流”。青春，并非天然的肤浅、苍白、稚嫩之代名词，她完全可以是深沉、恢宏、炽热的最佳诠释。关键在于，我们究竟以怎样的姿态来面对人生，并赋予生命怎样的内容呢？

青春年少，阅历不丰，这似乎是“同学少年”的天然不足。不过，文字阅读，完全可以让我们的生命“阅”历丰盈起来。从作家的文字当中，我们可以看到“别人”别样的青春画面，感受到迥异于自己的青春思考，当然，也聆听到来自成人世界的青春箴言。

本单元所选6篇青少年题材的作品，从不同的角度展现了“青春”这一主题的思考。鲁迅的《好的故事》，文字所呈现的是一个“美丽，幽雅，有趣”的画面，缥缈而又真切的：“错综起来像一天云锦，而且万颗奔星似的飞动着”，许多美的人在活动，许多美的事在发生。这美丽的画面与“好的故事”，有人解读为精神家园或者爱情世界，也完全可以视为美丽的青春世界。而梦的破灭，碎影的消散，那是一种难以抑制的青春逝去的无奈与怅惘之情。李娟的散文《妹妹的恋爱》，写的是与我们普通人生活很不一样的遥远的生活：戈壁、草原，雪山、帐篷，骏马、牧人，让我们这些钢筋水泥丛林中的人感到无比的新奇。当然，作者不是以一个过客猎奇的眼光去写边疆风情，她对这里的生活充满了熟悉与爱意，朴实善良的妹妹在美好的年纪里遇到了很多追求者，在作者眼里是多么令人羡慕和向往的。即使环境艰苦，劳作繁杂，人们可在环绕和压制在世界和人之上的一切困厄和痛苦之中看到美好，这不仅是妹妹恋爱的喜悦，也是人们对美好理想的追求。张晓风的《念你们的名字——寄阳明医学院大一新生》，是以大学国文教师的身份给医学院大一新生写的信，字里行间饱含着作者对年轻人的殷切期望和深切的爱。他希望年轻的医学院学生保持那份“人病已病”的同情，从而以“人”的身份去善尽“人中人”的天职。作者同时也表达了关于“如何做一个人”以及“如何做一个中国人”的认识。苏雪林的《青春》，直接以充满热忱的文字，表达了对于青春的欣羡与赞美。她笔下的青年是充满希望的，前途是浩荡无涯的，青年的体内流动着一股源源不断、愈汲愈多的淋漓元气，因此作者感叹青年是“世界的王”。当然青年也有其缺陷：青年往往总是糊涂的，无经验的，因此总会多走许多弯路。因此，作者对于“人世易于萎谢的青春”也提出了自己的建议，真正的“永生”。整个作品语言处处洋溢着青春的活力，字里行间流动着一股活力或者说是“气”，一股“生气”，读起来让人酣畅淋漓。

生命并不都是五彩斑斓、流光溢彩的，余秀华的《摇摇晃晃的人间》、萧红的《手》给我们呈现的则是另外一种青春画面。备受身残痛苦的余秀华，每天面对的就是“摇摇晃晃的人间”。当然，她从未放弃过寻求希望，无论希望如何渺茫，她依然勇敢地伸出手去捕捉。走上诗歌这一条路，似乎源于一种“宿命”，同时作者亦由诗歌而赢得人生：在诗歌的世界里，作者的躯体、精神，一切都是自由的、无拘无束的，自己可以超越现实的一切束缚，自由翱翔。因此作者无比感恩诗歌一直在清洁自己、悲悯自己，而从不会拒绝自己。可以毫不夸张地说，诗歌赋予了作者第二次生命，无比珍贵的生命——诗歌让作者重拾了人生的意义。萧红的《手》，则让我们看到了一个无奈愁苦甚至是寒冷凄苦的青春世界：女孩王亚明是一所北方城市女校的中学生，她的父亲是一位思想较为开明的乡村染坊主。他将全家人省吃俭用的钱交到学校，试图让女儿成为一个知书达礼的体面人。可是，女孩那双怪异的“被染料染成了洗不掉的青黑色”的手，以及她在学校的各种稚拙的言行，却使她成为整个学校的笑料与歧视的对象。最终读者与“我”一道，目送着父女俩无奈地离开学校。不过，作品以冷峻的笔触警醒我们的同时，也让我们从在这样艰难生活中始终保持着平和，良善心灵的王亚明父女身上，以及作为旁观者而寄予深切关切与同情的“我”的身上，看到了在暗沉世界中的一抹青春亮色。

作品

好的故事[①]

鲁　迅

灯火渐渐地缩小了，在预告石油的已经不多；石油又不是老牌，早熏得灯罩很昏暗。鞭爆的繁响在四近，烟草的烟雾在身边：是昏沉的夜。

我闭了眼睛，向后一仰，靠在椅背上；捏着《初学记》的手搁在膝髁上。

我在蒙胧中，看见一个好的故事。

这故事很美丽，幽雅，有趣。许多美的人和美的事，错综起来像一天云锦，而且万颗奔星似的飞动着，同时又展开去，以至于无穷。

我仿佛记得曾坐小船经过山阴道，两岸边的乌桕，新禾，野花，鸡，狗，丛树和枯树，茅屋，塔，伽蓝，农夫和村妇，村女，晒着的衣裳，和尚，蓑笠，天，云，竹……都倒影在澄碧的小河中，随着每一打桨，各各夹带了闪烁的日光，并水里的萍藻游鱼，一同荡漾。诸影诸物，无不解散，而且摇动，扩大，互相融和；刚一融和，却又退缩，复近于原形。边缘都参

① 选自《野草》（人民文学出版社 2003 年版），有改动。鲁迅（1881—1936），原名周樟寿（后改名为周树人），浙江绍兴人。著有《呐喊》《彷徨》《故事新编》等。

差如夏云头，镶着日光，发出水银色焰。凡是我所经过的河，都是如此。

现在我所见的故事也如此。水中的青天的底子，一切事物统在上面交错，织成一篇，永是生动，永是展开，我看不见这一篇的结束。

河边枯柳树下的几株瘦削的一丈红，该是村女种的罢。大红花和斑红花，都在水里面浮动，忽而碎散，拉长了，缕缕的胭脂水，然而没有晕。茅屋，狗，塔，村女，云……也都浮动着。大红花一朵朵全被拉长了，这时是泼刺奔迸的红锦带[12]。带织入狗中，狗织入白云中，白云织入村女中……在一瞬间，他们又将退缩了。但斑红花影也已碎散，伸长，就要织进塔，村女，狗，茅屋，云里去。

现在我所见的故事清楚起来了，美丽，幽雅，有趣，而且分明。青天上面，有无数美的人和美的事，我一一看见，一一知道。

我就要凝视他们……

我正要凝视他们时，骤然一惊，睁开眼，云锦也已皱蹙，凌乱，仿佛有谁掷一块大石下河水中，水波陡然起立，将整篇的影子撕成片片了。我无意识地赶忙捏住几乎坠地的《初学记》，眼前还剩着几点虹霓色的碎影。

我真爱这一篇好的故事，趁碎影还在，我要追回他，完成他，留下他。我抛了书，欠身伸手去取笔，——何尝有一丝碎影，只见昏暗的灯光，我不在小船里了。

但我总记得见过这一篇好的故事，在昏沉的夜……

赏读

鲁迅先生的作品我们也拜读过不少，这篇《好的故事》肯定是其中相当特殊的一篇，它最早收录于散文诗集《野草》中。作者于极短的篇幅中，从多个角度来展开那超现实的想象，使得暖色的想象和回忆具有了一种明快清晰的美学风格。

《好的故事》是一幅美丽、幽雅而又有趣的江南水乡风情画，更是一首美好生活的赞美诗。整个作品真正做到了以情绘景，情景交融，诗中有画，画中有诗，创造了饱含作者美的感情和美的理想的诗之意境。

文章第一自然段，作者通过黑暗深沉的夜色的描绘，交代了“好的故事”发生的时间、背景，渲染了一派昏暗、混沌的现实气氛：灯油快要燃完，灯火越来越惨淡，灯罩显得昏暗，加上烟草的烟雾弥漫，屋子里更显得昏昏沉沉，令人感到黑暗的重压。这昏暗的屋子，深沉的夜，同时隐喻着日益黑暗混沌的生活现实。接下来的段落，作者直接展开了对“好的故事”的描绘。先概括地说，“这故事很美丽，幽雅，有趣”：许多美的人在活动，许多美的事在发生，给人以美好的印象。然后连用两个生动的比喻，说它“错综起来像一天云锦，而且万颗奔星似的飞动着”，进一步展开“好的故事”的轮廓，奠定了美好、生动的基调。接着，作者浓墨重彩、酣畅淋漓地描绘了记忆中故乡春天的风情画，精心叙写了“坐小船经过山阴道”时所见的美好景致：两岸有乌桕、新禾、绿竹、茅屋、丛树，戴着蓑笠的农夫，晒着衣服的村女，天空有闪烁的日光，晴朗的云天小河里有萍藻游鱼，还有各种美妙的倒影。而这倒影，又随着小船的每一打桨，在水中一同荡漾……这样生动细致的描画有形，有声，有色，有香，散发着浓郁的乡土风味和生活气息，将读者带入乡村祥和的生活情境当中，使人陶醉于如诗如画的意境中，品味美好。那村女种的一丈红、大红花、斑红花，都在水里浮动，碎散，拉长，似乎这水也染成了“缕缕的胭脂水”，精致美妙，变幻无穷。这些精巧的比喻和联想，就像电影镜头般一一展现，给人以具体真切的美感。最后，作者用既概括又抒情的笔调写下自己当时的感受：“我一一看见，一一知道。”仿佛这故事确是现实存在，并非梦幻或杜撰，作者以切身的感受感染读者，使之也一样相信并热爱这“好的故事”。

多角度、多镜头的笔触，是本篇的鲜明特点。作者选取不同的角度，不同的侧面，不同的着眼点来描绘这幅江南风情画。一会儿放眼两岸，一会儿俯视河中；一会儿是静观景物，一会儿是荡船所见；一会儿写诸物诸影的远景，一会儿是大红花、斑红花的特写……作者就是这样将文字这种语言符号转化为有具体感觉效果的形象画面。我们仿佛闻得到泥土、新竹、野花的清香，听得到鸡、狗的欢叫、村女的笑语，看得到日光辉映着的云天、遨游于萍藻间的游鱼，感得到船夫的打桨、水波的荡漾……在欣赏一幅幅变化多姿的美妙图画之余，不得不为作者的感受力、观察力和语言的表现力由衷地赞叹。

含蓄、暗示的象征手法的娴熟调用，也是本文一大亮点。作者借景抒情，充分地表现自己对美的事物、美的理想的热切向往和执着追求。当黑暗现实“撕碎”它时，作者坚决地说：“我要追回他，完成他，留下他”，并“欠身伸手去取笔”——他那支排击旧物、催促新生的战斗的“笔”，这就分明抒发了他要为实现美好的理想而积极战斗的决心。而梦的破灭，碎影的消散，一切恢复原样，依然是暗沉的夜，景物和环境的变化有力地衬托出感情的变化，使读者和作者都同样感受到一种难以抑制的惋惜与怅惘之情，激起人们为追求美的理想同黑暗力量作坚决斗争的决心与勇气。

作品记叙梦境中的景象，将美好的人和美好的事物不加修饰地罗列汇合，形成极具情感内蕴的画面。作者直陈理想的美好，以反衬现实的黑暗，通过梦境与现实的对比，移情入景，情景交融，才使这样好的故事色彩斑斓、天人合一，充满了生命力和韧性的意味，确可谓名副其实的“好的故事”。

作品

手[①]

萧 红

在我们的同学中，从来没有见过这样的手：蓝的，黑的，又好像紫的；从指甲一直变色到手腕以上。

她初来的几天，我们叫她“怪物”。下课以后大家在地板上跑着，也总是绕着她。关于她的手，但也没有一个人去问过。

教师在点名，使我们越忍越忍不住了，非笑不可了。

“李洁!”

“到。”

“张楚芳!”

“到。”

“徐桂真!”

“到。”

迅速而有规律性地站起来一个，又坐下去一个。但每次一喊到王亚明的地方，就要费一些时间了。

“王亚明，王亚明……叫到你啦!”别的同学有时要催促

① 选自《中国现代小说精品·萧红卷》（陕西人民出版社 1995 年版），有改动。萧红（1911—1942），黑龙江哈尔滨人。著有《生死场》《呼兰河传》《小城三月》等。

她，于是她才站起来，把两只青手垂得很直，肩头落下去，面向着棚顶说：

“到，到，到。”

不管同学们怎样笑她，她一点也不感到慌乱，仍旧弄得椅子响，庄严的，似乎费掉了几分钟才坐下去。

有一天上英文课的时候，英文教师笑得把眼镜脱下来在擦着眼睛：

“你下次不要再答‘黑耳’了，就答‘到’吧！”

全班的同学都在笑，把地板擦得很响。

第二天的英文课，又喊到王亚明时，我们又听到“黑耳——黑耳”。

“你从前学过英文没有？”英文教师把眼镜移动了一下。

“不就是那英国话吗？学是学过的，是麻子脸先生教的……铅笔叫‘喷丝儿’，钢笔叫‘盆’。可是没学过‘黑耳’。”

“here 就是‘这里’的意思，你读：Here！Here！”

“喜儿！喜儿。”她又读起“喜儿”来了。这样的怪读法，全课堂都笑得颤栗起来。可是王亚明，她自己却安然地坐下去，青色的手开始翻转着书页。并且低声读了起来：

“华提……贼死……阿儿……”

数学课上，她读起算题来也和读文章一样：

“$2x+y=\cdots\cdots x^2=\cdots\cdots$”

午餐的桌上，那青色的手已经抓到了馒头，她还想着“地理”课本：“墨西哥产白银……云南……唔，云南的大理石。”

夜里她躲在厕所里边读书，天将明的时候，她就坐在楼梯口。只要有一点光亮的地方，我常遇到过她。有一天落着大雪的早晨，窗外的树枝挂着白绒似的穗头，在宿舍的那边，长筒过道的尽头，窗台上似乎有人睡在那里了。

“谁呢？这地方多么凉！”我的皮鞋拍打着地板，发出一种空洞洞的嗡声，因是星期日的早晨，全个学校出现在特有的安宁里。一部分的同学在化妆；一部分的同学还睡在眠床上。

还没走到她的旁边，我看到那摊在膝头上的书页被风翻动着。

“这是谁呢？礼拜日还这样用功！”正要唤醒她，忽然看到那青色的手了。

“王亚明，哎……醒醒吧……”我还没有直接招呼过她的名字，感到生涩和直硬。

“喝喝……睡着啦!”她每逢说话，总是开始钝重地笑笑。

“华提……贼死，右……爱……”她还没有找到书上的字就读起来。

“华提……贼死，这英国话真难……不像咱们中国字：什么字旁，什么字头……这个：委屈拐弯的，好像长虫爬在脑子里，越爬越糊涂，越爬越记不住。英文先生也说不难，不难，我看你们也不难。我的脑筋笨，乡下人的脑筋没有你们那样灵活。我的父亲还不如我，他说他年轻的时候，就记他这个‘王’字，记了半顿饭的工夫还没记住。右……爱……右……阿儿……”说完一句话，在末尾不相干地她又读起单字来。

风车哗啦哗啦的响在壁上，通气窗时时有小的雪片飞进来，在窗台上结着些水珠。

她的眼睛完全爬满着红丝条；贪婪，把持，和那青色的手一样在争取她不能满足的愿望。

在角落里，在只有一点灯光的地方，我都看到过她，好像老鼠在啮嚼什么东西似地读起单字来。

她的父亲第一次来看她的时候，说她胖了：“妈的，吃胖了，这里吃的比咱家吃的好，是不是?好好干吧！干下三年来，不成圣人吧，也总算明白明白人情大道理。”在课堂上，一个星期之内，人们都是学着王亚明的父亲。第二次，她的父亲又来看他，她向父亲要一副手套。

“就把我这副给你吧！书，好好念书，要一副手套还没有吗?等一等，不用忙……要戴就先戴这副，开春啦！我又不常出什么门，明子，上冬咱们再买，是不是?明子!”在“接见室”门口嚷嚷着，四周已经是围满着同学，于是他又喊着“明子明子”的又说了一些事情：

“三妹妹到二姨家去串门啦，去了两三天啦！小肥猪每天又多加两把豆子，胖得那样，你没看见，耳朵都挣挣起来了，……姐姐又来家腌了两罐子咸葱……”

正讲得他流汗的时候，女校长穿着人群站到前面去：

“请到接见室里面坐吧——”

“不用了，不用了，耽搁工夫，我也是不行的，我还就要去赶火车……赶回去，家里一群孩子，放不下心……”他把皮帽子放在手上，向校长点着头，头上冒着气，他就推开门出去了。好像校长把他赶走似的，可是他又转回身来，把手套脱下来。

“爹，你戴着吧，我戴手套本来是没用的。”

她的父亲也是青色的手，比王亚明的手更大更黑。

在阅报室里，王亚明问我：

“你说，是吗？到接见室去坐下谈话就要钱的吗？”

“哪里要钱！要的什么钱！”

“你小点声说，叫她们听见，她们又谈笑话了。”她用手掌指点着我读着的报纸，“我父亲说的，他说接见室摆着茶壶和茶碗，若进去，怕是校役就给倒茶了，倒茶就要钱了。我说不要，他可是不信，他说连小店房进去喝一碗水也多少得赏点钱，何况学堂呢？你想学堂是多么大的地方！”

校长已说过她几次：

“你的手，就洗不净了吗？多加点肥皂！好好洗洗，用热水烫一烫。早操的时候，在操场上竖起来的几百条手臂都是白的，就是你，特别呀！真特别。”女校长用她贫血得和化石一般透明的手指去触动王亚明的青色手，看那样子，她好像是害怕，好像微微有点抑止着呼吸，就如同让她去接触黑色的已经死掉的鸟类似的：“是褪得很多了，手心可以看到皮肤了。比你刚来的时候强得多，那时候，那简直是铁手……你的功课赶得上了吗？多用点功，以后，早操你就不用上了，学校的墙很低，春天里散步的外国人又多，他们常常停在墙外看的。等你的手褪掉颜色再上早操吧！”校长告诉她，停止了她的早操。

“我已经向父亲要到了手套，戴起手套来不就看不见了吗？”打开了书箱，取出她父亲的手套来。

校长笑得发着咳嗽，那贫血的面孔立刻旋动着红的颜色：“不必了！既然是不整齐，戴手套也是不整齐。”

假山上面的雪消融了去，校役把铃子摇得似乎更响些。窗前的杨树抽着芽，操场好像冒着烟似的，被太阳蒸发着。上早操的时候，那指挥官的口笛振鸣得也远了，和窗外树丛中的人家起着回应。

我们在跑，在跳，和群鸟似的在噪杂。带着糖质的空气迷漫着我们，从树梢上面吹下来的风，混和着嫩芽的香味。被冬天枷锁了的灵魂，和被束掩的棉花一样舒展开来。

正当早操刚收场的时候，忽然听到楼窗口有人在招呼什么，那声音被空气负载着向天空响去似的：

“好和暖的太阳！你们热了吧？你们……”在抽芽的杨树后面，那窗口站着王亚明。

等杨树已经长了绿叶，满院结成了荫影的时候，王亚明却渐渐变成了干缩，眼睛的边缘发着绿色，耳朵也似乎薄了一些，至于她的肩头，一点也不再显出蛮野和强壮。当她偶然出现在树荫下，那开始陷下的胸部，使我立刻从她想到了生肺病的人。

“我的功课，校长还说跟不上，倒也是跟不上，到年底若再跟不上，喝喝！真会留级的吗？”她讲话虽然仍和从前一样“喝喝”的，但她的手却开始畏缩起来，左手背在背后，右手在衣襟下面突出个小丘。

我们从来没有看到她哭过，大风在窗外倒拔着杨树那天，她背向着教室，也背向着我们，对着窗外的大风哭了，那是那些参观的人走了以后的事情，她用那已经开始在褪着色的青手捧着眼泪。

“还哭！还哭什么？来了参观的人，还不躲开。你自己看看，谁像你这样特别！两只蓝手还不说，你看看，你这件上衣，快变成灰的了！别人都是蓝上衣，哪有你这样特别，太旧的衣裳颜色是不整齐的……不能因为你一个人而破坏了制服的规律性……”她一面嘴唇与嘴唇切合着，一面用她惨白的手指去撕着王亚明的领口：“我是叫你下楼，等参观的走了再上来，谁叫你就站在过道呢？在过道，你想想：他们看不到你吗？你倒戴起了这样大的一副手套……”

说到“手套”的地方，校长的黑色漆皮鞋，那晶亮的鞋尖去踢了一下已经落到地板上的一只手套：

“你觉得你戴上了手套，站在这地方就十分好了吗？这叫什么玩艺儿？”她又在手套上踏了一下，她看到那和马车夫一样肥大的手套，抑制不住地笑出声来了。

王亚明哭了这一次，好像风声都停止了，她还没有停止。

暑假以后，她又来了。夏末简直和秋天一样凉爽，黄昏以前的太阳染在马路上，使那些铺路的石块都变成了朱红色。我们集着群在校门里的山丁树下吃着山丁。就是这时候，王亚明坐着的马车从“喇嘛台”那边哗啦哗啦地跑来了。只要马车一停下，那就全然寂静下去，她的父亲搬着行李，她抱着面盆和一些零碎。走上台阶来了，我们并不立刻为她闪开，有的说着：“来啦！”“你来啦！”有的完全向她张着嘴。

等她父亲腰带上挂着的白毛巾一抖一抖的走上了台阶，就有人在说：

“怎么！在家住了一个暑假，她的手又黑了呢？那不是和铁一样了吗？”

秋季以后，宿舍搬家的那天，我才真正注意到这铁手。我似乎已经睡着了，但能听到隔壁在吵叫着：

“我不要她，我不和她并床。”

“我也不和她并床。”

我再仔细听了一些时候，就什么也听不清了，只听到嗡嗡的笑声和绞成一团的吵嚷。夜里我偶然起来到过道去喝了一次水。长椅上睡着一个人，立刻就被我认出来，那是王亚明。两只黑手遮着脸孔，被子一半脱落在地板上，一半挂在她的脚上。我想她一定又是借着过道的灯光在夜里读书，可是她的旁边也没有什么书本，并且她的包袱和一些零碎就在地板上围绕着她。

第二天的夜晚，校长走在王亚明的前面，一面走一面响着鼻子，她穿过床位，用她的细手推动那一些连成排的铺平的白床单：

“这里，这里的一排七张床，只睡八个人，六张床还睡九个呢！”她翻着那被子，把它排开一点，让王亚明把被子就夹在这地方。

王亚明的被子展开了，为着高兴的缘故，她还一边铺着床，一边嘴里似乎打着哨子，我还从没听到过这个，在女校里，没有人用嘴打过哨子。

她已经铺好了，她坐在床上张着嘴，把下颚微微向前抬起一点，像是安然和舒畅在镇压着她似的。校长已经下楼了，或者已经离开了宿舍，回家去了。但，舍监这老太太，鞋子在地板上擦擦着，头发完全失掉了光泽，她跑来跑去：

“我说，这也不行……不讲卫生，身上生着虫类，什么人还不想躲开她呢？”她又向角落里走了几步，我看到她的白眼球好像对着我似的：“看这被子吧！你们去嗅一嗅，隔着二尺远都有气味了……挨着她睡觉，滑稽不滑稽！谁知道……虫类不会爬了满身吗？去看看，那棉花都黑得什么样子啦！”

舍监常常讲她自己的事情，她的丈夫在日本留学的时候，她也在日本，也算是留学。同学们问她：

“学的什么呢？”

“不用专学什么！在日本说日本话，看看日本风俗，这不也是留学吗？”她说话总离不了“不卫生，滑稽不滑稽……肮脏”，她叫虱子特别要叫虫类。

“人肮脏，手也肮脏。”她肩头很宽，说着肮脏，她把肩头故意抬高了一下，好像寒风忽然吹到她似的，她跑出去了。

“这样的学生，我看校长可真是……可真是多余要……”打过熄灯铃之后，舍监还在过道里和别的一些同学在讲说着。

第三天夜晚，王亚明又提着包袱，卷着行李，前面又是走着白脸的校长。

“我们不要，我们的人数够啦！”

校长的指甲还没接触到她们的被边时，她们就嚷了起来，并且换了一排床铺，也是嚷了起来：

“我们的人数也够啦！还多了呢！六张床，九个人，还能再加了吗？”

“一、二、三、四……”校长开始计算：“不够，还可以再加一个，四张床，应该六个人，你们只有五人……来！王亚明！”

“不，那是留给我妹妹的，她明天就来……”那个同学跑过去，把被子用手按住。

最后，校长把她带到别的宿舍去了。

“她的虱子，我不挨着她……”

“我也不挨着她……”

“王亚明的被子没有被里，棉花贴着身子睡，不信，校长看！”

后来，她们就开着玩笑，竟至说出害怕王亚明的黑手而不敢接近她。

以后，这黑手人就睡在过道的长椅上。我起得早的时候，就遇到她在卷着行李，并且提着行李下楼去。有时我也在地下“储藏室”遇到她，那当然是夜晚，所以她和我谈话的时候，我都是看看墙上的影子，她搔着头发的手，那影子印在墙上也和头发一样颜色。

“惯了，椅子也一样睡，就是地板也一样，睡觉的地方，就是睡觉，管什么好歹！念书是要紧的……我的英文，不知在考试的时候，马先生能给我多少分数？不够六十分，年底要留级的吗？”

“不要紧，一门不能够留级。”我说。

“爹爹可是说啦！三年毕业，再多半年，他也不能供给我学费……这英国话，我的舌头可真转不过弯来。嘿嘿……”

全宿舍的人都在厌烦她，虽然她是住在过道里。因为她夜里总是咳嗽着……同时在宿舍里边，她开始用颜料染着袜子和上衣。

“衣裳旧了，染染差不多和新的一样。比方，夏季制服，染成灰色就可以当秋季制服穿……比方，买白袜子，把它染成黑色，这都可以……”

“为什么你不买黑袜子呢?”我问她。

“黑袜子，他们是用机器染的，矾太多……不结实，一穿就破的……还是咱们自己家染的好……一双袜子好几毛钱……破了就破了，还得了吗?”

礼拜六的晚上，同学们用小铁锅煮着鸡子。每个礼拜六差不多总是这样，她们要动手烧一点东西来吃。以小铁锅煮好的鸡子，我也看到的，是黑的，我以为那是中了毒。那端着鸡子的同学，几乎把眼镜咆哮得掉落下来：

“谁干的好事！谁？这是谁?”

王亚明把面孔向着她们来到了厨房，她拥挤着别人，嘴里嘿嘿的：

“是我，我不知道这锅还有人用，我用它煮了两双袜子……嘿嘿……我去……”

“你去干什么？你去……”

“我去洗洗它!”

“染臭袜子的锅，还能煮鸡子吃！还要它?”铁锅就当着众人在地板上哐啷、哐啷地跳着，人咆哮着，戴眼镜的同学把黑色的鸡子好像抛着石头似的用力抛在地上。

人们都散开的时候，王亚明一边拾着地板上的鸡子，一边在自己说着话：

“哟！染了两双新袜，铁锅就不要了！新袜子怎么会臭呢?”

冬天，落雪的夜里，从学校出发到宿舍去，所经过的小街完全被雪片占据了。我们向前冲着，扑着，若遇到大风，我们就风雪中打着转，倒退着走，或者是横着走。清早，照例又要从宿舍出发，在十二月里，每个人的脚都冻木了，虽然是跑着，也要冻木的。所以我们咒诅和怨恨，甚至于有的同学已经在骂着，骂着校长是“混蛋”，不应该把宿舍离开学校这样远，不应该在天还不亮就让学生们从宿舍出发。

有些天，在路上我单独地遇到王亚明。远处的天空和远处的雪都在闪着光，月亮使得我和她踏着影子前进。大街和小街都看不见行人。风吹着路旁的树枝在发响，也时时听到路旁的玻璃窗被雪扫着在呻吟。我和她谈话的声音，被零度以下气温所反应也增加了硬度。等我们的嘴唇也和我们的腿部一样感到了不灵活，这时候，我们总是终止了谈话，只听着脚下踏着的雪，乍乍乍地响。

手在按着门铃，腿好像就要自己脱离开，膝盖向前时时要跪了下去似的。

我记不得哪一个早晨，腋下夹着还没有读过的小说，走出了宿舍，我转过身去，把栏栅门拉紧。但心上也总有些恐惧，越看远处模糊不清的房子，越听后面在扫着的风雪，就越害怕起来。星光是那样微小，月亮也许落下去了，也许被灰色的和土色的云彩所遮蔽。

走过一丈远，又像增加了一丈似的，希望有一个过路的人出现，但又害怕那过路人，因为在没有月亮的夜里，只能听到声音而看不见人，等一看见人影，那就像从地面突然长了起来似的。

我踏上了学校门前的石阶，心脏仍在发热，我在按铃的手，似乎已经失去了力量。突然，石阶又有一个人走上来了：

“谁？谁？”

“我！是我。”

“你就走在我的后面吗？”因为一路上我并没听到有另外的脚步声，这使我更害怕起来。

“不，我没走在你的后面，我来了好半天了。校役他是不给开门的，我招呼了不知道多大工夫了。”

“你没按过铃吗？”

“按铃没有用，嘿嘿，校役开了灯，来到门口，隔着玻璃向外看看……可是到底他不给开。”

里边的灯亮起来，一边骂着似地哐啷啷啷地把门给闪开了：

“半夜三更叫门……该考背榜不是一样考背榜吗？”

“干什么？你说什么？”我这话还没有说出，校役就改变了态度：

“萧先生，您叫门叫了好半天了吧？”

我和王亚明一直走进了地下室，她咳嗽着，她的脸苍黄得几乎是打着皱纹似的，颤索了一些时候。被风吹得而挂下来的眼泪，还停留在脸上，她就打开了课本。

“校役为什么不给你开门？”我问。

“谁知道？他说来得太早，让我回去，后来他又说是校长的命令。”

“你等了多少时候了？”

“不算多大工夫，等一会，就等一会，一顿饭这个样子。嘿嘿……”

她读书的样子，完全和刚来的时候不一样，那喉咙渐窄小了似的，只是喃喃着，并且那两边摇动的肩头，也显着紧缩和偏狭，背脊已经弓了起来，胸部却平了下去。

我读着小说，很小的声音读着，怕是搅扰了她；但，这是第一次，我不知道为什么这只是第一次？

她问我读的什么小说，读没读过《三国演义》？有时，她也拿到手里看看书面，或是翻翻书页。“像你们多聪明！功课连看也不看，到考试的时候也一点不怕。我就不行，也想歇一会，看看别的书……可是，那就不成了……”

有一个星期日，宿舍里面空朗朗的，我就大声读着《屠场》上正是女工玛利亚昏倒在雪地上的那段，我一面看着窗外的雪地，一面读着，觉得很感动。王亚明站在我的背后，我一点也不知道：

“你有什么看过的书，也借给我一本，下雪天气，实在沉闷，本地又没有亲戚，上街又没有什么买的，又要花车钱……”

“你父亲很久不来看你了吗？”我以为她是想家了。

“哪能来！火车钱，一来回就是两元多……再说家里也没有人……”

我就把《屠场》放在她的手上，因为我已经读过了。

她笑着，“嘿嘿”着，她把床沿颤了两下，她开始研究着那书的封面。等她走出去时，我听在过道里她也学着我把那书开头的第一句读得很响。

以后，我又不记得是哪一天，也许又是什么假日，总之，宿舍是空朗朗的，一直到月亮已经照上窗子，全宿舍依然被剩在寂静中。我听到床头上有沙沙的声音，好像什么人在我的床头摸索着，我仰过头去，在月光下，我看到了是王亚明的黑手，并且把我借她的那本书放在我的旁边。

我问她：“看得有趣吗？好吗？”

起初，她并不回答我，后来她把脸孔用手掩住，她的头发也像在抖着似的，她说：

“好。”

我听她的声音也像在抖着，于是我坐了起来。她却逃开了，用着那和头发一样颜色的手横在脸上。

过道的长廊空朗朗的，我看着沉在月光里的地板的花纹。

“玛利亚，真像有这个人一样，她倒在雪地上，我想她没有死吧！她不会死吧……那医生知道她是没有钱的人，就不给她看病……嘿嘿！”很高的声音，她笑了，借着笑的抖动眼泪才滚落下来：“我也去请过医生，我母亲生病的时候，你看那医生他来吗？他先向我要马车钱，我说钱在家里，先坐车来吧！人要不行了……你看他来吗？他站在院心问我：‘你家是干什么的？你家开染缸房（染衣店）吗？’不知为什么，一告诉他是开染缸房的，他就拉开门进屋去了……我等他，他没有出来，我又去敲门，他在门里面说：‘不能去看这病，你回去吧！’我回来了……”她又擦了擦眼睛才说下去，“从这时候我就照顾着两个弟弟和两个妹妹。爹爹染黑的和蓝的，姐姐染红的……姐姐定亲的那年，上冬的时候，她的婆婆从乡下来住在我们家里，一看到姐姐她就说：‘唉呀！那杀人的手！’从这起，爹爹就说不许某个人专染红的，某个人专染蓝的。我的手是黑的，细看才带点紫色，那两个妹妹也都和我一样。”

“你的妹妹没有读书？”

“没有，我将来教她们，可是，我也不知道我读得好不好，读不好连妹妹都对不起……染一匹布，多不过三毛钱……一个月能有几匹布来染呢？衣裳每件一毛钱，又不论大小，送来染的都是大衣裳居多……去掉火柴钱，去掉颜料钱……那不是吗！我的学费……把他们在家吃咸盐的钱都给我拿来啦……我哪能不用心念书，我哪能？”她又去摸触那书本。

我仍然看着地板上的花纹，我想她的眼泪比我的同情高贵得多。

还不到放寒假时，王亚明在一天的早晨，整理着手提箱和零碎，她的行李已经束得很紧，立在墙根的地方。

并没有人和她去告别，也没有人和她说一声“再见”。我们从宿舍出发，一个一个地经过夜里王亚明睡觉的长椅，她向我们每个人笑着，同时也好像从窗口在望着远方。我们使过道起着沉重的骚音，我们下着楼梯，经过了院宇，在栏栅门口，王亚明也赶到了，并且呼喘，并且张着嘴：

“我的父亲还没有来，多学一点钟是一点钟……”她向着大家在说话一样。

这最后的每一点钟，都使她流着汗。在英文课上，她忙着用小册子记下来黑板上所有的生字。同时读着，同时连教师随手写的、已经是不必要的读过的熟字，她也记了下来，在第二点钟地理课上，她又费着力气模仿着黑板上教师画的地图，她在小册子上也画了起来……好像所有这最末一天经过她的思想都重要起来，都必得留下一个痕迹。

在下课的时间，我看了她的小册子，那完全记错了：英文字母，有的脱落一个，有的她多加上一个……她的心情已经慌乱了。

夜里，她的父亲也没有来接她，她又在那长椅上展了被褥。只有这一次，她睡得这样早，睡得超过平常以上的安然。头发接近着被边，肩头随着呼吸放宽了一些。今天，她的左右并不摆着书本。

早晨，太阳停在颤抖的挂着雪的树枝上面，鸟雀刚出巢的时候，她的父亲来了。停在楼梯口，他放下肩上背来的大毡靴，他用围着脖子的白毛巾捋去胡须上的冰溜：

“你落了榜吗？你……”冰溜在楼梯上溶成小小的水珠。

“没有，还没考试，校长告诉我，说我不用考啦，不能及格的……”

她的父亲站在楼梯口，把脸向着墙壁，腰间挂着的白手巾动也不动。

行李拖到楼梯口了，王亚明又去提着手提箱，抱着面盆和一些零碎，她把大手套还给她的父亲。

“我不要，你戴吧！”她父亲的毡靴一移动，就在地板上压了几个泥圈圈。

因为是早晨，来围观的同学们很少。王亚明就在轻微的笑声里边戴起了手套。

“穿上毡靴吧！书没念好，别再冻掉了两只脚。”她的父亲把两只靴子相连的皮条解开。

靴子一直掩过了她的膝盖，她和一个赶马车的人一样，头部也用白色的绒布包起。

“再来，把书带回家好好读读再来。嘿……嘿。”不知道她向谁说着。当她又提起了手提箱，她问她的父亲：

“叫来的马车就在门外吗？”

“马车，什么马车，走着上站吧……我背着行李……”

王亚明的毡靴在楼梯上扑扑地拍着。父亲走在前面，变了颜色的手抓着行李的角角。

那被朝阳拖得细长的影子，跳动着在人的前面先爬上了木栅门。从窗子看去，人也好像和影子一般轻浮，只能看到他们，而听不到关于他们的一点声音。

出了木栅门，他们就向着远方，向着迷漫着朝阳的方向走去。

雪地好像碎玻璃似的，越远，那闪光就越刚强。我一直看到那远处的雪地刺痛了我的眼睛。

赏读

成功的作品往往有深邃的思想、精美的形式承载，形成一个无限丰富的文学生命体。身为中国现代文学著名的女作家，萧红的作品《手》以其复杂的文化内涵、透彻的人性批判和超越时代呼声的主体自觉，成为她所构筑的文学世界中令人敬慕的篇章，也可以称得上是中国现代儿童文学史上真正意义的儿童小说现代性的开籍之作。

在小说的开篇，萧红以电影特写的表现手法，给读者展示了一双与众不同且耐人寻味的手，让读者由这双手而认识了小说的主人公王亚明——一个乡下染坊主的女儿。为了帮助家里维持生计，王亚明的手被染料染成了洗不掉的青黑色。幸好染坊家的女儿有个开明的父亲，她肩负着全家的希望被父亲送到城里的中学读书。单是《手》的开端，就令人反复咀嚼玩味。第一遍阅读时会感到强烈的喜剧气氛，就把人的阅读兴趣调动起来，为下文的叙述埋下铺垫。初来时王亚明可谓“少年不识愁滋味”，尽管教师点名时同学们因她的木讷而嘲笑她，可她却“一点也不感到慌乱”。这时的王亚明心情是安适的、愉快的，以至于她父亲第一次来看她的时候说她胖了。

随着故事的发展，承受着精神和肉体的双重折磨，王亚明慢慢发生了改变。整间学校编织了一个无形的网，包括校长在内，还有舍监、校役和同学们，他们把王亚明牢牢缚住，勒紧，似乎要将王亚明的精神和肉体吞噬掉。王亚明从刚入学的蛮野强壮，渐渐变得胆怯卑微。王亚明以求知为生命，拼了命地学习，却因为这双青手遭到了众人的轻视和嘲笑；校园这本是回荡着琅琅读书声的地方，竟沉默地成为桎梏与落后的帮凶。

手是小说的核心意象。小说中描写了两类手，苍白透明的手、黑色的铁手。萧红通过两类手的描写，在手这一器官上赋予了某种社会化的隐喻。黑手是贫困生活和辛勤劳动的象征，但是在城市这一异化的环境中，却成为受人鄙薄与嘲弄的原因。在别人的歧视与语言暴力下，王亚明的心理发生着变化，她由刚开始时在同学们的嘲笑声下不感到慌乱，到后来“她的手却开始畏缩起来”。与王亚明的黑手相对的是以校长为代表的周围看客的贫血得和化石一般透明的手，白手代表冷酷和残忍的社会现实。作者将黑和白两种具有极大反差的颜色放在一起，不仅给了我们视觉的冲击力，同时也在我们的心理上产生了深刻的震撼。

同样产生对比且贯穿全文的是两类人的笑。一种是王亚明从始至终“钝重的”“喝喝地笑”。王亚明的笑声中包含着乡下人的淳朴和善良，同时是她对于自身所处无力反抗的环境的无奈。另一种笑是围绕在王亚明周围的看客们发出的刺耳的嘲笑声。在看客们刺耳的笑声中包含着冷漠与冷酷、轻视与鄙夷的味道，笑声将社会阶层的残酷和不平人生的荒诞与悖谬呈现出来，让人有种压抑与辛酸之感。借助系列的反义意象来承载主体的悲剧性的失败命运，作者表达了对善良勤劳的下层大众的关注与同情，以及对造成他们不幸命运的黑暗、扭曲的社会的批判和鞭笞，表现了女作家对女性以及人生的诗性悲悯与现实关怀。

在作品的最后，“我一直看到那远处的雪地刺痛了我的眼睛”，实际是刺痛了“我”的内心，刺醒了“我”的良知，也试图去追问人类生命的价值和灵魂的重量，以唤醒沉睡在人类心灵深处的大慈悲。面对现实世界的肮脏和虚伪，王亚明依然用她那颗纯洁的心灵去寻找光明，尽管手是青色的，但是心却是橙色的温暖。在东北寒冷的冰雪中，朝着弥漫着朝阳的方向而去的王亚明，却是依旧怀揣希望。

《手》揭露人性的复杂，抨击人类的愚昧。悲剧不仅是个别人、时代、阶级、社会制度造成的，还是人与人之间的疏离，个体生命的脆弱无助造成的。其中，又兼及小说的鲜明对比和于平淡中寓奇崛的艺术手法，让人不禁发出了争取人的权利与尊严的正义呼声。

作品

妹妹的恋爱[1]

李　娟

在阿克哈拉，追求我妹妹的小伙子太多了！一轮又一轮的，真是让人眼红。为什么我十八岁的时候就没这么热门呢？

我妹妹刚满十八，已经发育得鼓鼓囊囊，头发由原先的柔软稀薄一下子变得又黑又亮，攥在手中满满一大把。但是由于从没出过远门，也没上过什么学，显得有些傻乎乎的，整天就知道抿着嘴笑，就知道热火朝天地劳动。心思单纯得根本就是十岁左右的小孩，看到彩虹都会跑去追一追。

就这样的孩子，时间一到，也要开始恋爱啦。卢家的小伙子天天骑着摩托车来接她去掰包谷、收葵花，晚上又给送回来。唉，这样劳动，干出来的活还不够换那点汽油钱的。

卢家的小伙子比我妹妹大两岁，刚满二十。黑黑瘦瘦的，个子不高，蛮精神，说起话来头头是道。我妈看在眼里，乐在心里。据说这孩子是所有追逐者中条件最好的，家里有二百只羊、十几头牛、十几匹马、一个大院子。在上游一个村子里还有磨面粉的铺面，还有两台小四轮。另外播种机啊、收割机

---

① 选自《阿勒泰的角落》（万卷出版公司 2010 年版），有改动。李娟，1979 年生于新疆。著有《我的阿勒泰》《阿勒泰的角落》《走夜路请唱歌》等。

啊，这机那机样样俱全。再另外还有天大的一块地，今年地里丰收了天大的几车草料，在院子垛得满满当当，啧啧！冬天里可有得赚了！而且小伙子还有些电焊的技术，冬天也不闲着，还去县上的选矿厂打点零工什么的，又勤快又踏实……听得我很有些眼馋，简直想顶掉妹妹自己嫁过去。

不过以上那些都是卢家老爷子自己说的，他说完就撂下一条羊后腿很谦虚地走了。我妈悄悄跟上去侦察了一番，回来直撇嘴："什么两百只羊啊，我数了半天，顶多也就一百二三……"

尽管这样，这家孩子的条件仍是没得说的。当卢家撂下第二条羊腿以后，这事就定了十之八九啦。

我妹妹十岁过后就没再上学了，个子不高，胖乎乎的。和卢家小伙子确定关系之前一直在村里一处建筑工地上打工，整天筛沙子、和水泥、码砖、打地基什么的。天刚亮就得上工，直到天色暗得什么都看不见了才回家。一天能赚三十块钱。整天蓬头垢面的，每只球鞋上各顶出三个洞来，头发都成了花白的了，一拍就窜出一蓬土。一直拍到第十下，土的规模才会渐渐小下去。

后来她就不在那种地方干了，直接到卢家打工，帮着剥包谷壳子、收葵花什么的。一面培养感情，一面抵我们去年欠下卢家的麸皮和包谷渣子债。

当然了，她自己这个当事人根本还蒙在鼓里呢，什么都不知道。我们哪敢告诉她啊！去年的这个时候，也有人跑来提亲，我们想着她一天一天地大了，该知道些事了，不管成不成也得和她商量一下。结果，可把她吓得不轻，一整个冬天不敢出门。一出门就裹上大头巾，一溜小跑。

所以今年一切都得暗地里进行了——先把上门提过亲的人筛选一遍，品行啊年龄啊家庭条件啊，细细琢磨了，留下几个万无一失的孩子。然后安排种种巧合，让他们自个儿去糅合吧，看最后能和谁糅到一起去就是谁了。

所有小伙子中，就卢家小伙子追得最紧，出现频率最高，脸皮最厚，而且摩托车擦得最亮。于是到了最后我们全家人的重心就都往他那儿倾斜啦。我们天天轮流当着我妹的面唉声叹气：要是还不清卢家的麸皮债，这个冬天可怎么过啊……于是我妹深明大义，为了家庭着想，天天起早摸黑往卢家跑，干起活来一个顶俩。可把卢家老小乐坏了——虽然都知道我妹妹是方圆百里出了名的老实勤快人，但没想到竟然老实勤快成这样。真是捡了天大的宝贝啊……

在我们这里，乌河一带只有一两个汉族村子，其他全是牧业定居和半定居村。小伙子找媳妇可难了，就是有钱也很难找到。因为当地的女孩子都不大愿意一辈子待在这么偏远穷困的地方，一门心思想着往外嫁。而外面的姑娘谁又愿意嫁进来呢？盐碱水、风沙、蚊虫、荒凉寂寞。酷暑严寒交加凌迫，夏天动辄零上三四十度，冬天动辄零下三四十度，出门放眼看去全是戈壁和成片的沙漠。哪个女孩子愿意一辈子就这样了呢？

我妹恰恰相反，死也不肯出去，挪一步都跟要老命似的。今年春天，我们托人帮她在恰库图小镇找了个事情做，恰库图在几十公里外的国道线边上，算是乌河这一带最繁华的地方了。谁知人家干了没两天，就悄悄溜了回来，嫌那儿人多，吵得很。

而且我妹又那么能干，鸡多的那一年，喂鸡的草全是她一个人拔回来的。她总是在下午最晒的时候顶着烈日出门，傍晚凉快的时候才回来。那一百多只鸡，比猪还能吃，但光靠吃草，硬是给拉扯大了。另外，家里两米深的厕所和三四米深的地窖全是她一个人挖出来的，平时家里三顿饭也都是她做。一闲下来就拎条口袋沿着公路上上下下地走，把司机从车窗随手扔弃的矿泉水瓶子和易拉罐统统捡回家。在我们这里，一公斤塑料瓶可以卖八毛钱，一只易拉罐两毛钱。

春播秋收的农忙时节，附近谁家地里若人手不够，第一个想到的就是我妹妹。那时候我妹妹每天都能帮家里赚一大块风干羊肉回来。不过，今年秋天就不行了，上门来借帮工的人，一个个失望得下巴都快拉掉了

十七岁、十八岁，虽然只相差一年，但差别太大了。去年还是一个倔强敏感的少女，今年一下就开窍了似的。虽然这件事上我们都瞒得很紧，但她自己肯定感觉出了什么，并且还有所回应呢！第二天，赶在卢家小伙子过来接她之前，我们看到她把各破了三个洞的球鞋脱了，换成压箱底的新皮鞋，还欲盖弥彰地解释：“呃，昨天汗出多了……那双打湿了………呃，湿透了……”

到了第三天，又把灰蒙蒙的运动衣换成了天蓝色的新外套——干活穿什么新衣服啊？但我闭了嘴什么也没说。她自己都舍得我还多什么嘴。

一拍一蓬土的头发也细细洗净了，从此做饭和倒煤灰时，头上会小心地包着头巾，下地干活也不忘包着。

她的头发长得非常快，夏天怕热，就自己随便剪一剪，喀嚓喀嚓，毫不

心疼，弄得跟狗啃过似的。现在呢，专门跑来要我给她修理一下。

唉，怎么说呢？只能说明卢家小伙子……太厉害了！

据说卢家老爷子原来是河上游汉族村子的村长，后来开始给自家赚钱后，就没时间当村长了。应该算得上方圆百里最有头脑的人物吧。对此，有各种各样的传闻能加以证明。如此狡猾的角色，本不该放心妹妹嫁过去的。但又转念一想，像我们这样的小地方，任你再油滑，还能油出什么严重后果不成？大家毕竟都是实实在在过日子的人。不像大地方，人一聪明，心就深了，就会伤人。

而我妹妹老实巴交，平时也没什么朋友，卢家小伙子如此殷勤待她，这种体验简直开天辟地第一回，哪能招架得住啊！

想想看，这么容易就能给人哄去，我妹也实在太可怜了，要是我的话，起码也得设下九九八十一关……再想一想，也难怪我至今……

我家盖了房子后一直还没牵电。晚上早早地吃完饭，就吹了蜡烛顶门睡觉。可是自从小卢展开行动之后，我们全家奉陪，每天很晚才把他送走。这使我外婆非常生气，埋怨个不休，嫌太耗蜡烛了。

关于妹妹的事，外婆也什么都不知道，因为就数老人家嘴快，大家瞒妹妹的时候顺便把她也给瞒了。

可外婆何等聪明啊，虽然九十多岁了，人清醒着呢。所以眼看着小卢一连三个晚上按时拜访后，便冷静下来按兵不动了。当小卢告辞时，也开始装模作样地挽留一番。等人走后，边洗脚，边拿眼睛斜瞅我妹，说："哪么白天家不来？白天家来呷了，老子也好看个清楚……"

到目前为止，我家仍然还在坚决反对这事的就只剩下琼瑶了。琼瑶是我们养的大狗，也是阿克哈拉唯一一条咬人的狗，凶悍异常，害得小卢天天都走后门。可是走后门也瞒不过琼瑶，只要小卢一进门，它就趴在窗台，狗脸紧贴着玻璃，愤怒地龇着白牙，喷得满玻璃都是唾沫。还不停地用狗爪子猛烈拍击窗户，用狗头去撞，铁链子都快给挣断了。而外面窗台边刚粉好的石灰墙壁也给狗爪子划出了一大片深深的平行四边形格子。

小狗赛虎则欺软怕硬，整天就知道咬小朋友。眼看着小卢进门，远远地狂吠几声便夹着尾巴飞快地闪进隔壁屋里躲着。

偏偏小卢不肯放过人家（可能他也觉得，这样啥理由也没有地整天呆呆坐在我家，面对一屋子人，守着蜡烛等它燃完，实在是……太蠢了点……），一到我家就满屋追着找赛虎玩，强迫人家待在自己脚边。吓得赛虎大气都不敢出，低耸着脖子，埋着脸，夹着尾巴，身子战战兢兢，四条腿却笔直地撑着。小卢向上揪它的耳朵，它的耳朵就向上高高地支起；向左揪，耳朵就跟着齐齐地往左倒；向后揪的话，手松开好久了，耳朵仍不敢耷拉回前面来。真是累死了。就算小卢不理它了，走开了好久，它仍不敢轻易离开小卢坐过的凳子，耳朵仍旧向后歪着，四条腿站得又直又坚固。

我们一家人围着烛火，笑眯眯地看着赛虎木雕似的任人宰割。也没什么有趣的话题，但就是觉得高兴。

当我妈他们都不在的时候，我妹就随意多了，还主动和小卢搭话呢。两个人各拾一条小板凳，面对面坐在房间正中央，话越说越多，声音越来越小……非常可疑。真是从来没见我妹有过这么好的兴致，太好奇了。我忍不住装作收拾泡菜坛子，跑到跟前偷听了几句……结果，他们窃窃私语的内容竟是：

“今年一亩地收多少麦子？……收割机一小时废多少升汽油？……老陈家的老母猪生了吗？有几窝？……马吃得多还是驴吃得多？养马划得来还是养驴划得来？……”

……

等小卢不在的时候，我们全家人边啃卢家的羊骨头，边继续哀叹今年的生意，还无耻地教我妹如何拒绝别的小伙子的追求，以及为什么要拒绝这些追求：

“现在的男娃娃太坏了！比如老陈家那个，那天听说……对了，你说河下面吴顺儿家的老二咋那么胖啊？才十八就胖成那样，啧啧！谁家的丫头找着那样的，真是丢人……”

我妹妹笑眯眯地扒拉着饭，有一口没一口地吃着，装得跟真的似的，一句话也不搭腔。不过，等下一次陈家或吴家的人别有用心地请我妹妹去帮忙刨土豆时，她就学会玩周旋了，把小卢家搬出来一口挡回去。一点机会也不留给可怜的陈家小伙子和吴家老二。

在阿克哈拉恋爱多好啊！尤其是秋天，一年的事情差不多已经忙完，漫长而悠闲的冬天无比诱惑地缓缓前来了……于是追求的追求，期待的期待……劳动的四肢如此年轻健康，这样的身子与身子靠在一起，靠在蓝天下，蓝天高处的风和云迅速奔走。身外大地辽阔寂静。大地上的树一棵远离一棵，遥遥相望。夕阳横扫过来，每一棵树都迎身而立，说出一切。说完后树上的乌鸦全部乍起，满天都是……在遥远的阿克哈拉，乌伦古河只经过半个小时就走了，人活过几十年就死了，一切似乎那么无望，再没有其他任何可能性了。世界寂静地喘息，深深封闭着眼睛和心灵……但是，只要种子还在大地里就必定会发芽，只要人进入青春期就必定会孤独，必定会有欲望。什么原因也没有，什么目的也没有，我妹妹就那样恋爱了。趁又年轻又空空如也的时候，找个人赶紧和他（她）在一起——哎，真是幸福！

呵呵，再说说我吧，虽然我都这把年纪的老姑娘了，还是常常会有修路的工程队职工借补衣服的名义跑来搭讪呢！走在公路上，开过的汽车都会停下来问我要不要一起去下游沼泽地里抓鱼。这就是阿克哈拉。

赏读

李娟是新疆"70后"散文家的代表。她以阿勒泰为背景，用散文书写边疆及其周边地区的哈萨克等少数民族的生活，呈现了阿勒泰地域文化特色。以清新质朴的文字，不事雕琢的语言，获得文坛一众好评。她的文字的灵魂并不会因为这些文字的质朴而丧失光芒，反而越发明亮。其中《妹妹的恋爱》以其清新的风格，赢得了众多读者的喜爱。

李娟的散文，写的是那些遥远的地方的事情，戈壁、草原，雪山、帐篷，骏马、牧人，这些事情对于生活在钢筋水泥丛林里的都市人来说，有一种天然的吸引力。然而，她的作品真正吸引人之处，却不仅仅在于题材的力量。李娟不是以一个过客猎奇的眼光去写边疆风情，她对这里的生活十分熟悉，而且充满了爱意，笔底的一草一木、一河一路，乃至邻居家的一个小孩子，匪夷所思的边地医生，酒鬼、醉汉，家里老外婆可笑的习惯，母亲为生存奋斗的历史，妹妹的恋爱……都是让人沉醉欢喜的事物。文章的开头，"在阿克哈拉，追求我妹妹的小伙子太多了"，以这样平易近人的方式拉近了与读者的距离，引起人们阅读的兴趣。朴实善良的妹妹在美好的年纪里遇到了很多追求者，在作者眼里是多么令人羡慕和向往的。

作者并不试图说出任何哲理性很强的话语，她追求一种随心随性的表达。但正是这些随心随性的文字在不期然间触碰到一些问题：关于世界的，关于人生的，关于生活的，最后，关于个人内心的。最美丽的也就是最简单的，朴素之中诞生的乃是世界的精华。在众多的追求者中，脱颖而出的是卢家的小伙子。在《妹妹的恋爱》中，全家人与卢家的小伙子待在一起“也没什么有趣的话题，但就是觉得高兴”的场景，间接回答了生活与语言的关系。语言懂得多少不要紧，怡然自得的生活才重要。作者提到“卢家的小伙子比我妹妹大两岁，刚满二十。黑黑瘦瘦的，个子不高，蛮精神，说起话来头头是道道”，简单的几句介绍便使人物鲜活立体起来，年轻人的青春朝气便跃然纸上。在讲起这位追求者的家境情况时，笔触颇为幽默诙谐，可见在新疆农业经济主导的环境下，人们评判家境殷实的标准也有所差别，愈加显得民风朴实。

李娟的散文都有很强的细节感，以行动和视线编织起来的事件俯拾即是：通过鲜活的人物之口叙述人的主体情思，这增添了文字的诗意。而在淡淡的叙述之中，诗与思展开着一场又一场旷日持久的对话。在妹妹领悟到卢家小伙子的爱意后，有一个很小的细节，妹妹赶在卢家小伙子过来接她之前，她把各破了三个洞的球鞋脱了，换成压箱底的新皮鞋，还欲盖弥彰地做了“自圆其说”的解释。这点少女的小心思多么甜蜜，不用太多语言描写，光是行动上的微微变化，也是响应爱人的召唤，可知妹妹恋爱了。李娟放大了现代生活中常常被忽略的更为丰满的细节，重新赋予美好的形象和灵魂。

在这块纯净的土地上，在偏远寂静的阿克哈拉村，四面茫茫荒野，那里的生活恬淡闲适，从容不迫。那里的人和善淳朴，自在从容。她用她的笔，把阿勒泰的风土人情及一个个鲜活人物生动地展现在读者面前。卢家小伙子来家里拜访时，家人们的热情招待，妹妹与他的窃窃私语，都是充满着人情味的生活。妹妹这般幸运，“在阿克哈拉恋爱多好啊！尤其是秋天，一年的事情差不多已经忙完，漫长而悠闲的冬天无比诱惑地缓缓前来了……这样的身子与身子靠在一起，靠在蓝天下，蓝天高处的风和云迅速奔走”，笔端倾泻而下的都是恋爱的美好。开启了我们对于世界和人的认识，表达了某种全新的对待世界和人的基本态度。即使环境艰苦，劳作繁杂，人们可在环绕和压制在世界和人之上的一切困厄和痛苦之中看到美好，这不仅是妹妹恋爱的喜悦，也是人们对美好理想的追求。

作品

念你们的名字

——寄阳明医学院大一新生①

张晓风

孩子们，这是八月初的一个早晨，美国南部的阳光和煦而透明，流溢着一种让久经忧患的人鼻酸的、古老而宁静的幸福。助教把期待已久的发榜名单寄来给我，一百二十个动人的名字，我逐一地念着，忍不住覆手在你们的名字上，为你们祈祷。

在你们未来七年漫长的医学教育中，我只教授你们八个学分的国文，但是，我渴望能教你们如何做一个人，以及如何做一个中国人。

我愿意再说一次，我爱你们的名字，名字是天下父母满怀热望的刻痕，在万千中国文字中，他们所找到的是一两个最美丽、最醇厚的字眼——世间每一个名字都是一篇简短、质朴的祈祷！

“林逸文”“唐高骏”“周建圣”“陈震寰”，你们的父母多么期望你们是一个出类拔萃的孩子。“黄自强”“林进德”“蔡

① 选自《风雨并肩处，岁岁看花人：张晓风散文精选》（作家出版社 2016 年版），有删改。张晓风，1941 年生于浙江金华。著有《地毯的那一端》《愁乡石》《你还没有爱过》等。

笃义”，多少伟大的企盼在你们身上。“张鸿仁”“黄仁辉”“高泽仁”“陈宗仁”“叶宏仁”“洪仁政”，说明了儒家传统对仁德的向往。“邵国宁”“王为邦”“李建忠”“陈泽浩”“江建中”，显然你们的父母曾把你们奉献给苦难的中国。“陈怡苍”“蔡宗哲”“王世尧”“吴景农”“陆恺”，含蕴着一个古老圆融的理想。我常惊讶，为什么世人不能虔诚地细细体味另一个人的名字？为什么我们不懂得恭敬地省察自己的名字？每一个名字，或雅或俗，都自有它的意义和爱心倾注。如果我们能用细腻的领悟力去叫人的名字，我们便能更好地互敬互爱，这世界也可以因此而更美好。

这些日子以来，也许你们的名字已成为桑梓邻里间一个幸运的符号，许多名望和财富的预期已模模糊糊和你们的名字联在一起，许多人用钦慕的眼光望着你们，一方无形的匾已悬在你们的眉际。有一天，医生会成为你们的第二个名字。但是，孩子们，什么是医生呢？一件比常人所穿更白的衣服？一笔更有保障的收入？一个响亮荣耀的名字？孩子们，在你们不必讳言的快乐里，抬眼望望你们未来的路吧！

什么是医生呢？孩子们，当一个生命在温湿柔韧的子宫中悄然成形时，你，是第一个宣布这神圣事实的人。当那蛮横的小东西在尝试转动时，你，是第一窥得他在另一个世界的心跳的人。当他陡然冲入这世界，是你的双掌接住那华丽的初啼，是你，用许多防疫针把成为正常人的权利给了婴孩。是你，辛苦地拉动一个初生儿的船纤，让他开始自己的初航。当小孩半夜发烧的时候，你是那些母亲理直气壮打电话的对象。一个外科医生常像周公旦一样，是一个在简单的午餐中三次放下食物走进急救室的人。有时候，也许你只需给病人擦一点红药水，开几粒阿司匹林；也有时候，你必须为病人切开肌肤，拉开肋骨，拨开肺叶，将手术刀伸入一颗深藏在胸腔中的鲜红心脏；有的时候，你甚至必须忍受眼看血癌吞噬一个稚嫩无辜的孩童而束手无策的裂心之痛！一个出名的学者来见你的时候，可能只是一个脾气暴烈的牙痛病人；一个成功的企业家来见你的时候，可能只是一个气结的哮喘病人。一个伟大的政治家来见你的时候，也许什么都不是，他只剩下一口气，拖着一个中风后瘫痪的身体；挂号室里美丽的女明星，或者只是一个长期失眠、神经衰弱、有自杀倾向的患者……你陪同病人走过生命中最黯淡的时刻，你倾听垂死者的最后一声呼吸，探察他的最后一槌心跳。你开列出生证明书，你在死亡证明书上签字，你的脸写在婴儿初闪的瞳人中，也写在垂死者最后的凝望里。你陪同人类走过生老病死，你扮演的是一个怎样的角色啊！一个真正的医生怎能不是一个圣者。

事实上，作为一个医者的过程正是一个苦行僧修炼的过程，你需要学多少东西才能使自己免于无行，你要保持怎样的荣誉心才能使自己免于无行，你要几度犹豫才能狠下心拿起解剖刀切开第一具尸体，你要怎样自省才能在医治过千万个病人之后，使自己免于职业性的冷漠和无情。在成为一个医者之前，第一个需要被医治的，应该是我们自己。在一切的给予之前，让我们先拥有。

孩子们，我愿意把那则古老的神农氏尝百草的神话再说一遍。神话是无稽的，但令人动容的是一个行医者的投入精神，以及那种人饥己饥、人溺己溺、人病己病的同情心。身为一个现代的医生，当然不必一天中毒七十余次，但贴近别人的痛苦，体谅别人的忧伤，以一个单纯的“人”的身份，怀着恻隐之心探看另一个身罹疾病的“人”，仍是可贵的。

记得那个“悬壶济世”的故事吗？“市中有老翁卖药，悬一壶于肆头，及市罢，辄跳入壶中，市人莫之见……”那老人的药事实上应该解释成他自己。

孩子们，这世界上不缺乏专家，不缺乏权威，缺乏的是一个“人”，一个肯把自己给出去的人。当你们帮助别人时，请记住医药是有时而穷的，唯有不竭的爱能照亮一个受苦的灵魂。古老的医术中不可或缺的是“探脉”，我深信那样简单的动作里蕴藏着一些神秘的象征意义，你们能否想象一个医生用敏感的指尖去探触另一个人脉搏的神圣画面？

因此，孩子们，让我们怵然自惕，让我们清醒地推开别人加给我们的金冠，而选择长程的劳瘁。真正伟人的双手并不浸在甜美的花汁中，而常忙于处理一片恶臭的脓血；真正伟人的双目并不凝望最挺拔的高峰，他们常俯下身来察看一个卑微的贫民的病容。孩子们，让别人去享受“人上人”的荣耀，我只祈求你们善尽“人中人”的天职。

我曾认识一个年轻人，多年后我在纽约遇见他，他开过计程车，做过跑堂，尝试过各式各样的谋生手段，但他仍在认真地念社会学，而且还在办杂志。一别数年，恍如隔世，但最令我感到安慰的是，当我们一起走过曼哈顿的时候，他无愧地说:“我还保持着当年那一点对人的关怀，对人的好奇，对人的执着。”其实，不管我们研究什么，可贵的仍是对人的诚意。我们可以用赞叹的手臂拥抱一千条银河，但当那灿烂的光流贴近我们的前胸，其中最动人的音乐仍是雄浑、坚实的人类的心跳！孩子们，尽管人类制造了许多邪恶，但人体还是天真的、可尊敬的、奥秘的神迹。生命是壮丽的、强悍的，一个医生不是生命的创造者，他只是协助生命神迹保持其本然秩序的人。孩子们，请记住，你们每一天所遇见的不仅是人的病，也是病的人，是人的眼泪，人的微笑，人的故事！

窗外是软碧的草茵，孩子们，你们的名字浮在我心中，我浮在四壁书香里，书浮在暗红色的古老图书馆里，图书馆浮在无际的紫色花浪间，这是一个美丽的校园。客中的岁月看尽异国的异景，我所缅怀的仍是台北三月的杜鹃。孩子们，我们不曾有一个古老而幽美的校园，我们的校园等待你们的足迹让它变得美丽。

孩子们，我祈求全能者以广大的天心包覆你们，让你们懂得用爱心去托住别人；祈求造物主给你们内在的丰富，让你们懂得如何去分给别人。某些医生永远只能收到医疗费，我愿你们收到的更多——我愿你们收到别人的感念。

念你们的名字，在乡心隐动的清晨。我知道有一天将有别人念你们的名字，在一片黄沙飞扬的乡村小路上，或者在曲折迂回的荒山野岭间，将有人以祈祷的嘴唇，默念你们的名字……

赏读

本文是张晓风写给阳明医学院大一新生的寄语，文章以作者拿到助教寄过来的新生名字开篇，从手里的新生名字谈到行医者的职责与成长之路，娓娓道来，自然流畅，字里行间饱含着作者对医学院大一新生的殷切期望和深切的爱。

文中多次提到的“你们的名字”包含两层深意：第一层是父母给予新生的名字。作者以细腻的视角解读这些名字的汉字组合，深刻地看到这一百二十个名字的不同组合里蕴含着中国深厚的文化意蕴和父母对子女的无限期盼。在作者眼里，每个人的名与姓的组合，无论雅俗都是天下父母满怀热望的刻痕，都是一篇简短质朴的祈祷，都有其哲学和爱心。第二层是“医生”这一名字。什么是医生？医生并不是一件比常人更白的衣服或者一个响亮荣耀的名字，作者认为，“医生”这一名字是由其神圣的职责所赋予的——医生既开列出生证明，第一个接住婴儿华丽的初啼；也在死亡证明上签字，探察垂死者最后的心跳；医生陪同人类走过了生老病死，真正的医生可以说是一个“圣者”。

接着作者就开始探讨怎样才能成为一名真正的医生的问题，这其实也是作者对新生的期望或要求。文章写道，医者在成为医治者之前要经过苦行僧式的成长过程，“治人者先治己”，作者再次把“神农尝百草”的神话、“悬壶济世”的故事呈现出来以勉励新生，希望医学院的新生成为医生后时刻怵然自惕，保持那份人病己病的同情，去贴近别人的痛苦、体谅别人的忧伤，并祈求他们依然能以“人”的身份去善尽“人中人”的天职。这里，作者的诗性散文体现着中国民族文化的不朽精神。

文章的最后，作者在遥远的美国南部表达了自己对医学院新生的希望和深深祝愿，寓居他乡的作者希望故乡的校园因医学院新生的足迹而更美丽，愿他们日后能收到别人的感念，“将有人以祈祷的嘴唇”默念他们的名字。走进张晓风的散文天地，我们所得到的审美感受不只是如坐春风，更是如沐春日般艺术智慧的洗礼。

作品

青春[1]

苏雪林

记得法国作家曹拉的《约翰 · 戈东之四时》(*Quatre journees de jean Gourdon*)曾以人之一生比为年之四季，我觉得很有意味，虽然这个譬喻是自古以来，就有人说过了。但芳草夕阳，永为新鲜诗料，好譬喻又何嫌于重复呢？

不阴不晴的天气，乍寒乍暖的时令，一会儿是袭袭和风，一会儿是濛濛细雨，春是时哭时笑的，春是善于撒娇的。

树枝间新透出叶芽，稀疏琐碎地点缀着，地上黄一块，黑一块，又浅浅的绿一块，看去很不顺眼。但几天后，便成了一片蓊然的绿云，一条缀满星星野花的绣毡了。压在你眉梢上的那厚厚的灰黯色的云，自然不免教你气闷，可是他转瞬间会化为如纱的轻烟，如酥的小雨。新婚紫燕，屡次双双来拜访我的矮椽，软语呢喃，商量不定，我知道他们准是看中了我的屋梁，果然数日后，便衔泥运草开始筑巢了。远处，不知是画眉，还是百灵，或是黄莺，在试着新吭呢。强涩地，不自然地，一声一声变换着，像苦吟诗人在推敲他的诗句似的。绿叶

① 选自《苏雪林散文》(浙江文艺出版社 2001 年版)，有改动。苏雪林(1897—1999)，浙江瑞安人。著有《蝉蜕集》。

丛中紫罗兰的嗫嚅，芳草里铃兰的耳语，流泉边迎春花的低笑，你听不见么？我是听得很清楚的。她们打扮整齐了，只等春之女神揭起绣幕，便要一个一个出场演奏。现在她们有点浮动，有点不耐烦。春是准备的。春是等待的。

几天没有出门，偶然涉足郊野，眼前竟换了一个新鲜的世界。到处怒绽着红紫，到处隐现着虹光，到处悠扬着悦耳的鸟声，到处飘荡着迷人的香气，蔚蓝天上，桃色的云，徐徐伸着懒腰，似乎春眠未足，还带着惺忪的睡态。流水却瞧不过这小姐腔，他泛着潋滟的霓彩，唱着响亮的新歌，头也不回地奔赴巨川，奔赴大海……春是烂漫的，春是永远地向着充实和完成的路上走的。

春光如海，古人的比方多妙，多恰当。只有海，才可以形容出春的饱和，春的浩瀚，春的磅礴洋溢，春的澎湃如潮的活力与生意。

春在工作，忙碌地工作，他要预备夏的壮盛，秋的丰饶，冬的休息，不工作又怎么办？但春一面在工作，一面也在游戏，春是快乐的。

春不像夏的沉郁，秋的肃穆，冬的死寂，他是一味活泼，一味热狂，一味生长与发展，春是年青的。

当一个十四五岁或十七八岁的健美青年向你走来，先有爽朗新鲜之气迎面而至。正如睡过一夜之后，打开窗户，冷峭的晓风带来的那一股沁心的微凉和葱茏的佳色。他给你的印象是爽直、纯洁、豪华、富丽。他是初升的太阳，他是才发源的长河，他是能燃烧世界也能燃烧自己的一团烈火，他是目射神光，长啸生风的初下山时的乳虎，他是奋鬣扬蹄，控制不住的新驹。他也是热情的化身，幻想的泉源，野心的出发点，他是无穷的无穷，他是希望的希望。呵！青年，可爱的青年，可羡慕的青年！

青年是透明的，身与心都是透明的。嫩而薄的皮肤之下，好像可以看出鲜红血液的运行，这就形成他或她容颜之春花的娇，朝霞的艳。所谓“吹弹得破”，的确教人有这样的耽心。忘记哪一位西洋作家有“水晶的笑”的话，一位年轻女郎嫣然微笑时，那一双明亮的双瞳，那二行粲然如玉的牙齿，那唇角边两颗轻圆的笑涡，你能否认这“水晶的笑”四字的意义么？

青年是永远清洁的。为了爱整齐的观念特强，青年对于身体，当然时时拂拭、刻刻注意。然而青年身体里似乎天然有一种排除尘垢的力，正像天鹅羽毛之洁白，并非由于洗濯而来。又似乎古印度人想象中三十二天的天人，自然鲜洁如出水莲花，一尘不染。等到头上华萎，五官垢出，腋下汗流，身上那件光华夺目的宝衣也积了灰尘时，他的寿命就快告终了。

青年最富于爱美心，衣履的讲究，头发颜脸的涂泽，每天费许多光阴于镜里的徘徊顾影，追逐银幕和时装铺新奇的服装的热心，往往叫我们难以了解，或成了可怜悯的讽嘲。无论如何贫寒的家庭，若有一点颜色，定然聚集于女郎身上。这就是碧玉虽出自小家，而仍然不失其为碧玉的秘密。为了美，甚至可以忍受身体上的戕残，如野蛮人的文身穿鼻，过去妇女之缠足束腰。我有个窗友因面麻而请教外科医生，用药烂去一层面皮。三四十年前，青年妇女，往往就牙医无故拔除一牙而镶之以金，说笑时黄光灿露，可以增加不少的妩媚。于今我还听见许多人为了门牙之略欠整齐而拔去另镶的，血淋淋的也不怕痛。假如陆判官的换头术果然灵验，我敢断定必有无数女青年毫不迟疑地袒露其纤纤粉颈，而去欢迎他靴统子里抽出来那柄锯利如霜小匕首的。

青年是没有年龄高下之别的，也永远没有丑的，除非是真正的嫫母和戚施。记得我在中学读书时，眼中所见那群同学，不但大有美丑之分，而且竟有老少之别。凡那些皮肤粗黑些的，眉目庸蠢些的，身材高大些的，举止矜庄些的，总觉得她们生得太“出老”一点，猜测她们年龄时，总会将它提高若干岁。至于二十七八或三十一二的人——当时文风初开的内地学生年龄是有这样的——在我们这些比较年轻的一群看来，竟是不折不扣的“老太婆”了。这样的“老太婆”还出来念什么书，活现世！轻薄些的同学的口角边往往会漏出了这样嘲笑。现在我看青年的眼光竟和以前大大不同了，媸妍胖瘦，当然还分辨得出，而什么“出老”的感觉，却已消灭于乌有之乡，无论他或她容貌如何，既然是青年，就要还他一份美，所谓“青春的美”。挺拔的身躯，轻矫的步履，通红的双颊，闪着青春之焰的眼睛，每个青年都差不多，所以看去年纪也差不多。从飞机下望大地，山陵原野都一样平铺着，没有多少高下隆洼之别，现在我对于青年也许是坐着飞机而下望的。哈，坐着年龄的飞机！

但是，青年之最可爱的还是他身体里那股淋漓元气，换言之，就是那股愈汲愈多，愈用愈出的精力。所谓“青年的液汁”（La seve de la jeunese），这真是个不舍昼夜滚滚其来的源泉，它流转于你的血脉，充盈于你的四肢，泛滥于你的全身，永远要求向上，永远要求向外发展。它可以使你造成博学，习成绝技，创造惊天动地的事业。青年是世界上的王，它便是青年王国拥有的一切财富。

当我带着书踱上讲坛，下望墨压压的一堂青年的时候，我的幻想，往往开出无数芬芳美丽的花：安知他们中间将来没有李白、杜甫、荷马、莎士比亚那样伟大的诗人么？安知他们中间，将来没有马可尼、爱迪生、居里夫人一般的科学家，朱子、王阳明、康德、斯宾塞一般的哲学家么？学经济的也许将来会成为一位银行界的领袖；学政治的也许就仗着他将中国的政治扶上轨道；学化学或机械的也许将来会发明许多东西，促成中国的工业化、现代化。也许他们中真有人能创无声飞机，携带什么不孕粉，到扶桑三岛巡礼一回，聊以答谢他们三年来赠送我们的这许多野蛮残酷礼品的厚意。不过，我还是希望他们中间有人能向世界宣传中国优越的文化，和平的王道，向世界散布天下为公的福音，叫那些以相斫为高的刽子手们，初则眙愕相顾，继则心悦诚服……青年的前途是浩荡无涯的，是不可限量的，但能以致此，还不是靠着他们这“青年的精力”？

春是四季里的良辰，青年是人生的黄金时代。是春天，是该鸟语花香，风和日丽，但霪雨连绵，接连三四十日之久，气候寒冷得像严冬，等到放晴时，则九十春光，阑珊已尽，这样的春天岂非常有？同样，幼年多病，从药炉茶鼎间逝去了寂寂的韶华；父母早亡，养育于不关痛痒者之手，像墙角的草，得不着阳光的温煦，雨露的滋润；生于寒苦之家，半饥半饱地挨着日子，既无好营养，又受不着好教育，这种不幸的青年，又何尝不多？咳，这也是春天，这也是青年！

西洋文学多喜欢赞美青春歌颂青春，中国人是尚齿敬老的民族，虽然颇受嗟卑叹老，却瞧不起青年。真正感觉青春之可贵，认识青春之意义的，似乎只有那个素有佻达文人之名的袁子才。他对美貌少年，辄喜津津乐道，有时竟教人于字里行间，嗅出浓烈的肉味。对于历史上少年成功者，他每再三致其倾慕之忱，而于少年美貌而又英雄如孙策其人者，向往尤切。以形体之完美为高于一切，也许有点不对，但这种希腊精神，却是中国传统思想里所难以找出的。他又主张少年的一切欲望都应当给以满足，满足欲望则必需要金钱，所以他竟高唱“宁可少时富，老来贫不妨”这样大胆痛快的话，恐怕现在还有许多人为之吓倒吧。他永久羡着青春，湖上杂咏之一云：

葛岭花开三月天，游人来往说神仙。
老夫心与游人异，不羡神仙羡少年。

说到神仙，又引起我的兴趣来了。中国人最羡慕神仙，自战国到宋以前一千数百年，帝皇、妃后、贵族、大官以及一般士庶，都鼓荡于这一股热潮中。中国人对修仙付过了很大的代价，抱了热烈的科学精神去试验，坚决的殉道精神去追求。前者仆而后者继，这个失败了，那个又重新来，唐以后这风气才算衰歇了些，然而神仙思想还盘踞于一般人潜意识界呢。

做神仙最大的目的，是返老还童和长生。换言之，就是保持青春于永久。现在医学界盛传什么恢复青春术，将黑猩猩、大猩猩、长臂猿的生殖腺移植人身，便可以收回失去的青春。不过这方法流弊很多，又所恢复的青春，仅能维持数年之久，过此则衰惫愈甚，好像是预支自己体中精力而用之，并没有多大便宜可占，因之尝试者似乎尚不踊跃。至于中国神仙教人炼的九转还丹，只有黍子大的一颗，度下十二重楼，便立刻脱胎换骨，而且从此就能与天地比寿、日月齐光了。有这样的好处，无怪乎许多人梦寐求之，为金丹送命也甘心了。

不过炼丹时既需要仙传的真诀，极大的资本，长久的时间，吃下去又有未做神仙先做鬼的危险，有些人也就不敢尝试。况且成仙有捷径也有慢法，拜斗踏罡，修真养性慢慢地熬去，功行圆满之日，也一样飞升。但这种修炼需时数十年至百余年不等，到体力天然衰老时，可不又惹起困难么？于是聪明的中国人又有什么“夺舍法”。学仙人在这时候，推算得什么地方有新死的青年，便将自己的灵魂钻入其尸体，于是钟漏垂歇的衰翁，立刻便可以变成一个血气充盈的小伙子，这方法既简捷又不伤廉，因为他并没有伤害尸主之生命。

少时体弱多病，在凄风冷雨中度过了我的芳春，现在又感受早衰之苦。所以有时遇见一个玉雪玲珑的女孩，我便不免于中一动。我想假如我懂得夺舍法据这可爱身体而有之，我将怎样利用她青年的精力而读书，而研究，而学习我以前未学现在想学而已嫌其晚的一切。便是娱乐，我也一定比她更会享受。这念头有点不良，我自己也明白，可是我既没有获得道家夺舍法之秘传，也不过是骗骗自己的空想而已。

中年人或老年人见了青年，觉得不胜其健羡之至，而青年却似乎不能充分地了解青春之乐。所谓“不识庐山真面目，只缘身在此山中”，谁说不是一条真理？好像我们称孩子的时代为黄金，其实孩子果真知道自己快乐么？他们不自知其乐，而我们强名之为乐，我总觉得这是不该的。

再者青年总是糊涂的，无经验的。以读书研究而论，他们往往不知门径与方法，浪费精神气力而所得无多。又血气正盛，嗜欲的拘牵，情欲的缠纠，冲动的驱策，野心的引诱，使他们陷于空想、狂热、苦恼、追求以及一切烦闷之中，如苍蝇之落于蛛网，愈挣扎则缚束愈紧。其甚者从此趋于堕落之途，及其觉悟则已老大徒悲了。若能以中年人的明智，老年人的淡泊，控制青年的精力，使它向正当的道路上发展，则青年的前途，岂不更远大，而其成功岂不更快呢？

仿佛记得英国某诗人有再来一次的歌，中年老年之希望恢复青春，也无非是这“再来一次”的意识之刺激罢了。祖与父之热心教育其子孙，何尝不是因为觉得自己老了，无能为力了，所以想利用青年的可塑性，将他们抟成一尊比自己更完全优美的活像。当他们教育青年学习时，凭自己过去的经验，授予青年以比较简捷的方法，将自己辛苦探索出来的路线，指导青年，免得他们再迂回曲折地乱撞。他们未曾实现的希望，要在后一代人身上实现，他们没有满足的野心，要叫后一代人来替他们满足。他们的梦，他们的愿望，他们奢侈的贪求，本来都已成了空花的，现在却想在后代人头上收获其甘芳丰硕的果。因此，当他们勤勤恳恳地教导子孙时，与其说是由于慈爱，毋宁说出于自私，与其说是在替子孙打算，毋宁说是自己慰安。这是另一种“夺舍法”，他们的生命是由此而延续，而生命的意义是靠此而完成的。

据说法朗士尝恨上帝或造物的神造人的方法太笨：把青春位置于生命过程的最前一段，人生最宝贵的爱情，磨折于生活重担之下。他说假如他有造人之权的话，他要选取虫类如蝴蝶之属做榜样。要他先在幼虫时期就做完各种可厌恶的营养工作，到了最后一期，男人女人长出闪光翅膀，在露水和欲望中活了一会儿，就相抱相吻而死去。读了这一串诗意的词句，谁不为之悠然神往呢？不止恋爱而已，想到可贵青春度于糊涂昏乱之中之可惜，对于法朗士的建议，我也要竭诚拥护的了。

不过宗教家也有这么类似的说法，像基督教就说凡是热心爱神奉侍神的人，受苦一生，到了最后的一刹那，灵魂便像蛾之自蛹中蜕出，脱离了笨重躯壳，栩栩然飞向虚空，浑身发大光明，出入水火，贯穿金石，大千世界无不游行自在。又获得一切智慧，一切满足，而且最要紧的是从此再不会死。这比起法朗士先生所说的一小时蝴蝶的生命不远胜么？有了这种信仰的人，对于人世易于萎谢的青春，正不必用其歆羡吧？

赏读

文章题为《青春》，但开篇却不写青春，而是不惜笔墨，细致地描写了自然的春景。也许在作者的眼里，春天就是四季里的“青春”吧。难得的是，古往今来写春景的文章何其多，但作者笔下的春景却不落俗套，呈现的是一种悸动着的、热烈喷薄的生命活力：啼叫的百鸟、檐间筑巢的新燕、嗫嚅的紫罗兰、伸着懒腰的天与云，还有那唱着新歌的流水……在作者的笔下，整个世界都是新鲜的，春是一味活泼、狂热的，是一味生长与发展的，也正应了文章开头所说的“好的譬喻又何嫌于重复”一句。

自然的春是发展的，作为灵长类的人，尤其是正青春的青年当然也是生长发展的，接着作者转入了对青年之青春的盛赞。在作者的笔下，青年的身心是透明的，吹弹可破；青年是永远清洁的，自然鲜洁如出水莲花。而对于青年的爱美之心，作者也是用调侃的手法做了稍稍的讽刺，调侃青年愿意为了美丽而甘愿“换头”，让人读来忍俊不禁。而关于青年的年龄与样貌，作者认为既然同是青年，当然也就没有年龄高下之别、美丑之分，而作者回忆自己读中学时认为一些人“出老”的观念也是错误的，现在应该还青年一份“青春之美”。更为重要的是，青年是充满希望的，前途是浩荡无涯的，以至于作者看到讲台下的学生，就畅想着他们中间会有各行各业的杰出人才。青年的体内流动着一股源源不断、愈汲愈多的淋漓元气，因此作者感叹青年是“世界的王”。

既然青春是如此的宝贵，那么留住青春，祈求长生不老成为许多人追求的愿望。作者从古代的修仙、炼丹，到现代医学的恢复青春术，林林总总地介绍“长生不老”术，不由得让人感叹作者思维的跳跃和知识的渊博。其实与其说是“介绍”不如说是调侃，语言里充满了作者幽默的嘲讽，讽刺世人追求长生不老的痴心妄想。

虽然青年让人不胜健美，但也有其弊端。主要在于青年往往总是糊涂的，无经验的，因此总会多走许多弯路。那么如何让青年人的精力向正当的道路发展呢？老一辈总是希望把自己多年的经验授予青年，甚至把自己未完成的梦想、愿望、野心加给后人，叫后人替自己满足，对此作者是持否定态度的，认为这只是另一种“夺舍法”罢了，是一种自私的心态。而对于法朗士把青春位置于生命过程最前一段的建议，作者似乎是竭诚拥护的。但作者更认同基督教所说的“受苦一生，到了最后的一刹那，灵魂便……在大千世界无不游行自在，又获得一切智慧，一切满足”，最后便不会再死的观念，这句话其实说的是只要把握了青春的美好时光，“受苦一生”到最后便也就无悔了，此为真正的“永生”。

关于苏雪林的语言，严家炎称赞其“语言白话文没有欧化气，反而接受了较多活泼浅近，有生命力的文言词语，显得简洁自然，纯熟圆通，可览可诵，全无佶屈聱牙之弊”，确实如此。《青春》的语言处处洋溢着青春的活力，字里行间流动着一股活力或者说是“气”，一股“生气”，读起来让人酣畅淋漓。更为有趣的是，苏雪林是一位长寿作家，她在1897年出生，1999年逝世，活到102岁，正如《青春》一文里说的那种“长生不老”。

作品

摇摇晃晃的人间[①]

余秀华

一直深信，一个人在天地间，与一些事情产生密切的联系，再产生深沉的爱，以至到无法割舍，这就是一种宿命。比如我，在诗歌里爱着，痛着，追逐着，喜悦着，也有许多许多失落——诗歌把我生命所有的情绪都联系起来了，再没有任何一件事情让我如此付出，坚持，感恩，期待，所以我感谢诗歌能来到我的生命，呈现我，也隐匿我。

真的是这样：当我最初想用文字表达自己的时候，我选择了诗歌。因为我是脑瘫，一个字写出来也是非常吃力的，它要我用最大的力气保持身体平衡，并用最大力气左手压住右腕，才能把一个字扭扭曲曲地写出来。而在所有的文体里，诗歌是字数最少的一个，所以这也是水到渠成的一件事情。

而那时候的分行文字还不能叫做诗歌，它只是让我感觉喜欢的一些文字，当那些扭扭曲曲的文字写满一整本的时候，我是那么快乐。我把一个日记本的诗歌给我老师看的时候，他给我的留言是：你真是个可爱的小女生，生活里的点点滴滴都变

---

① 选自《月光落在左手上》（广西师范大学出版社 2015 年版），有改动。余秀华，1976 年生于湖北。著有《月光落在左手上》《摇摇晃晃的人间》《我们爱过又忘记》等。

成了诗歌。这简简单单的一句话让我非常感动，一个人能被人称赞可爱就够了。我认定这样的可爱会跟随我一生，事实也是这样。

于我而言，只有在写诗歌的时候，我才是完整的、安静的、快乐的。其实我一直不是一个安静的人，我不甘心这样的命运，我也做不到逆来顺受，但是我所有的抗争都落空，我会泼妇骂街，当然我本身就是一个农妇，我没有理由完全脱离她的劣根性。但是我根本不会想到诗歌会是一种武器，即使是，我也不会用，因为太爱，因为舍不得。即使我被这个社会污染得没有一处干净的地方，而回到诗歌，我又干净起来。诗歌一直在清洁我，悲悯我。

我从来不想诗歌应该写什么，怎么写。当我为个人的生活着急的时候，我不会关心国家，关心人类。当我某个时候写到这些内容的时候，那一定是它们触动了，温暖了我，或者让我真正伤心了，担心了。一个人生活得好，说明社会本身就是好的，反之亦然。作为我，一个残疾得很明显的人，社会对我的宽容度就反映了社会的健全度。所以我认为只要我认真地活着，我的诗歌就有认真出来的光泽。

比如这个夜晚，我写这段与诗歌有关的文字，在嘈杂的网吧，没有人知道我内心的快乐和安静。在参加省运会（我是象棋运动员）培训的队伍里，我是最沉默寡言的，我没有什么需要语言表达，我更愿意一个人看着天空。活到这个年纪，说的话已经太多太多。但是诗歌一直跟在身边，我想它的时候，它不会拒绝我。

而诗歌是什么呢，我不知道，也说不出来，不过是情绪在跳跃，或沉潜。不过是当心灵发出呼唤的时候，它以赤子的姿势到来，不过是一个人摇摇晃晃地在摇摇晃晃的人间走动的时候，它充当了一根拐杖。

赏读

近年来，余秀华的诗歌引起诗坛的广泛关注，甚至一度出现了“余秀华热”。尤其是余秀华身上的“农民、残疾人、作家”这三个标签，更是引起公众对她的热议。但正如余秀华所说的一样，“我希望我写出的诗歌只是余秀华的，而不是脑瘫者余秀华，或者农民余秀华的”。确实，对于一个诗人的研究或者评价都不能离开其诗歌本身，而应深入到其诗歌作品的内涵和价值。

《摇摇晃晃的人间》是一篇诗化的自述，其实更是作者生存现状的真实写照。“摇摇晃晃”是作为“病人”的诗人所真切感受到的世界的样子，一个怀着对人生、对生活极度的热爱的个体，所能表露的对这个世界最大的善意与爱。上帝没有赐予她健全的躯体，但是却历练出她坚忍、倔强、不屈、勇于抗争的灵魂。在《摇摇晃晃的人间》一文里，作者回忆了自己与诗歌结缘的经过以及诗歌对于她的意义。“山重水复疑无路，柳暗花明又一村”，备受身残痛苦的余秀华，从未放弃过寻求希望，无论希望如何渺茫，她依然勇敢地伸出手去捕捉。余秀华走上诗歌这一条路，似乎源于一种“宿命”：她本身是脑瘫患者，写一个字都是非常吃力的，而在所有的文体里，诗歌是字数最少的一种，因此选择诗歌来表达自己似乎是一件必然注定的事情。而且，当年少的她把日记本中的诗歌给老师看的时候，还得到了老师的称赞，这令她备受感动和鼓舞，自此有了这样可爱的诗歌会陪伴自己一生的信念。就这样，作者与诗歌结下一生之缘，用作者的话来说就是“与诗歌产生密切的联系，再产生深沉的爱，以至到无法割舍，这就是宿命”。或者，我们也可以理解为，这是作者因抗争而赢得的人生。

诗歌之于作者的意义在于，诗歌把作者生命的所有情绪都联系起来了：诗歌呈现作者，也隐匿作者，诗歌给予了作者表达自我感受、宽慰自我、勉励自我的途径。虽然自己是个残疾人，但作者却认为“只有在写诗歌的时候，自己才是完整的、安静的、快乐的”。在诗歌的世界里，作者的躯体、精神，一切都是自由的、无拘无束的，自己可以超越现实的一切束缚，自由翱翔。因此作者无比感恩诗歌一直在清洁自己，悲悯自己，从不会拒绝自己。可以毫不夸张地说，诗歌赋予了作者第二次生命，无比珍贵的生命——诗歌让作者重拾了人生的意义。

对自己的生命如此重要的诗歌，作者也并没有因此将其神秘化、神圣化，而只是将其视为自己行动的“拐杖”：诗歌“不过是一个人摇摇晃晃地在摇摇晃晃的人间走动的时候，它充当了一根拐杖”。拐杖于普通人而言，有或者没有，无伤大雅，或许没有反而能够更好地前行。而这拐杖对于余秀华而言，却是足以支撑灵魂的存在，正是这根“拐杖”，支撑着作者生命的广厦，拓宽了其生命的广度和宽度。

切磋琢磨

1.《念你们的名字——寄阳明医学院大一新生》指出，真正伟人的双手并不浸在甜美的花汁中，他们常忙于处理一片恶臭的脓血。真正伟人的双目并不凝望最挺拔的高峰，他们低俯下来看一个卑微的贫民的病容。并呼吁：孩子们，让别人去享受“人上人”的荣耀，我只祈求你们善尽“人中人”的天职。阅读了本单元的文章之后，关于“人上人”与“人中人”，关于“丰功伟业”与“平凡小事”的问题，你是如何看待、如何思考的呢？

2. 如《好的故事》所写的，“青天上面，有无数美的人和美的事”，它们“美丽，幽雅，有趣”，我们看见过，我们也知道。可是，我们很多时候面对的是“皱蹙，凌乱”，是“昏沉的夜”；甚而至于，我们自己就充当着排拒王亚明（萧红的《手》）、嘲笑王亚明这样的角色，使之承受“睡在过道的长椅上”的痛苦。清醒地认识生活的严峻性，对自己的社会角色以及行事方法时时进行反省，这是青年应该具备的品质。试着回顾自己人生当中的失意经历，与同学分享并交流自己当时处理的得失。

3. 苏雪林说，青年人似乎不能充分地了解青春之乐，所谓“不识庐山真面目，只缘身在此山中”；余秀华也说，比如这个夜晚，我写这段与诗歌有关的文字，在嘈杂的网吧，没有人知道我内心的快乐和安静；乌河一带女孩子都不大愿意一辈子待在这么偏远穷困的地方，一门心思想着往外嫁，可是“恋爱的妹妹”恰恰相反，死也不肯出去，挪一步都跟要老命似的，在当地最繁华的地方干了没两天，就悄悄溜了回来，嫌那儿人多，吵得很。像这样的“青春的烦恼”实在是太多太多了，遇到这样的时候，你是如何来调节自己的内心的呢？

4. 苏雪林的《青春》称，不少成人长辈热心教育其子孙，很大的成分是因为觉得自己老了，无能为力了，所以想方设法按照自己的意愿试图将年轻人“抟成一尊比自己更完全优美的活像”，“想在后代人头上收获其甘芳丰硕的果”。所以，“他们勤勤恳恳地教导子孙”“与其说是由于慈爱，毋宁说出于自私”，并称之为“另一种‘夺舍法’”。正好比萧红笔下王亚明的父亲，总指望着女儿“好好干吧！干下三年来，不成圣人吧，也总算明白明白人情大道理”。你是否也有过对这种“夺舍法”的抱怨呢？当王亚明最终因读书不济被迫离开学校，她的父亲虽也有“站在楼梯口，把脸向着墙壁，腰间挂着的白手巾动也不动”的一时激动，却最终仍旧体谅女儿：“穿上毡靴吧！书没念好，别再冻掉了两只脚。”看到这样的画面，你是否联想到自己的生活经历呢？试着跟周围的同学交流你的感受与体会。

5. 张晓风的《念你们的名字——寄阳明医学院大一新生》，采用了一种较为独特的倾诉方式。可以尝试选择一个倾诉对象（长辈、同龄人或者小朋友均可），就某一个特定的话题，用“寄语”的方式，与之进行开诚布公的“你”“我”倾谈，写一篇文章。

看云起

导读

说到“看云”，我们很自然就会想到王维的诗句：“行到水穷处，坐看云起时。”（《终南别业》）“白云回望合，青霭入看无。”（《终南山》）这两首诗，都包含了诗人远离世俗尘嚣，寻求闲适宁静之旨趣。不过，我们不要忘记了，这两首诗当中，对应的分别有“偶然值林叟，谈笑无还期”“欲投人处宿，隔水问樵夫”之句，分明透露出一种诗人同林叟与樵夫相谈甚欢、其乐融融的人间烟火味。

年轻人对人生的体认与愿景，往往偏于浪漫理想，喜欢以“我辈岂是蓬蒿人”“舍我其谁也”自命，对“黄沙百战穿金甲，不破楼兰终不还”“金戈铁马，气吞万里如虎”的豪杰气概心向往之；而对于“开轩面场圃，把酒话桑麻”“大儿锄豆溪东，中儿正织鸡笼”一类的家长里短、乡野村居生活显然不屑一顾，甚至于以之为“低劣无能”而耻之。殊不知，人生的内涵与意义是至为丰富的：“上茶馆去，左一碗右一碗的喝了半天，好像是刚从沙漠里回来的样子”（周作人《喝茶》），是人生；面对硕大的夏蚊，“偶不留心，则两腿伤处累累隆起如玉蜀黍，但是我仍安之”（梁实秋《雅舍》），是人生；第一次出门远行，便遭遇“天色完全黑了，四周什么都没有，只有遍体鳞伤的汽车和遍体鳞伤的我”（余华《十八岁出门远行》）这样的窘境，是人生；哪怕是“坐在田野上，看比我更快的蜗牛们/沿着一些时光的轨道慢慢地爬行”（李小洛《我要这样慢慢地活着》），又何尝不是一种美丽人生呢？

本单元8位作者的10篇作品，不管是小说还是散文还是诗歌作品，无一不是将笔触对准凡人琐事、世俗生活。就因为，他们都清楚，“这尘世是唯一的天堂”。正如林语堂所说：“我们的尘世人生因为只有一个，所以我们必须趁人生还未消逝的时候，尽情的把它享受。”因为，“人生本来就是一种较广义的艺术”。“知道生活的人就是艺术家，他的生活就是艺术作品。”所以，让我们都带着“艺术”的眼光对待我们每一个普通的日子，请记住朱光潜先生的忠告：“慢慢走，欣赏啊！”

作品

十八岁出门远行[①]

余 华

柏油马路起伏不止，马路像是贴在海浪上。我走在这条山区公路上，我像一条船。这年我十八岁，我下巴上那几根黄色的胡须迎风飘飘，那是第一批来这里定居的胡须，所以我格外珍重它们。我在这条路上走了整整一天，已经看了很多山和很多云。所有的山所有的云，都让我联想起了熟悉的人。我就朝着它们呼唤他们的绰号。所以尽管走了一天，可我一点也不累。我就这样从早晨里穿过，现在走进下午的尾声，而且还看到了黄昏的头发。但是我还没走进一家旅店。

我在路上遇到不少人，可他们都不知道前面是何处，前面是否有旅店。他们都这样告诉我："你走过去看吧。"我觉得他们说得太好了，我确实是在走过去看。可是我还没走进一家旅店。我觉得自己应该为旅店操心。

我奇怪自己走了一天竟只遇到一辆汽车。那时是中午，那时我刚刚想搭车，但那时仅仅只是想搭车，那时我还没为旅店操心，那时我只是觉得搭一下车非常了不起。我站在路旁朝那

① 选自《世事如烟》（作家出版社 2014 年版），有改动。余华，1960 年生于浙江。著有《活着》《许三观卖血记》《兄弟》等。

辆汽车挥手，我努力挥得很潇洒。可那个司机看也没看我，汽车和司机一样，也是看也没看，在我眼前一闪就他妈的过去了。我就在汽车后面拼命地追了一阵，我这样做只是为了高兴，因为那时我还没有为旅店操心。我一直追到汽车消失之后，然后我对着自己哈哈大笑，但是我马上发现笑得太厉害会影响呼吸，于是我立刻不笑。接着我就兴致勃勃地继续走路，但心里却开始后悔起来，后悔刚才没在潇洒地挥着的手里放一块石子。

现在我真想搭车，因为黄昏就要来了，可旅店还在它妈肚子里。但是整个下午竟没再看到一辆汽车。要是现在再拦车，我想我准能拦住。我会躺到公路中央去，我敢肯定所有的汽车都会在我耳边来个急刹车。然而现在连汽车的马达声都听不到。现在我只能走过去看了。这话不错，走过去看。

公路高低起伏，那高处总在诱惑我，诱惑我没命地奔上去看旅店，可每次都只看到另一个高处，中间是一个叫人沮丧的弧度。尽管这样我还是一次一次地往高处奔，次次都是没命地奔。眼下我又往高处奔去。这一次我看到了，看到的不是旅店而是汽车。汽车是朝我这个方向停着的，停在公路的低处。我看到那个司机高高翘起的屁股，屁股上有晚霞。司机的脑袋我看不见，他的脑袋正塞在车头里。那车头的盖子斜斜翘起，像是翻起的嘴唇。车厢里高高堆着箩筐，我想箩筐里装的肯定是水果。当然最好是香蕉。我想他的驾驶室里应该也有，那么我一坐进去就可以拿起来吃了。虽然汽车将要朝我走来的方向开去，但我已经不在乎方向。我现在需要旅店，旅店没有就需要汽车，汽车就在眼前。

我兴致勃勃地跑了过去，向司机打招呼："老乡，你好。"

司机好像没有听到，仍在拨弄着什么。

"老乡，抽烟。"

这时他才使了使劲，将头从里面拔出来，并伸过来一只黑乎乎的手，夹住我递过去的烟。我赶紧给他点火，他将烟叼在嘴上吸了几口后，又把头塞了进去。

于是我心安理得了，他只要接过我的烟，他就得让我坐他的车。我就绕着汽车转悠起来，转悠是为了侦察箩筐的内容。可是我看不清，便用鼻子闻，闻到了苹果味。苹果也不错，我这样想。

不一会他修好了车，就盖上车盖跳了下来。我赶紧走上去说："老乡，我想搭车。"不料他用黑乎乎的手推了我一把，粗暴地说："滚开。"

我气得无话可说，他却慢慢悠悠打开车门钻了进去，然后发动机响了起来。我知道要是错过这次机会，将不再有机会。我知道现在应该豁出去了。于是我跑到另一侧，也拉开车门钻了进去。我准备与他在驾驶室里大打一场。我进去时首先是冲着他吼了一声："你嘴里还叼着我的烟。"这时汽车已经活动了。

然而他却笑嘻嘻地十分友好地看起我来，这让我大惑不解。他问："你上哪？"

我说："随便上哪。"

他又亲切地问："想吃苹果吗？"他仍然看着我。

"那还用问。"

"到后面去拿吧。"

他把汽车开得那么快，我敢爬出驾驶室爬到后面去吗？于是我就说："算了吧。"

他说："去拿吧。"他的眼睛还在看着我。

我说："别看了，我脸上没公路。"

他这才扭过头去看公路了。

汽车朝我来时的方向驰着，我舒服地坐在座椅上，看着窗外，和司机聊着天。现在我和他已经成为朋友了。我已经知道他是搞个体贩运的。这汽车是他自己的，苹果也是他的。我还听到了他口袋里面钱儿叮当响。我问他："你到什么地方去？"

他说："开过去看吧。"

这话简直像是我兄弟说的，这话可真亲切。我觉得自己与他更亲近了。车窗外的一切应该是我熟悉的，那些山那些云都让我联想起另一帮熟悉的人来了，于是我又叫唤起另一批绰号来了。

现在我根本不在乎什么旅店，这汽车这司机这座椅让我心安而理得。我不知道汽车要到什么地方去，他也不知道。反正前面是什么地方对我们来说无关紧要，我们只要汽车在驰着，那就驰过去看吧。

可是这汽车抛锚了。那个时候我们已经是好得不能再好的朋友了。我把手搭在他肩上，他把手搭在我肩上。他正在把他的恋爱说给我听，正要说第一次拥抱女性的感觉时，这汽车抛锚了。汽车是在上坡时抛锚的，那个时候汽车突然不叫唤了，像死猪那样突然不动了。于是他又爬到车头上去了，又把那上嘴唇翻了起来，脑袋又塞了进去。我坐在驾驶室里，我知道他的屁股此刻肯定又高高翘起，但上嘴唇挡住了我的视线，我看不到他的屁股。可我听得到他修车的声音。

过了一会他把脑袋拔了出来，把车盖盖上。他那时的手更黑了，他的脏手在衣服上擦了又擦，然后跳到地上走了过来。

“修好了？”我问。

“完了，没法修了。”他说。

我想完了，“那怎么办呢？”我问。

“等着瞧吧。”他漫不经心地说。

我仍在汽车里坐着，不知该怎么办。眼下我又想起什么旅店来了。那个时候太阳要落山了，晚霞则像蒸气似的在升腾。旅店就这样重又来到了我脑中，并且逐渐膨胀，不一会便把我的脑袋塞满了。那时我的脑袋没有了，脑袋的地方长出了一个旅店。

司机这时在公路中央做起了广播操，他从第一节做到最后一节，做得很认真。做完又绕着汽车小跑起来。司机也许是在驾驶室里待得太久，现在他需要锻炼身体了。看着他在外面活动，我在里面也坐不住，于是打开车门也跳了下去。但我没做广播操也没小跑。我在想着旅店。

这个时候我看到坡上有五个人骑着自行车下来，每辆自行车后座上都用一根扁担绑着两只很大的箩筐，我想他们大概是附近的农民，大概是卖菜回来。看到有人下来，我心里十分高兴，便迎上去喊道：“老乡，你们好。”

那五个人骑到我跟前时跳下了车。我很高兴地迎了上去，问：“附近有旅店吗？”

他们没有回答，而是问我：“车上装的是什么？”

我说：“是苹果。”

他们五人推着自行车走到汽车旁，有两个人爬到了汽车上，接着就翻下来十筐苹果，下面三个人把筐盖掀开往他们自己的筐里倒。我一时间还不知道发生了什么，那情景让我目瞪口呆。我明白过来就冲了上去，责问：“你们要干什么？”

他们谁也没理睬我，继续倒苹果。我上去抓住其中一个人的手喊道：“有人抢苹果啦！”这时有一只拳头朝我鼻子上狠狠地揍来了，我被打出几米远。爬起来用手一摸，鼻子软塌塌的像是挂在脸上，鲜血像是伤心的眼泪一样流。可当我看清打我的那个身强力壮的大汉时，他们五人已经跨上自行车骑走了。

司机此刻正在慢慢地散步，嘴唇翻着大口大口喘气，他刚才大概跑累了。他好像一点也不知道刚才的事。我朝他喊："你的苹果被抢走了！"可他根本没注意我在喊什么，仍在慢慢地散步。我真想上去揍他一拳，也让他的鼻子挂起来。我跑过去对着他的耳朵大喊："你的苹果被抢走了。"他这才转身看起我来，我发现他的表情越来越高兴，我发现他是在看我的鼻子。

这时候，坡上又有很多人骑着自行车下来了，每辆车后面都有两只大筐，骑车的人里面有一些孩子。他们蜂拥而来，又立刻将汽车包围。好些人跳到汽车上面，于是装苹果的箩筐纷纷而下，苹果从一些摔破的筐中像我的鼻血一样流了出来。他们都发疯般往自己筐中装苹果。才一瞬间工夫，车上的苹果全到了地上。那时有几辆手扶拖拉机从坡上隆隆而下，拖拉机也停在汽车旁，跳下一帮大汉开始往拖拉机上装苹果，那些空了的箩筐一只一只被扔了出去。那时的苹果已经满地滚了，所有人都像蛤蟆似的蹲着捡苹果。

我是在这个时候奋不顾身扑上去的，我大声骂着："强盗！"扑了上去。于是有无数拳脚前来迎接，我全身每个地方几乎同时挨了揍。我支撑着从地上爬起来时，几个孩子朝我击来苹果，苹果撞在脑袋上碎了，但脑袋没碎。我正要扑过去揍那些孩子，有一只脚狠狠地踢在我腰部。我想叫唤一声，可嘴巴一张却没有声音。我跌坐在地上，我再也爬不起来了，只能看着他们乱抢苹果。我开始用眼睛去寻找那司机，这家伙此时正站在远处朝我哈哈大笑，我便知道现在自己的模样一定比刚才的鼻子更精彩了。

那个时候我连愤怒的力气都没有了。我只能用眼睛看着这使我愤怒至极的一切。我最愤怒的是那个司机。

坡上又下来了一些手扶拖拉机和自行车，他们也投入到这场抢劫中去。我看到地上的苹果越来越少，看着一些人离去和一些人到来。来迟的人开始在汽车上动手，我看着他们将车窗玻璃卸了下来，将轮胎卸了下来，又将木板撬了下来。轮胎被卸去后的汽车显得特别垂头丧气，它趴在地上。一些孩子则去捡那些刚才被扔出去的箩筐。我看着地上越来越干净，人也越来越少。可我那时只能看着了，因为我连愤怒的力气都没有了。我坐在地上爬不起来，我只能让目光走来走去。

现在四周空荡荡了，只有一辆手扶拖拉机还停在趴着的汽车旁。有几个人在汽车旁东瞧西望，是在看看还有什么东西可以拿走。看了一阵后才一个一个爬到拖拉机上，于是拖拉机开动了。

这时我看到那个司机也跳到拖拉机上去了，他在车斗里坐下来后还在朝我哈哈大笑。我看到他手里抱着的是我那个红色的背包。他把我的背包抢走了。背包里有我的衣服和我的钱，还有食品和书。可他把我的背包抢走了。

我看着拖拉机爬上了坡，然后就消失了，但仍能听到它的声音，可不一会连声音都没有了。四周一下子寂静下来，天也开始黑下来。我仍在地上坐着，我这时又饥又冷，可我现在什么都没有了。

我在那里坐了很久，然后才慢慢爬起来。我爬起来时很艰难，因为每动一下全身就剧烈地疼痛，但我还是爬了起来。我一拐一拐地走到汽车旁边。那汽车的模样真是惨极了，它遍体鳞伤地趴在那里，我知道自己也是遍体鳞伤了。

天色完全黑了，四周什么都没有，只有遍体鳞伤的汽车和遍体鳞伤的我。我无限悲伤地看着汽车，汽车也无限悲伤地看着我。我伸出手去抚摸它。它浑身冰凉。那时候开始起风了，风很大，山上树叶摇动时的声音像是海涛的声音，这声音使我恐惧，使我也像汽车一样浑身冰凉。

我打开车门钻了进去，座椅没被他们撬去，这让我心里稍稍有了安慰。我就在驾驶室里躺了下来。我闻到了一股漏出来的汽油味，那气味像是我身内流出的血液的气味。外面风越来越大，但我躺在座椅上开始感到暖和一点了。我感到这汽车虽然遍体鳞伤，可它心窝还是健全的，还是暖和的。我知道自己的心窝也是暖和的。我一直在寻找旅店，没想到旅店你竟在这里。

我躺在汽车的心窝里，想起了那么一个晴朗温和的中午，那时的阳光非常美丽。我记得自己在外面高高兴兴地玩了半天，然后我回家了，在窗外看到父亲正在屋内整理一个红色的背包，我扑在窗口问："爸爸，你要出门?"

父亲转过身来温和地说："不，是让你出门。"

"让我出门?"

"是的，你已经十八了，你应该去认识一下外面的世界了。"

后来我就背起了那个漂亮的红背包，父亲在我脑后拍了一下，就像在马屁股上拍了一下，于是我欢快地冲出了家门，像一匹兴高采烈的马一样欢快地奔跑了起来。

赏读

余华的作品，以反逻辑的叙述方式打破日常人们熟悉的话语结构，跳出了被日常生活围困的经验，构建起一个个极具想象力的奇异怪诞、荒谬残忍的文本世界。这个文本世界在表面上看来，仿佛和人们所熟悉的世界截然不同；然而当读者细细品读之后，却会发现文本世界与现实世界之间又存在着某种紧密的联系。这种联系不是逻辑上的相似，而是哲理上的类同。余华以一种“虚伪的形式”，既实现了文本的自由，又实现了文本的真实。他自己也曾在《虚伪的作品》中说过：“当我发现以往那种就事论事的写作态度只能导致表面的真实以后，我就必须去寻找新的表达方式。寻找的结果使我不再忠诚所描绘事物的形态，我开始使用一种虚伪的形式。这种形式背离了现状世界提供给我的秩序和逻辑，然而却使我自由地接近了真实。”

《十八岁出门远行》讲述的是一个有关少年人成人的故事。在一个晴朗温和的中午，一个十八岁的少年背着父亲整理好的红色的背包，第一次一个人出门远行，去认识外面的世界。刚开始的时候，“我”没有找到旅店，也没有搭上车；后来搭上了车，汽车却抛了锚；接着，一群农民哄抢了苹果，“我”奋不顾身扑上去挨了打，司机却无动于衷，哈哈大笑；甚至，连司机也加入了抢劫者的行列，抢走了“我”的红色的背包。最后，“我”只能将遍体鳞伤的汽车当作旅店——“我一直在寻找旅店，没想到旅店你竟在这里”。

《十八岁出门远行》是余华“仿梦”小说的起点，余华受到荒诞派和卡夫卡表现主义的影响，戏剧性地向读者揭示了现实世界的荒诞和人面对这荒诞世界中的种种荒诞事情时的无措迷惘。莫言也认为《十八岁出门远行》是“一篇条理清晰的仿梦小说”，曾经把余华称作“当代文坛上第一个清醒的说梦者”。小说语言的前景化、陌生化，支撑着小说反理性、反常识的叙述方式。整篇小说情节的原因和结果都是颠倒的，看起来极不合理，却带给读者关于青春与人生、梦想与现实的深刻思考。譬如文本中，司机接受了“我”的烟，却一把推开“我”，粗暴地说“滚开”，我冲着他吼了一声，他却笑嘻嘻地十分友好地看起我来；汽车抛锚了，修不好了，司机却漫不经心、毫不在意，还做起了广播体操；司机的苹果被抢光了，他却越来越高兴；“我”的鼻子软塌塌的，像是挂在脸上，本应该非常痛苦，却似乎一点疼痛的感觉都没有；“我”帮司机出头，挨了打，他却站在远处朝我哈哈大笑……文本的情节不仅荒诞，而且这荒诞并不单调，反而重重加深。没有最荒诞，只有更荒诞。抢劫者开来了拖拉机，把能卸下来拿走的东西都带走了，司机也跳到了拖拉机上，加入了抢劫者的行列，手里抱着“我”那个红色的背包，坐下来后还朝“我”哈哈大笑。这是现实的悲剧，然而却是艺术上的喜剧。喜剧的超现实的荒诞，构成了一种扭曲的逻辑，这种反常的逻辑比正常的逻辑更能够启发读者的思考。正是这样一种令人难以捉摸的“仿梦”的写作方式，使文本中青春初次出行的明朗欢快与现实世界的荒诞阴暗形成了剧烈的冲突和鲜明的对比，具有强烈的审美张力。

每一个少年人踏入社会，面对现实世界中的种种不合理之处，都会有所迷茫；然而最终他们都不得不逐渐收敛自己身上的棱角和青年时候的狂傲不羁，向残酷的现实妥协，对是非善恶麻木，变得圆滑、变得世俗、变得平庸。成人，这是每一个人必经的历程，这一过程看似合理，实际上却潜藏着某种深沉的悲剧。这正是《十八岁出门远行》所呈现的最剧烈的矛盾与冲突，即童年经验与成人世界。余华用无理的外部形式，揭示了内在的邪恶，将当代中国青年成长历程中心理轨迹的变化清晰地剖析了出来，并将这个尖锐的冲突摆放在读者的面前，让读者去反省、去思考。

作品

与永恒拔河（外一首）[1]

余光中

与永恒拔河

输是最后总归要输的
连人带绳都跌过界去
于是游戏终止
——又一场不公平的竞争
但对岸的力量一分神
也会失手，会踏过界来
一只半只留下
脚印的奇迹，愕然天机
唯暗里，绳索的另一头
紧而不断，久而愈强
究竟，是怎样一个对手
踉跄过界之前
谁也未见过

① 选自《乡愁》（长江文艺出版社 2008 年版），有改动。余光中（1928—2017），福建永春人。著有《白玉苦瓜》《记忆像铁轨一样长》《听听那冷雨》等。

只风吹星光颤
不休剩我
与永恒拔河

遗忘伞

向日葵反面的形象
黑黝黝的背日葵啊
见证人类的健忘
雨里盛开
雨后枯萎
一朵接一朵被遗弃
怎样也记不起来
在什么人家的门外
身世如谜
究竟谁是
头也不回的主人

赏读

《与永恒拔河》这篇作品写于20世纪70年代中期的香港，收于其同名诗集《与永恒拔河》之中。相较于同时代的其他作家，余光中有着较为独特的教育背景和成长环境，这使得他的文学底蕴更加多元化。这是他的优势，但同时也成为部分读者的阅读障碍。在欣赏余光中作品时，有些读者会感到有距离感，这除了受到时代背景的影响，同时也是其独特的文学底蕴在起作用。每个作家的作品都有其独特的生命力，余光中的诗歌也是如此。这首《与永恒拔河》也是延续了余光中一贯的写作风格。

许多学者认为余光中的作品有一股独特的生命力量，而这种生命力量又形成了余光中作品的深层结构，这种结构被一些论者称为“切位”：“他的作品中，体现着孤岛与大陆、东方与西方、传统与现代的文化对应，独特和相对独立的语言及建构方式，表现了狭窄对广阔的渴望、漂流对回归的渴望、瞬间对永恒的渴望，这个文化切位的完成，是作家痛苦的心路历程的反映。”

余光中是一个对于生命极其敏感、珍视的人，他在自己的诗歌中多次抒写过自觉的生命意识，而这首《与永恒拔河》就是其中最为突出的代表作之一。“拔河”通常意义上只是普通的体育运动，而在这首诗歌中，作者通过巧妙的构思将个体生命与永恒时间的较量套以“拔河”的概念，新颖而有趣。“输是最后总归要输的/连人带绳都跌过界去/于是游戏终止/——又一场不公平的竞争”，个体生命相较于宇宙时间自然是短暂无力、微不足道的，这场拔河最终必定会以失败收场。但显然诗人并不是传统的宿命论者，“但对岸的力量一分神/也会失手，会踏过界来/一只半只留下/脚印的奇迹，愕然天机”。在作者眼里，这对岸的力量并不是不可撼动的，他也会有分神的时候；所以另一头的自己必须“紧而不断，久而愈强”，时刻做好与对岸做殊死较量的准备，无论胜算有几许。纵然生命短暂，但仍可向时间应战，为自己的生命创造无限的价值，为他人、社会和世界创造价值，感悟生命、珍视生命，这才是真正的人生！

生命短暂世事无常，自古以来就是中国诗人写得最多的主题之一，一代枭雄曹操也不得不举杯悲叹“对酒当歌，人生几何，譬如朝露，去日苦多”。面对永恒的时间、短暂的人生，无数诗人们发出错愕的感慨。作为诗人，余光中自然也要面对这一千古话题。但与大多数诗人不同，余光中是理智的，客观的。面对这一“永恒问题”，他没有以泪洗面发出悲叹，而是用自己的文字做出回答：众人所惧怕的人生，只是一场拔河而已，“与自然拔河”，与生命较量！

总而言之，《与永恒拔河》这首诗歌给了我们许多积极有益的思考。个体生命相对于永恒时间来讲的确是弹指一挥间，不值一提。但是我们仍然可以选择如何度过这一生，感悟生命的美好，不畏时间的流逝，在有限的时间里创造无限的价值。这一生，无惧长短，唯尽心尔。2017 年 12 月 14 日，余光中先生病逝，享年 90 岁。先生曾经说过，“诗兴不绝青春不逝，并使人有不朽的幻觉”。我们有理由相信，这种幻觉会一直持续下去，与永恒的拔河，也将持续下去。

《遗忘伞》出自余光中的一组诗《六把雨伞》，这组诗分别写了与雨有关的“遗忘伞”“音乐伞”“记忆伞”“亲情伞”“友情伞”与“伞盟”。六把雨伞，每一把都有自己的特点。作者通过对“伞”这一意象的塑造来表现人生的六个方面：生活、爱美、怀乡、恋母、友谊、爱情。虽然是对同一个意象“伞”进行创造，但是每首诗都有自己的生命，都饱含了作者对于生命的思考与感悟，作者的深厚写作功底可见一斑。诗文中透露出的强烈生命力，令人动容。

《遗忘伞》是一首具有哲学意蕴的诗歌，题为“遗忘伞”，诗中实则没有出现过一个“伞”字。作者通过巧妙的构思，以“背日葵”这个意象对应于“伞”，且是一把“遗忘伞”。背日葵“雨里盛开/雨后枯萎/一朵接一朵被遗忘”，与雨过天晴之后就被人们忘在脑后的雨伞具有共通之处。这是一种象征手法，但在余光中笔下，雨伞与背日葵似乎是等同的，并不是形容或者比拟，却又不是真的等同。背日葵在日常生活中并不罕见，相信我们都曾见过，但又有多少人会认真地观察它们，并加以思考，将背日葵与伞联系起来呢？若非对生活足够热爱，用足够的耐心与爱去对待生活中的细小事物，从而获得生命的独特感悟，不会有产生这样的联系，亦不会有这样的思考。

在《遗忘伞》所描绘的画面下，这是一个炎热的夏季，乡间田里盛开着黑黝黝的背日葵。人是健忘的，秋风起天气转凉，用来祛暑的蒲扇就被主人忘在脑后。而雨过天晴，雨伞也不再为人所需要，难逃被主人遗忘的命运。“雨里盛开/雨后枯萎/一朵接一朵被遗弃”。一如这背日葵，健忘的主人回到家中，“怎样也记不起来”自己当初带出门遮风挡雨的那把雨伞被遗忘“在什么人家的门外”了。大家都知道一把普通的雨伞并不会有很高的价值，如果不小心丢了，大多会选择再买一把。但是对于雨伞来说主人只有一个，在主人计划再买一把的时候，在电影院门口，或是百货商店的楼梯角落，那把淋得湿漉漉的雨伞还在盼望着主人能够来寻找他，但是“头也不回的主人”又怎么会回来呢？最后，这把雨伞也只能变成一把“身世如谜”的孤伞了。

但是生活往往就是这样，充斥着相逢与遗忘。相忘于江湖，你忘了别人，别人也忘了你。诗中写道“究竟谁是/头也不回的主人”，这句感叹或许不是路过的行人所发出的，或许经过时间的流逝、岁月的打磨，曾经的那把雨伞自己也忘记了“究竟谁是”他的主人。诗人对于这种遗忘似乎并没有太多的情绪，既没有为被遗忘者感到不甘和同情，也没有对遗忘者加以强烈的谴责与责备。在作者看来，遗忘就是生活的一部分，人类本就是健忘的。对于遗忘他坦然接受，“雨里盛开/雨后枯萎”也是一种使命的完结。对于生活作者没有抱怨与不满，即使遗忘难以避免，背日葵还是会不断盛开，然后枯萎，而这生命的力量从未被遗忘。

作品

哲学与人生[①]

胡　适

前次承贵会邀我演讲关于佛学的问题，我因为对于佛学没有充分的研究，拿浅薄的学识来演讲这一类的问题，未免不配；所以现在讲“哲学与人生”，希望对于佛学也许可以贡献点参考。不过我所讲的有许多地方和佛家意见不合，佛学会的诸君态度很公开，大约能够容纳我的意见的！讲到“哲学与人生”，我们必先研究他的定义：什么叫哲学？什么叫人生？然后才知道他们的关系。

我们先说人生。这六月来，国内思想界，不是有玄学与科学的笔战么？国内思想界的老将吴稚晖先生，就在《太平洋杂志》上发表一篇《一个新信仰的宇宙观及人生观》。其中下了一个人生的定义。他说：“人是哺乳动物中的有二手二足用脑的动物。”人生即是这种动物所演的戏剧，这种动物在演时，就有人生；停演时就没人生。所谓人生观，就是演时对于所演之态度，譬如：有的喜唱花面，有的喜唱老生，有的喜唱小

① 选自《哲学与人生：胡适演讲集（四）》（北京大学出版社 2013 年版），有改动。胡适（1891—1962），上海人。著有《中国哲学史大纲》《尝试集》《胡适论学近著》等。

生，有的喜摇旗呐喊；凡此种种两脚两手在演戏的态度，就是人生观。不过单是登台演剧，红进绿出，有何意义？想到这层，就发生哲学问题。哲学的定义，我们常在各种哲学书籍上见到；不过我们尚有再找一个定义的必要。我在《中国哲学史大纲》上卷上所下的哲学的定义说："哲学是研究人生切要的问题，从根本上着想，去找根本的解决。"但是"根本"两字意义欠明，现在略加修改，重新下了一个定义说："哲学是研究人生切要的问题，从意义上着想，去找一个比较可普遍适用的意义。"现在举两个例来说明他：要晓得哲学的起点是由于人生切要的问题，哲学的结果，是对于人生的适用。人生离了哲学，是无意义的人生；哲学离了人生，是想入非非的哲学。现在哲学家多凭空臆说，离得人生问题太远，真是上穷碧落，愈闹愈糟！

现在且说第一个例：二千五百年前在喜马拉雅山南部有一个小国——迦叶——里，街上倒卧着一个病势垂危的老丐，当时有一个王太子经过，在别人看到，将这老丐赶开，或是毫不经意的走过去了；但是那王太子是赋有哲学的天才的人，他就想人为什么逃不出老、病、死，这三个大关头，因此他就弃了他的太子爵位、妻孥、便嬖、皇宫、财货，遁迹入山，去静想人生的意义。后来忽然在树下想到一个解决：就是将人生一切问题拿主观去看，假定一切多是空的，那末，老、病、死，就不成问题了。这种哲学的合理与否，姑不具论，但是那太子的确是研究人生切要的问题，从意义上着想去找他以为比较普遍适用的意义。

我们再举一个例：譬如我们睡到夜半醒来，听见贼来偷东西，我那就将他捉住，送县究办。假如我们没有哲性，就这么了事，再想不到"人为什么要作贼"等等的问题；或者那贼竟苦苦哀求起来，说他所以作贼的原故，因为母老，妻病，子女待哺，无处谋生，迫于不得已而为之，假如没哲性的人，对于这种吁求，也不见有甚良心上的反动。至于富于哲性的人就要问了，为什么不得已而为之？天下不得已而为之的事有多少？为什么社会没得给他做工？为什么子女这样多？为什么老病死？这种偷窃的行为，是由于社会的驱策，还是由于个人的堕落？为什么不给穷人偷？为什么他没有我有？他没有我有是否应该？拿这种问题，逐一推思下去，就成为哲学。由此看来，哲学是由小事放大，从意义着想而得来的，并非空说高谈能够了解的。推论到宗教哲学，政治哲学，社会哲学等，也无非多从活的人生问题推衍阐明出来的。

我们既晓得什么叫人生，什么叫哲学，而且略会看到两者的关系，现在再去看意义在人生上占的什么地位？现在一般的人饱食终日，无所用心。思想差不多是社会的奢侈品。他们看人生种种事实，和乡下人到城里未看见五光十色的电灯一样。只看到事实的表面，而不了解事实的意义。因为不能了解意义的原故，所以连事实也不能了解了。这样说来，人生对于意义，极有需要，不知道意义，人生是不能了解的。宋朝朱子这班人，终日对物格物，终于找不到着落，就是不从意义上着想的原故。又如平常人看见病人种种病象，他单看见那些事实而不知道那些事实的意义，所以莫明其妙。至于这些病象一到医生眼里，就能对症下药；因为医生不单看病象，还要晓得病象的意义的原故。因此，了解人生不单靠事实，还要知道意义！

那末，意义又从何来呢？有人说：意义有两种来源：一种是从积累得来，是愚人取得意义的方法；一种是由直觉得来，是大智取得意义的方法。积累的方法，是走笨路；用直觉的方法是走捷径。据我看来，欲求意义唯一的方法，只有走笨路，就是日积日累的去做刻苦的工夫，直觉不过是熟能生巧的结果，所以直觉是积累最后的境界，而不是豁然贯通的。大发明家爱迪生有一次演说，他说，天才百分之九十九是汗，百分之一是神，可见得天才是下了番苦功才能得来，不出汗决不会出神的。所以有人应付环境觉得难，有人觉得易，就是日积日累的意义多寡而已。哲学家并不是什么，只是对于人生所得的意义多点罢了。

欲得人生的意义，自然要研究哲学史，去参考已往的死的哲理。不过还有比较重要的，是注意现在的活的人生问题，这就是做人应有的态度。现在我举两个可模范的大哲学家来做我的结论，这两大哲学家一个是古代的苏格拉底，一个是现代的笛卡尔。

苏格拉底是希腊的穷人，他觉得人生醉生梦死，毫无意义，因此到公共市场，见人就盘问，想借此得到人生的解决。有一次，他碰到一个人去打官司，他就问他，为什么要打官司？那人答道，为公理。他复问道，什么叫公理？那人便瞠目结舌不能作答。苏氏笑道：我知道我不知你，却不知道你不知呵！后来又有一个人告他的父亲不信国教，他又去盘问，那人又被问住了。因此希腊人多恨他，告他两大罪，说他不信国教，带坏少年，政府就判他的死刑。他走出来的时候，对告他的人说："未经考察过的生活，是不值得活的。你们走你们的路，我走我的路罢！"后来他就从容就刑，为找寻人生的意义而牺牲他的生命！

笛卡尔旅行的结果，觉到在此国以为神圣的事，在他国却视为下贱；在此国以为大逆不道的事，在别国却奉为天经地义，因此他觉悟到贵贱善恶是因时因地而不同的。他以为从前积下来的许多观念知识是不可靠的，因为他们多是乘他思想幼稚的时候侵入来的。如若欲过理性生活，必得将从前积得的知识，一件一件用怀疑的态度去评估他们的价值，重新建设一个理性的是非。这怀疑的态度，就是他对于人生与哲学的贡献。

现在诸君研究佛学，也应当用怀疑的态度去找出他的意义，是否真正比较得普遍适用？诸君不要怕，真有价值的东西，决不为怀疑所毁；而能被怀疑所毁的东西，决不会真有价值。我希望诸君实行笛卡尔的怀疑态度，牢记苏格拉底所说的"未经考察过的生活，是不值得活的"这句话。那末，诸君对于明阐哲学，了解人生，不觉其难了。

赏读

胡适是我国知名学者，杜威的学生。杜威是伟大的教育家，胡适的思想方式和人生观等很大程度上受到老师杜威实用主义的影响。胡适主张以科学的态度来看待和解决人生观问题，他的一生都在追寻生命的意义。

《哲学与人生》是一篇演讲稿，"哲学"与"人生"在胡适的人生观里是息息相关的，哲学即是研究人生意义的学问。作为一篇演讲稿，这篇文章具有强烈的针对性和鼓舞性，胡适先生动之以情，晓之以理，将自己的观点传达给在场的听众。在文章布局上，胡适先是由"什么叫人生"，谈到"什么叫哲学"；再由人生与哲学的关系，继续深入到"人生的意义"及其探究方法与态度的阐述。文章条理清晰，深入浅出，具有感染力。具体采用了下定义、举例说明等说理方法，突出表现了胡适严谨的治学态度与写作风格。

在作者看来，"现在一般的人饱食终日，无所用心。思想差不多是社会的奢侈品。他们看人生种种事实，和乡下人到城里未看见五光十色的电灯一样。只看到事实的表面，而不了解事实的意义。因为不能了解意义的原故，所以连事实也不能了解了"，这是极其可悲的，是病态的人生。了解人生不仅要通过事实真相，还要知道背后的意义。那么，这个意义要如何获得呢？作者认为，最佳的获得途径还是日常积累。虽然这是愚人的方法，更快速的是靠直觉；可是如果没有平常日积月累的刻苦用功，又何来最后灵光一现的“直觉”？苏格拉底为了寻求生命的意义一刻也没有停歇，他向周围的人盘问，意图找寻生活的解决，直至最后走向死亡。苏格拉底曾经说过，一种未经考察过的生活是不值得过的。在苏格拉底的世界里，为追求生命意义所做的一切努力都是值得的，都是使他的生活变得更有价值的砖瓦。胡适的一生也都在为追求生命的意义、人生的哲学而努力。他用怀疑的态度看待生活中的一切，用自己的真心去感悟生命，感悟生活，追寻人生的理想。

那么，究竟怎样的人生才是“值得”活的呢？胡适终其一生追求的人生信仰是“社会不朽”。何为“社会不朽”？胡适认为，只要每个人都承担了属于自己的那份社会责任，在有限的生命里、在力所能及的范围内为社会做有益的事情，那么社会就将不朽。胡适认为，社会是一个有机体，个人不是孤立存在的，而是社会的一分子。胡适提倡个人小我为社会大我做出奉献的人生价值，这即是他对生活经过一番“考察”之后，得出的人生感悟。胡适先生始终坚持真理，相信科学的人生态度，主张个人为社会的无私奉献。虽然他的一些主张带有时代的局限性和消极面，但是他对生命意识、人生价值的那份自觉感悟终归是难能可贵的，怀着这样的信仰走过的一生，闪着生命的光。

作品

喝茶[1]

周作人

前回徐志摩先生在平民中学讲“吃茶”——并不是胡适之先生所说的“吃讲茶”——我没有工夫去听，又可惜没有见到他精心结构的讲稿，但我推想他是在讲日本的“茶道”（英文译作 Teaism），而且一定说的很好。茶道的意思，用平凡的话来说，可以称作“忙里偷闲，苦中作乐”，在不完全的现世享乐一点美与和谐，在刹那间体会永久，是日本之“象征的文化”里的一种代表艺术。关于这一件事，徐先生一定已有透彻巧妙的解说，不必再来多嘴，我现在所想说的，只是我个人的很平常的喝茶观罢了。

喝茶以绿茶为正宗。红茶已经没有什么意味，何况又加糖——与牛奶？葛辛（George Gissing）的《草堂随笔》（原名 Private Papers of Henry Ryecroft）确是很有趣味的书，但冬之卷里说及饮茶，以为英国家庭里下午的红茶与黄油面包是一日中最大的乐事，中国饮茶已历千百年，未必能领略此种乐趣与实益的百分之一，则我殊不以为然。红茶带“土斯”未始不可

---

① 选自《周作人散文》（人民文学出版 2006 年版），有改动。周作人（1885—1967），浙江绍兴人。著有《鲁迅的青年时代》《鲁迅小说里的人物》等。

吃，但这只是当饭，在肚饥时食之而已；我的所谓喝茶，却是在喝清茶，在赏鉴其色与香与味，意未必在止渴，自然更不在果腹了。中国古昔曾吃过煎茶及抹茶，现在所用的都是泡茶，冈仓觉三在《茶之书》（*Book of Tea*, 1919）里很巧妙的称之曰“自然主义的茶”，所以我们所重的即在这自然之妙味。中国人上茶馆去，左一碗右一碗的喝了半天，好像是刚从沙漠里回来的样子，颇合于我的喝茶的意思，（听说闽粤有所谓吃工夫茶者自然更有道理，）只可惜近来太是洋场化，失了本意，其结果成为饭馆子之流，只在乡村间还保存一点古风，唯是屋宇器具简陋万分，或者但可称为颇有喝茶之意，而未可许为已得喝茶之道也。

喝茶当于瓦屋纸窗之下，清泉绿茶，用素雅的陶瓷茶具，同二三人共饮，得半日之闲，可抵十年的尘梦。喝茶之后，再去继续修各人的胜业，无论为名为利，都无不可，但偶然的片刻优游乃正亦断不可少。中国喝茶时多吃瓜子，我觉得不很适宜；喝茶时可吃的东西应当是清淡的“茶食”。中国的茶食却变了“满汉饽饽”，其性质与“阿阿兜”相差无几，不是喝茶时所吃的东西了。日本的点心虽是豆米的成品，但那优雅的形色，朴素的味道，很合于茶食的资格，如各色“羊羹”，（据上田恭辅氏考据，说是出于中国唐时的羊肝饼，）尤有特殊的风味。江南茶馆中有一种“干丝”，用豆腐干切成细丝，加姜丝酱油，重汤炖热，上浇麻油，出以供客，其利益为“堂倌”所独有。豆腐干中本有一种“茶干”，今变而为丝，亦颇与茶相宜。在南京时常食此品，据云有某寺方丈所制为最，虽也曾尝试，却已忘记，所记得者乃只是下关的江天阁而已。学生们的习惯，平常“干丝”既出，大抵不即食，等到麻油再加，开水重换之后，始行举箸，最为合适，因为一到即罄，次碗继至，不遑应酬，否则麻油三浇，旋即撤去，怒形于色，未免使客不欢而散，茶意都消了。

吾乡昌安门外有一处地方名三脚桥，（实在并无三脚，乃是三出，因以一桥而跨三汊的河上也，）其地有豆腐店曰周德和者，制茶干最有名。寻常的豆腐干方约寸半，厚三分，值钱二文；周德和的价值相同，小而且薄，才及一半，黝黑坚实，如紫檀片。我家距三脚桥有步行两小时的路程，故殊不易得，但能吃到油炸者而已。每天有人挑担设炉镬，沿街叫卖，其词曰：

“辣酱辣，麻油炸，

红酱搽，辣酱拓：

周德和格五香油炸豆腐干。”

其制法如上所述，以竹丝插其末端，每枚三文。豆腐干大小如周德和，而甚柔软，大约系常品，唯经过这样烹调，虽然不是茶食之一，却也不失为一种好豆食。——豆腐的确也是极好的佳妙的食品，可以有种种的变化，唯在西洋不会被领解，正如茶一般。

日本用茶淘饭，名曰“茶渍”，以腌菜及“泽庵”（即福建的黄土萝葡，日本泽庵法师始传此法，盖从中国传去）等为佐，很有清淡而甘香的风味。中国人未尝不这样吃，唯其原因，非由穷困即为节省，殆少有故意往清茶淡饭中寻其固有之味者，此所以为可惜也。

赏读

周作人是著名的“苦茶派”文人，他擅长在文学作品中描写茶，其散文随笔中关于茶的篇什更不在少数。1924 年 12 月 29 日，北方的冬天，天空中似乎飘着雪，很冷。然而，就在这样一个季节，在这般寒冷的环境中，仿佛有什么东西直击他迷茫的灵魂，他写下了这篇著名的散文《喝茶》，从此“实现人的生活”成为其一生寻求的自觉。

《喝茶》是一篇极具代表性的小品文。从艺术风格上看，平淡素雅，婉约自然。他用平实雅致的语言，将自己对茶的喜爱诉诸笔端。郁达夫曾说过，周作人的小品散文粗看似乎散漫支离，过于烦琐；但仔细一读，却觉得他的漫谈，句句含有分量，篇之中，少一句就不对，一句之中，易一字也不可，读完之后，还想翻转来从头再读。《喝茶》一文取材于日常生活中喝茶、品茶等习惯小事，乍看像是作者从生活中信手拈来的“鸡毛”“蒜皮”，实则反映了作者平和淡雅、闲适安畅的生活情趣。从文章内容来看，既有对中国茶文化和喝茶历史的描写，又有对日本茶道和英国下午茶的简单介绍，囊括了中国茶经、茶境和茶点等方面的内容，在有限的篇幅内赋予了作品丰富的中国茶文化知识内涵。精练的语言将作者的茶思和茶情真诚地展现在读者眼前；与老友对话一般的形式，让文章更添亲切感。文章暗隐的人生观和价值观，更值得我们细细玩味。

自古以来，品茶都受到中国文人的喜爱和推崇。他们喜欢喝茶，更崇尚风雅。茶文化既是中国文人精神生活的一种追求，也透视着中国文人的情感内涵和审美意趣。万物静观皆自得，周作人品茶，品的可不就是这生活的情趣、生命的真谛么？

首先，作者提出“喝茶以绿茶为正宗”。绿茶不似红茶“加糖又加牛奶”，缺了意味。梁实秋先生在他的《忆岂明老人》中记录了他在周作人家中喝茶的情形：“茶盘是日本式的，带盖的小小茶盅，小小的茶壶有一只藤子编的提梁，小巧而淡雅。永远是清茶，淡淡的青绿色，七分满。”看完这段精练传神的文字，仿佛淡淡的绿茶香气扑鼻而来。或许正因为这样喝茶的法子最轻淡自然，方能在喝茶之中体会到一丝闲适禅意，一杯清茶与周作人恬淡闲适的生活相得益彰。

其次，作者文中提到：“我的所谓喝茶，却是在喝清茶，在赏鉴其色与香与味，意未必在止渴，自然更不在果腹了。”可见，作者认为真正的品茶并不在止渴和果腹，而是在对茶色、茶香和茶味的品鉴中领略艺术之美，感悟生活的哲学和智慧。此外，“喝茶当于瓦屋纸窗之下，清泉绿茶，用素雅的陶瓷茶具，同二三人共饮，得半日之闲，可抵十年的尘梦”。古朴典雅的“瓦屋纸窗”、清纯甘美的“清泉绿茶”，再配上“素雅”的陶瓷茶具，在这里，物的简素、质的纯真、色的协调、人的怡然，相映成趣，这种优游的追求，正是周作人将人生中的苦闷、生活里的灰色进行艺术化的努力，既优游闲适，又落寞惆怅。隐伏其间的是“五四”退潮后知识分子对现实失望的时代苦闷和内心苦涩，从大时代的“十字街头”退守“自己园地”，喝茶读书，“在文学上寻求安慰”。他认为喝茶要有平和的心境和淡雅的环境，半日之闲可抵十年的尘梦，体现了他简单朴拙的生活追求以及禅茶一味的精神境界，在品茶中寻找内心宁静与归属感。

最后，作者分析了中国茶食和日本茶食对饮茶的影响，周作人认为中国的茶食中瓜子是不太适宜的，因为它谈不上“清淡”。而日本的点心却于茶而言比较适宜，可见周作人对于茶食也同他喜好的茶一样，推崇清淡朴素。

分析了文本之后，回归到茶道，它是“忙里偷闲，苦中作乐”，时间流逝，失去的都是人生，何来永久？永恒由生命的碎片组成，“在不完全的现世享乐一点美与和谐”也是生活的必需，在这刹那间体会生命永恒的真谛。正如作者所说：“我们于日用必须的东西以外，必须还有一点无用的游戏与享乐，生活才觉有意思。”这才是人的“生活之艺术”。只有这样，才能“实现人的生活”。

作品

寂寞[1]

吴念真

阿照跟她的爸爸一点都不亲，就连“爸爸”似乎也没叫过几次。

这个爸爸其实是她的继父。妈妈在她四岁的时候离了婚，把阿照托给外婆照顾，自己跑去北部谋生。阿照小学二年级的时候，妈妈带了一个男人来，说是她的新爸爸；不过，她不记得那时候是否叫过他，记得的反而是那男人给了她一个红包，以及她从此改了姓。改姓的事被同学问到气、问到烦，所以这个爸爸对她来说不仅陌生，甚至从来都没好感。

一直到初中三年级，阿照才被妈妈从外婆家带到北部“团圆”，而且听说这还是那男人的建议，说以后如果要考上好大学，她应该到北部来读高中。那时候妈妈和那男人生的弟弟都已经上小学了。

男人不久之后从军队退了下来，在工厂当警卫，有时日班有时夜班，妈妈则在同一家工厂帮员工办伙食，早出晚归，一家人始终没交集，各过各的。

---

① 选自《这些人，那些事》（圆神出版社有限公司 2010 年版），有改动。吴念真，1952 年生于中国台湾。著有《抓住一个春天》。

不久之后，阿照考上台北的高中，租房子自己住，即便假日也很少回去，寒暑假也先往外婆家跑，通常都要快开学了才勉强回去住几天，顺便拿生活费和注册钱。

外婆在阿照大三那年过世，不过，之后的寒暑假，阿照也同样很少回家。她给自己的理由是要打工、读书、谈恋爱，其实自己清楚真正的原因是对那个家根本一点感情也没有。不过，不知道是不是亲生的儿子太不成才还是怎样，那男人对待两个孩子有很明显的差别待遇，比如跟儿子讲话总是粗声粗气，对阿照则和颜悦色，过年给的红包永远阿照的比较厚，儿子只要稍微嘟囔一声，他就会大声说："你平常拿的、偷的难道还不够多？"

阿照大学毕业申请到美国学校的那年他从工厂退休，妈妈原本希望阿照先上班赚到钱才出国，没想到他反而鼓励她说念书就要趁年轻、一鼓作气，说他的退休金可以拿去用。"不然最后说不定被那个王八蛋找各种理由拿去败光光！"他说："女儿哪天拿到美国学位，至少我脸上也有光。"

阿照记得那天她跟他说："爸爸……谢谢！"不过，才一说出口就觉得自己可耻，因为在这之前她不记得是否曾经这么叫过他。

美国回来后，阿照在外商公司做事。弟弟在她出国的那几年好像出了什么事，偷渡到大陆之后音讯全无，连几年前妈妈胰脏癌过世都没回来。孤孤单单的爸爸也没给阿照增加什么负担，他把房子卖了，钱交给阿照帮他管理，自己住到老人公寓去。

阿照也一直单身，所以之后几年的假日，他们见面、聊天的次数和时间反而比以前多很多。有一天阿照去看他，他不在，阿照出了大门才看到他坐出租车回来，说是去参加一个军中朋友的葬礼；阿照陪他走回房间的路上他一直沉默着，最后才跟阿照说可不可以帮他买一个简单的相机？说他想帮几个朋友拍照，理由是："今天老宋那张遗照真不像样！"

后来阿照帮他买了，之后也忘了问他到底用了没，或者拍了什么？

去年冬天他过世了。阿照去整理他的遗物，东西不多，其中有一个大纸盒，阿照发现里头装着的是一大叠放大的照片和她买的那部照相机；相机还很新，也许用的次数不多，更也许是他保护得好，因为不仅原装的纸盒都还在，里头还塞满干燥剂并且罩上一个塑胶套。

至于那些照片拍的应该都是他的朋友，都老了，背景有山边果园，有门口，有小巷，也有布满鹅卵石的东部海边，不过每个人还都挺合作，都朝着镜头笑，就连一个躺在病床上插着鼻胃管的老伯伯也一样，甚至还伸出长满老人斑的手臂用弯曲的手指勉强比了一个YA。

阿照一边看一边想象着他为了拍这些照片所有可能经历过的孤单的旅程……想象他独自坐在火车或公路车上的身影，他在崎岖的山路上踯躅的样子、他和他们可能吃过的东西、喝过的酒、讲过的话以及……最后告别时可能的心情。

当最后一张照片出现在眼前的时候……阿照先是惊愕，接着便是无法抑制的号啕大哭。照片应该是用自动模式拍的，他把妈妈、弟弟，还有阿照留在家里的照片，都拿去翻照、放大、加框，然后全部摆在一张桌子上，而他就坐后面用手环抱着那三个相框朝着镜头笑。

照片下边就像早年那些老照片的形式一般印上了一行字，写着：魏家阖府团圆。

阿照说，那时候她才了解那个男人那么深沉而无言的寂寞。

赏读

本文选自台湾著名导演吴念真的作品集《这些人，那些事》，阅读这本书，你会发现他用文字写下的那些家人、家乡、朋友……仿佛一切都已在你的脑海里，熠熠生辉。那些再普通不过的人，再平常不过的日子，那静静流淌的岁月，却触动了我们内心深处对命运、对生命的无限感慨。吴念真被称作“台湾最会讲故事的人”，他给我们讲了一个触动人心的故事，叫《寂寞》。

《寂寞》一文讲述的是阿照与她继父之间的故事。书中的文字，讲述的内容，虽然反映生活的多方面，倾诉的情感体现多维度，表达的思想多层次，但贯穿始终的是“娓娓道来”的气质，这很有吴念真的味道。他用最平实的文字呈现出对父母养育之情的感恩，用无华的语言刻画出小人物的人生体验，初看似乎平淡寡味，细细品读后却感觉意味深长。这淡淡文字融汇出的浓浓暖意，让人感动、融化。

小说的题目为《寂寞》，然而“寂寞”这两个字只在文末出现，文章为何要以“寂寞”为题？这从文章的行文可以看出，比如，“阿照一边看一边想象着他为了拍这些照片所有可能经历过的孤单的旅程……想象他独自坐在火车或公路车上的身影……”文章的寂寞写的是继父的寂寞，“孤单的旅程”“独自”等词的运用，可以很明显地看出晚年的继父是孤独的，这也是阿照内心煎熬心痛的写照。所以无论是与阿照鲜少的交流，还是弟弟的杳无音讯、妻子的突然离世（亲人不在身边带来的孤独感）以及朋友的相继离去（友人渐渐老去离世带来的落寞感），这位年老的父亲默默隐藏着他深沉而无言的寂寞。

文章细水长流般的平淡朴素的叙述中，常常具有直击人心的细节画面感，比如“相机还很新，也许用的次数不多，更也许是他保护得好，因为不仅原装的纸盒都还在，里头还塞满干燥剂并且罩上一个塑料套”。这是阿照收拾继父遗物时发现的“相机”的样子。一个“更”字不禁让人鼻酸，他将这个阿照送的相机保护得很好，就像他保护阿照一样，满满的小心翼翼。“相机”是记录回忆的，这个回忆里有他珍惜的阿照、珍惜的家庭、珍惜的友情，更有在这世间留下点点痕迹的那存在过的生命印记。又如“插着鼻胃管”“长满老人斑”“弯曲的手指”，通过朴实的语言刻画了一个病重的老人形象，然而他“勉强比了一个YA”就极具画面感，令人心中一震，这正是生命的伟大之处，虽然卧床不起，但内心还是充满阳光，与病魔抗争，无所畏惧。生命的程式我们慢慢地都会走完，更重要的是在这过程中，你是否感受到生命的真谛？哭着来，笑着走，这就是我们的痕迹。

吴念真说过：“生老病死，聚散离合，我们的亲人、友人、爱人，无论我们承认与否，他们都已在我们的生命中埋下不可磨灭的印记，乃至成为‘生命的一部分’。”作者用最简单的语言，写的却是人生中某些不会被遗忘的事。无论是阿照的独立、固执、倔强，还是父亲的朴实、善良、不善言辞，自从他们相遇，就注定在彼此的生命中留下不可磨灭的印记。文章的魅力就在于它唤起了读者藏在下意识深处的那些情绪，那种“我们每个人都不可避免会遭遇到，但日常生活中却又常常回避掉的”情绪。在我看来，这些文字中隐含的正是作者对人生的认同，正是对生命的尊重。

作品

尘世是唯一的天堂[①]

林语堂

我们的生命总有一日会灭绝的，这种省悟，使那些深爱人生的人，在感觉上增添了悲哀的诗意情调。然而这种悲感却反使中国的学者更热切深刻的要去领略人生的乐趣。这看来是很奇怪的。我们的尘世人生因为只有一个，所以我们必须趁人生还未消逝的时候，尽情的把它享受。如果我们有了一种永生的渺茫希望，那么我们对于这尘世生活的乐趣便不能尽情领略了。基士爵士（Sir Arthur Keith）曾说过一句和中国人的感想不谋而合的话："如果人们的信念跟我的一样，认为尘世是唯一的天堂，那么他们必将更竭尽全力把这个世界造成天堂。"苏东坡的诗中有"事如春梦了无痕"之句。正因如此，所以他那么深刻坚决的爱好人生。在中国的文学作品中，常常可以看到这种"人生不再"的感觉。中国的诗人和学者在欢娱宴乐的时候，常被这种"人生不再""生命易逝"的悲哀感觉所烦扰，在花前月下，常有"花不常好，月不常圆"的伤悼。李白在《春夜宴桃李园序》一篇赋里，有着两句名言："浮生若

① 选自《林语堂散文》（北京出版社 2008 年版），有改动。林语堂（1895—1976），福建龙溪人。著有《京华烟台》《吾国与吾民》《老子的智慧》等。

梦，为欢几何?”王羲之在和他的一些朋友欢宴的时候，曾写下《兰亭集序》这篇不朽的文章，它把“人生不再”的感觉表现得最为亲切。

永和九年，岁在癸丑，暮春之初，会在会稽山阴之兰亭，修禊事也。群贤毕至，少长咸集。此地有崇山峻岭，茂林修竹，又有清流激湍，映带左右，引以为流觞曲水，列坐其次，虽无丝竹管弦之盛，一觞一咏，亦足以畅叙幽情。是日也，天朗气清，惠风和畅，仰观宇宙之大，俯察品类之盛，所以游目骋怀，足以极视听之娱，信可乐也。

夫人之相与，俯仰一世，或取诸怀抱，晤言一室之内；或因寄所托，放浪形骸这外；虽取舍万殊，静躁不同，当其欣于所遇，暂得于已，快然自足，不知老之将至；及其所之既倦，情随事迁，感慨系之矣！向之所欣，俯仰之间，已为陈迹，犹不能不以之兴怀；况修短随化，终期于尽。古人云：“死生亦大矣”，岂不痛哉！每览昔人兴感之由，若合一契，未尝不临文嗟掉，不能喻之于怀。固知一死生为虚诞，齐彭殇为妄作，后之视今，亦犹今之视昔，悲夫！故列叙时人，录其所述，虽世殊事异，所以兴怀，其致一也。后之览者，亦将有感于斯文。

我们都相信人总是要死的。相信生命像一支烛光，总有一日要熄灭的。我认为这种感觉是好的，它使我们清醒，使我们悲哀，它也使某些人感到一种诗意。此外还有一层最为重要：它使我们能够坚定意志，去想法过一种合理的、真实的生活，随时使我们感悟到自己的缺点。它也使我们心中平安，因一个人的心中有了那种接受恶劣遭遇的准备，才能够获得真平安。这由心理学的观点看来，它是一种发泄身上储力的程序。

中国的诗人与平民，即使是在享受人生的乐趣时，下意识里也常有一种好景不长的感觉。例如在中国人欢聚完毕时，常常说：“千里搭凉棚，没有不散的宴席。”所以人生的宴会便是尼布甲尼撒（Nebuchadnezzar，古代的古巴比伦王，以强猛、骄傲、奢侈著称）的宴会。这种感觉使那些不信宗教的人们也有一种神灵的意识。他观看人生，好比是宋代的山水画家观看山景，是给一层神秘的薄雾包围着的，或者是空气中有着过多的水蒸气似的。

我们消除了永生观念，生活上的问题就变得简单了。问题就是这样的：人类的寿命有限，很少能活到七十岁以上，因此我们必须把生活调整，在现实的环境之下尽量的过着快乐的生活。这种观念就是儒家的观念。它含着浓厚的尘世气息，人类的活动依着一种固执的常识而行，他的精神就是桑塔耶讷所说把人生当做人生看的“动物信念”。这个根据动物的信念，我们可以把人类和动物的根本关系，不必靠达尔文的帮助，也能做一个明慧的猜测，这个动物信念使我们依恋人生——本能和情感的人生——因为我们相信：既然大家都是动物，所以我们只有在正常的本能上获得正常的满足，我们才能够获得真正的快乐。这包括着生活各方面的享受。

这样说起来，我们不是变成唯物主义者了吗？但是这个问题，中国人是几乎不知道怎样回答的。因为中国人的精神哲理根本是建筑在物质上的，他们对于尘世的人生，分不出精神或是肉体。无疑的，他爱物质上的享受，但这种享受就是属于情感方面的。人类只有靠理智才能分得出精神和肉体的区别，但是上面已经说过，精神和肉体享受必须通过我们的感官。音乐无疑的是各种艺术中最属于心灵的，它能够把人们高举到精神的境界里去，可是音乐必须通过我们的听觉，所以对于食物的享受为什么比交响曲不属于心灵的这一问题，中国人实在有些不明白。我们只有在这种现实的意义上，才能意识到我们所爱的女人。我们要分别女人的灵魂和肉体是不可能的。我们爱一个女人，不单是爱她外表的曲线美，并且也爱她的举止、她的仪态、她的眼波和她的微笑。那么，这些是属于肉体的呢？还是精神的呢？我想没有人能回答出来吧。

这种人生现实性和人生精神性的感觉，中国的人性主义是赞成的，或者可以说它是得到中国人全部思想方法和生活方法的赞成的。简单讲来，中国的哲学，可说是注重人生的知识而不注重真理的知识。中国哲学家把一切的抽象理论撇开不谈，认为和生活问题不发生关系，以为这些东西是我们理智上所产生的浅薄感想。他们只把握人生，提出一个最简单的问题：“我们怎样生活？”西洋哲学在中国人看来是很无聊的。西洋哲学以论理或逻辑为基点，着重研究知识方法的获得，以认识论为基点，提出知识可能性的问题，但最后关于生活本身的知识却忘记了，那真是愚蠢琐碎的事，像一个人，只谈谈恋爱求求婚，而并不结婚生子；又像操练甚勤的军队不开到战场上去正式打仗。法国的哲学家要算最无谓，他们追求真理，如追求爱人那样的热烈，但不想和她结婚。

赏读

林语堂先生在这篇《尘世是唯一的天堂》中，对于如何看待人生提出了自己的睿解。人的生命是有限的，所以珍惜有限的生命，体会独特的人生，才会使生命更有价值，人生更有意义。

文章的行文流畅，叙述有理有据，给读者一种如沐春风之感，带着林先生的独特诗意，更是发人深省，是一篇让人不禁跟着思考的佳作。以“尘世是唯一的天堂”为题，点明文章中心。文章的特别之处在于，与大部分的学者将尘世与天堂对立（天堂往往是作为逃避尘世的净土）不同，林语堂先生将“尘世”与“天堂”这两个概念联系起来，并点明尘世是唯一的天堂，吸引了读者，令人发出疑问，想一探究竟。

尘世为何是唯一的天堂？“我们的尘世人生因为只有一个，所以我们必须趁人生还未消逝的时候，尽情的把它享受。”正是因为人生的短暂，让我们更加珍惜。试想如果人人得以永生，那么生命的乐趣反而不会被尽情地领略。正是这短暂的人生，古往今来都是文人墨客笔下永恒的主题，“人生不再”“生命易逝”的悲哀；月下花前，常有“花不常好，月不常圆”的悲悼，“浮生若梦，为欢几何？”的感叹……种种都是对有限生命的无限情思。

林语堂先生是我国现代文学史上少有的关注心灵快乐的作家，他早已开始了人本主义的终极关怀——健全的人生意识。他认为，儒家文化采取的是“人道主义的态度”，根本不理会“全无实用、虚无缥缈的玄学和神秘主义”，它对生活的态度是积极的。而他也无比推崇道家文化，因为道家教会中国人欣赏生命，享受生命，懂得“生命如此惨愁，却又如此美丽”，道家文化培养了中国人热爱自然、随遇而安、知足常乐的精神，赋予了中国文化自由、浪漫的色彩，有着不容否认的文化价值。《尘世是唯一的天堂》向我们展现了深受传统文化影响的林语堂先生不仅充满对生活与生命的长远洞见，而且善于发现尘世的天堂，更使困苦的日常生活变得欢喜自在。正如基士爵士所说：“如果人们的信念跟我的一样，认为尘世是唯一的天堂，那么他们必将更竭尽全力把这个世界造成天堂。”

《尘世是唯一的天堂》中提到了物质与精神的问题，林语堂先生认为，“大家都是动物，所以我们只有在正常的本能上获得正常的满足，我们才能够获得真正的快乐”，然而“中国人是几乎不知道怎样回答的。因为中国人的精神哲理根本是建筑在物质上的，他们对于尘世的人生，分不出精神或是肉体”。在散文集《生活的艺术》中，林语堂先生阐述了这个问题。他说：“没有金钱也能享受悠闲的生活。有钱的人不一定能真正领略悠闲生活的乐趣，那些轻视钱财的人才真正懂得此中的乐趣。他须有丰富的心灵，有简朴生活的爱好，对于生财之道不大在心，这样的人，才有资格享受悠闲的生活。如果一个人真的要享受人生，人生是尽够他享受的。”他极力提倡悠闲生活与闲适哲学，要人们超越社会世俗功利，以恬淡美好的心境享受生活与人生。

“当一个人悠闲陶醉于土地时，他心灵似乎那么轻松，好像是在天堂一般。事实上，他那六尺之躯，何尝离开土壤一寸一分呢？”面对尘世的纷争和无奈，林语堂先生没有逃避遁世，而是选择在喧嚣的尘世里建造起一座天堂，并在其中享受着生命的乐趣。他曾说，即使这尘世是一个黑暗的地牢，但我们总得尽力使生活美满。

他建造了他的天堂——一座矗立在喧嚣尘世里的天堂。

作品

雅舍[1]

梁实秋

到四川来，觉得此地人建造房屋最是经济。火烧过的砖，常常用来做柱子，孤零零的砌起四根砖柱，上面盖上一个木头架子，看上去瘦骨嶙嶙，单薄得可怜；但是顶上铺了瓦，四面编了竹篦墙，墙上敷了泥灰，远远地看过去，没有人能说不像是座房子。我现在住的“雅舍”正是这样一座典型的房子。不消说，这房子有砖柱，有竹篦墙，一切特点都应有尽有。讲到住房，我的经验不算少，什么“上支下摘”，“前廊后厦”，“一楼一底”，“三上三下”，“亭子间”，“茅草棚”，“琼楼玉宇”和“摩天大厦”，各式各样，我都尝试过。我不论住在哪里，只要住得稍久，对那房子便发生感情，非不得已我还舍不得搬。这“雅舍”，我初来时仅求其能蔽风雨，并不敢存奢望，现在住了两个多月，我的好感油然而生。虽然我已渐渐感觉它是并不能蔽风雨，因为有窗而无玻璃，风来则洞若凉亭；有瓦而空隙不少，雨来则渗如滴漏。纵然不能蔽风雨，“雅舍”还是自有它的个性。有个性就可爱。

---

① 选自《雅舍小品》（陕西师范大学出版社2009年版），有改动。梁实秋（1903—1987），浙江杭县人，原名梁治华。著有《槐园梦忆》《英国文学史》等。

“雅舍”的位置在半山腰，下距马路约有七八十层的土阶，前面是阡陌螺旋的稻田。再远望过去是几抹葱翠的远山，旁边有高粱地，有竹林，有水池，有粪坑，后面是荒僻的榛莽未除的土山坡。若说地点荒凉，则月明之夕，或风雨之日，亦常有客到，大抵好友不嫌路远，路远乃见情谊。客来则先爬几十级的土阶，进得屋来仍须上坡，因为屋内地板乃依山势而铺，一面高，一面低，坡度甚大，客来无不惊叹，我则久而安之，每日由书房走到饭厅是上坡，饭后鼓腹而出是下坡，亦不觉有大不便处。

“雅舍”共是六间，我居其二。篦墙不固，门窗不严，故我与邻人彼此均可互通声息。邻人轰饮作乐，咿唔诗章，喁喁细语，以及鼾声，喷嚏声，吮汤声，撕纸声，脱皮鞋声，均随时由门窗户壁的隙处荡漾而来，破我岑寂。入夜则鼠子瞰灯，才一合眼，鼠子便自由行动，或搬核桃在地板上顺坡而下，或吸灯油而推翻烛台，或攀援而上帐顶，或在门框桌脚上磨牙，使得人不得安枕。但是对于鼠子，我很惭愧地承认，我“没有法子”。“没有法子”一语是被外国人常常引用着的，以为这话最足代表中国人的懒惰隐忍的态度。其实我对付鼠子并不懒惰。窗上糊纸，纸一戳就破；门户关紧，而相鼠有牙，一阵咬便是一个洞洞。试问还有什么法子？洋鬼子住到“雅舍”里，不也是“没有法子”？比鼠子更骚扰的是蚊子。“雅舍”的蚊风之盛，是我前所未见的。“聚蚊成雷”真有其事！每当黄昏时候，满屋里磕头碰脑的全是蚊子，又黑又大，骨骼都像是硬的。在别处蚊子早已肃清的时候，在“雅舍”则格外猖獗，来客偶不留心，则两腿伤处累累隆起如玉蜀黍，但是我仍安之。冬天一到，蚊子自然绝迹，明年夏天——谁知道我还是住在“雅舍”！

“雅舍”最宜月夜——地势较高，得月较先。看山头吐月，红盘乍涌，一霎间，清光四射，天空皎洁，四野无声，微闻犬吠，坐客无不悄然！舍前有两株梨树，等到月升中天，清光从树间筛洒而下，地上阴影斑斓，此时尤为幽绝。直到兴阑人散，归房就寝，月光仍然逼进窗来，助我凄凉。细雨濛濛之际，“雅舍”亦复有趣。推窗展望，俨然米氏章法，若云若雾，一片弥漫。但若大雨滂沱，我就又惶悚不安了，屋顶湿印到处都有，起初如碗大，俄而扩大如盆，继则滴水乃不绝，终乃屋顶灰泥突然崩裂，如奇葩初绽，砉然一声而泥水下注，此刻满室狼藉，抢救无及。此种经验，已数见不鲜。

“雅舍”之陈设，只当得简朴二字，但洒扫拂拭，不使有纤尘。我非显要，故名公巨卿之照片不得入我室；我非牙医，故无博士文凭张挂壁间；我不业理发，故丝织西湖十景以及电影明星之照片亦均不能张我四壁。我有一几一椅一榻，酣睡写读，均已有着，我亦不复他求。但是陈设虽简，我却喜欢翻新布置。西人常常讥笑妇人喜欢变更桌椅位置，以为这是妇人天性喜变之一证。诬否且不论，我是喜欢改变的。中国旧式家庭，陈设千篇一律，正厅上是一条案，前面一张八仙桌，一旁一把靠椅，两旁是两把靠椅夹一只茶几。我以为陈设宜求疏落参差之致，最忌排偶。“雅舍”所有，毫无新奇，但一物一事之安排布置俱不从俗。人入我室，即知此是我室。笠翁《闲情偶寄》之所论，正合我意。

“雅舍”非我所有，我仅是房客之一。但思“天地者万物之逆旅”，人生本来如寄，我住“雅舍”一日，“雅舍”即一日为我所有。即使此一日亦不能算是我有，至少此一日“雅舍”所能给予之苦辣酸甜我实躬受亲尝。刘克庄词：“客里似家家似寄。”我此时此刻卜居“雅舍”，“雅舍”即似我家。其实似家似寄，我亦分辨不清。

长日无俚，写作自遣，随想随写，不拘篇章，冠以“雅舍小品”四字，以示写作所在，且志因缘。

赏读

梁实秋的这篇散文《雅舍》以“序”的形式立于其文集《雅舍小品》之首，开启了“雅舍体”散文的创作道路。作品的文学价值毋庸置疑，但是其文学特质背后所蕴含的人生哲理更是令人为之动容。

每个文本都有独特的生命，这与其各自不同的写作背景息息相关。本文写于1938年，当时抗日战争已经全面爆发，国内形势严峻，即使是身为大学教授的梁实秋先生也只能迁居重庆，离开家园。文章开篇简洁自然，像是闲来之笔，但是“闲笔不闲”。作者在描写“砖柱”“木头架子”“瓦”“竹篦墙”“泥灰”时，用了“孤零零”“瘦骨嶙嶙”“单薄”“可怜”等词来加以形容，作者的不悦情绪可见一斑。可后面又对它的“好感油然而生”，明明带有不满的情绪可又在短短几行字后转变态度，可见其文风之幽默。

这间所谓“雅舍”是一栋位于平坡上的平房，相信读者在未读文章时，只看题目，会对“雅舍”之“雅”有所想象。可在对文章进行了解之后，才顿觉“雅舍”之“雅”实乃有些牵强。作者笔下的雅舍，结构简陋，风雨难避，地点荒凉，行走不便，门窗不严，老鼠肆虐，蚊子猖獗。但就是这样的房子，梁实秋命名为“雅舍”。作者用了大篇的段落来描写“雅舍”，这完全突破了读者的“期待视野”，妨碍了读者的阅读思路，这也就形成了读者的“期待视野”与“雅舍”文本话语之间互相冲突的张力。作者通过这种张力来拉长读者和文本之间的审美距离，从而使读者不得不停下来重新审视自己对于“雅舍”内涵的理解。在这种情境之下读者们或许会思考这样的问题：“雅舍”中“雅”字的意蕴在文中究竟指什么呢？

梁文骐在《我的父亲梁实秋》中提到：“父亲虽然数十年手不释编，但是他的兴趣却很广泛。”文中说他喜欢书画，喜欢博弈，爱看体育竞技。晚年的梁实秋说过一生中有四个遗憾：一是有太多的书没有读；二是与许多鸿儒没有深交，转眼那些人已经成为古人；三是亏欠曾经帮助过他的人的情意；四是陆放翁但悲不见九州同，现在也有同感。我们不难发现，在梁实秋先生众多的兴趣与遗憾中，没有一个是涉及钱财多少，或者是金银珠宝、社会地位。由此可见，梁实秋先生对于物质并没有过分地追求，唯温饱尔。“一几一椅一榻，酣睡写读，均以有着，我亦不复他求”，深感“人生如寄”。文章读到这里，梁实秋先生的高雅情趣与追求，对于生命以及人生的透彻感悟，令人为之动容。在这样的主导思想之下，“雅舍”的这些缺点都不值一提了，甚至变成了它的个性。在这一方简陋狭小的空间里，梁实秋先生坦然接受生活所给予的一切，“‘雅舍’所能给予之苦辣酸甜，我实躬受亲尝”，感受生命，珍视生命，在这一段有限的人生旅途，用力去追求自己所热爱的事业，实现人生的价值。显然在梁实秋先生眼里，外在的物质条件相较于精神财富，分量实在太轻。

总而言之，《雅舍》一文最大的特点就是把恶劣的生活环境描写得妙趣横生、趣味无穷。在这样条件艰苦的“雅舍”之中，梁实秋先生自得其乐，享受生活，不怨天尤人。他用坦然的心态去接受生活所给予的一切，并感恩一切。

作品

省下我 （外一首）[①]

李小洛

省下我

省下我吃的蔬菜、粮食和水果
省下我用的书本、稿纸和笔墨
省下我穿的丝绸、我用的口红、香水
省下我拨打的电话、佩戴的首饰
省下我坐的车辆，让道路宽畅
省下我住的房子，收留父亲
省下我的恋爱，节省玫瑰和戒指
省下我的泪水，去浇灌麦子和中国

省下我对这个世界无休无止的索要和哀求吧

省下我对这个世界一切的罪罚和折磨
然后，把我拿走

---

① 《中国新诗百年大典（第二十九卷）》（长江文艺出版社 2009 年版），有改动。李小洛，20 世纪 70 年代初生于陕西安康。著有《偏爱》《我的三姐妹》等。

拿走一个多余的人，一个
这样多余地活着
多余地用着姓名的人

我要这样慢慢地活着

我要这样慢慢地醒来
慢慢去晒那些照进院子里的太阳
慢慢地喝酒，写着诗歌
在一些用还是不用的词语上
慢慢地犹豫
我要慢慢地说话
等待着冰雪融化，等待那些迟早
要开的花朵。慢慢地
坐在田野上，看比我更快的蜗牛们
沿着一些时光的轨道慢慢地爬行

我要慢慢地恋爱
慢慢地享受完
每一场筵席的甘露
慢慢怨恨，让它们陪伴我的
时间更久一些

我还要慢慢地喝着杯子里的水
回首一条春天的小路
慢慢地哭泣，慢慢地欢笑
让一切因果慢慢地发生和循环

最后，我要慢慢地过完这一生
再慢慢地在傍晚里慢慢地死去

赏读

李小洛作为近年来才逐渐崭露头角的杰出青年女诗人，她的诗歌给人们一种最真实的感动。她常常把稀疏平常的事物写进她的诗里，并赋予这些微小事物全新的意义。她的诗歌贴近生活，却又不失新意，其中《省下我》便是她众多作品中较为突出的代表之一。

初读这首诗时，觉得平淡无奇，甚至有堆砌意象的嫌疑。但是反复细读后，便越发觉得这首诗值得玩味。全诗用了十个“省下我”的排比句式，省下了衣食住行层面的事物，也省下了情感。而这些简单的事物却又都是必需品。困惑之余，“省下我对这个世界无休无止的索要和哀求吧”一句，将诗歌推向第一个高潮。前面八处的“省下”让读者有些摸不着头脑，但第九处“省下”的出现，似乎使诗歌的主题变得明朗起来。诗人在批判人们对于这个世界无休止的索要和哀求，在批判人们无穷无尽的欲望。或许，人们带给世界的还不只这些，还有什么？还有罪罚与折磨。“省下”似乎像在做一种被称为“减法”的数学运算，减去物质，减去情感，剩下的才是纯洁、真实的世界。这才是对世界的凸显，对世界的肯定。第二个高潮出现在“然后，把我拿走”，作者为什么希望把“自己”拿走？在接下来的诗中可以找到答案。诗人希望拿走的是“多余的人”，“多余的活着”的人，“多余的用着姓名的人”。这些人是没有独特价值的人，对世界没有贡献的人。

从全诗的两处高潮中，我们可以读出诗人真正想要表达的。她在对时代呐喊，试图唤醒失去自我的人们。物质化的时代正侵蚀着人们，过多的愿望与要求使得人们沉溺在虚拟的欲望世界，泛滥的物欲正在成为社会中普遍的追求，也成为主流的价值观。因此，诗人说“省下我对这个世界无休无止的索要和哀求吧”，这是她内心真实的呼喊，她不愿无尽的愿望与要求成为对这个世界一切的罪罚和折磨，同样，她也不想让那些没有意义的欲望和要求成为对自己的折磨与惩罚。为此，诗人进行了自我反思。她带着无奈和罪恶感，提出“然后，把我拿走”这样的请求。这是作为一个具有怜悯之心的人的自我救赎。

确实，相较于其他女性诗人，李小洛是特别的。她的诗歌刚柔相济，以少有的理性硬度和思想拷问直接挑战人的灵魂。她的诗歌无拘无束，讲求自在的形式。而这首《省下我》简单、直白、平实，却拥有丰富细腻的思想内涵。堆积排列的意象并不累赘突兀，在全诗的布局下，更能凸显诗歌的内在意蕴。她的其他作品如《碎了》，也有异曲同工之妙。她的诗真切动人，个性鲜明。我想这就是李小洛的诗歌可以打动读者的原因。而她曾提到自己的观点：让诗歌替我们省下更多的弯路、更多的苦。大概这也是她的诗歌如此贴近生活，充满理性思考的原因吧。

在李小洛的一次访谈中，她提到自己关于生活的观念。她提出一个“慢”字：在某处房子里慢慢地醒来，慢慢地起床、叠被、刷牙、洗脸、穿鞋、出门、下楼……在《我要这样慢慢地活着》这首短诗中，李小洛也体现了她“慢”生活的理念。她放慢步调，落后于这个时代里勇往直前的大部队，但她又是无比超前的。她能慢下来，甚至停下来思考，思考物欲世界对于所有人的威胁。她不甘成为芸芸众生中的一个，她希望成为具有独特价值、对世界有贡献的人，她更希望每一个人都有独到的价值。这是李小洛对于时代的思考，也是她对生命价值的探索。

《我要这样慢慢地活着》这首诗被收录在李小洛初涉诗坛的组诗《孤独书》中。正如诗人其他的作品一样，这首诗也具有简单、直白、平实的特点。李小洛是一位生活在名叫“安康”的小城里的诗人，小城的生活无形中影响着她的思想。她还曾是一位拥有十年医龄的妇产科医生，见过生命的诞生与逝去，让她对人类的生命格外关注。

读完整首诗，一种散漫、慵懒的感受油然而生。李小洛这位诗人的神奇之处就在于她能用一首简单的诗引起读者的共鸣，引发思考，并且她的诗歌从不晦涩难懂，但内涵却格外深刻。全诗一共220个字，其中“慢”字占了36个。如此凸显主题，也是非常明朗的。浏览诗人的其他作品，可以发现“慢”和“停”是她最爱的主题之一，究其原因，大概与她所处的时代有着千丝万缕的联系。

这首诗的主题是“慢”，慢慢地醒来，慢慢地喝酒、写诗，慢慢地说话，慢慢地恋爱，乃至最后慢慢地死去。从中我们可以看到诗人所向往的一种生活状态——慢。然而，这个时代是讲求效率和速度的，诗人这样的生活态度似乎与急于求成、浮躁的时代相对立。但是，诗人的“慢”不是对生命的满不在乎，不是散漫无所事事的生活态度，不是拖沓，不是漫不经心，更不是不求进取。“慢”是放慢步伐，对生命进行冷静的思考，是认真对待生命、对待生活的态度，是对自己一生负责的表现。这就是诗人李小洛的魅力，于庸碌常人之中找到生命真正的意义。

诗中有一句话特别可爱：“慢慢地/坐在田野上，看比我更快的蜗牛们/沿着一些时光的轨道慢慢地爬行”。在我们眼中，蜗牛已经爬得很缓慢了，但诗人居然还要比蜗牛更慢。这正是诗人慢生活态度的一种体现，在与普通人的对比下，折射出时代的弊病，这个快速的时代是不允许落后的，像蜗牛一样的人注定会被淘汰。但是我们不曾思考，只有像蜗牛一样缓慢地前行，我们才有更多的时间看沿途的风景，思考生命的意义。“慢”才使时间存在，才使生命的意义显得格外重要。“慢”并不是在浪费时间，也不是在浪费生命，而是在把握短暂人生中生活给予的最珍贵的馈赠。

在这首诗中，我们读到了诗人对人类生命的关怀，对时间的另类解读，我们也能读出她的孤独。速写式的一生没有轰轰烈烈的事迹，只有慢慢品味的人生香茗。她走在时代之前，走在普通人之前，她试图告诫愚笨的人们享受生命，但她的背影是孤独的。诗人独有的悲天悯人的情怀，常人是难以达到的。谁会在一个阳光明媚的清晨慢慢醒来，慢慢地品味早餐，慢慢地写诗喝酒，慢慢地说活，慢慢地约会，慢慢地等待，等待天黑，等待死亡。这样平静的心理、豁达的状态，是诗人期待的，却也是大多数人达不到的。如果要用一个词形容李小洛的诗歌，那这个词是“干净纯粹”。她不说大道理，不为了写诗而无病呻吟，她只是把内心最真实的感受、心灵最细腻的触碰记录下来。她说，诗歌是替我们省下更多的弯路、更多的苦，所以她的诗才总是如此贴近我们的生活，为我们指引光明之路。而区别于其他华丽辞藻的诗篇，李小洛的诗只有最普通、最平凡的意象和形容词，但正是这种干净、纯粹，诗歌所蕴含的情感和哲理，才深深地印刻在了读者的心中。这看似轻轻地触碰，却泛起读者心中的惊涛骇浪，久久无法平静。李小洛对于“慢”生活态度的追求和对社会对时代的深刻剖析与反思，在今天是值得我们思考的，也是我们应该向她学习的。

切磋琢磨

1. “一个晴朗温和的中午，那时的阳光非常美丽。”十八岁的我，在获得了爸爸的允许与鼓励之后，“我欢快地冲出了家门”。可是，在远行的路途上，先是为找不到旅店犯愁，好不容易搭上了一台运苹果的卡车，车子又半路抛锚了，更要命的是车上的苹果包括汽车零件都被路边的村民明目张胆地集体抢光了。这让“我”体会到了出门之艰难。而更大的问题是，出门所遇到的人生困惑：“我”为了制止村民抢苹果被打得遍体鳞伤，可遭抢的司机不仅不阻拦，反而跟着抢苹果的村民一起哈哈大笑坐拖拉机离去，并且自然地将“我”的背包抢走了。“那个时候我连愤怒的力气都没有了。我只能用眼睛看着这使我愤怒至极的一切。我最愤怒的是那个司机。”读了《十八岁出门远行》，你是如何来看待这样的荒诞事件的？除了跟“十八岁的我”一样感到惊愕、委屈与愤怒，你是否还有其他认真严肃的思考呢？

2. 如余光中所言，“与永恒拔河”，注定是一场“不公平的竞争”。期望“对岸的力量一分神也会失手，会踏过界来”的可能性其实真的相当微茫。然而，我们拔河的目的，本不在于要见识对面究竟“是怎样一个对手”。而对世事，对人生挑战，凭借“紧而不断，久而愈强”的坚韧与执着，本身就是一项具有“永恒”意义的生命追寻。你是否拥有这样的经历与体会呢？

3.《哲学与人生》主张“真有价值的东西，决不为怀疑所毁；而能被怀疑所毁的东西，决不会真有价值”，“应当用怀疑的态度去找出他的意义”。对此，你是否认同呢？当然，胡适的“怀疑论”，其完整的表述是：“大胆的怀疑，小心的求证”。说说你对这一问题的思考。

4. 年轻的阿照，与父母家人生活在同一个城市，可是一心忙着考上好的高中，忙着高中学业，忙着“打工、读书、谈恋爱”，也忙着出国留学……“一家人始终没交集，各过各的”，甚至连妈妈胰脏癌过世都没回来。给继父购买了相机，“之后也忘了问他到底用了没，或者拍了什么”。直至继父冬天去世了，阿照去整理他的遗物，才从他留下的照片当中“了解那个男人那么深沉而无言的寂寞”。亲爱的朋友，你是否也在忙着学业、忙着升学的过程中，忽略了自己的家人呢？那我们又应该怎样做，才能避免或者减少这样的遗憾呢？

5. “我要这样慢慢地醒来/慢慢去晒那些照进院子里的太阳/慢慢地喝酒，写着诗歌/在一些用还是不用的词语上/慢慢地犹豫”，李小洛在诗作中倡导的这种“慢慢地”活着的生活态度，可能在我们当下的快节奏世界里显得如此不合时宜。不过，正如时下两个著名的流行语所说的：“我们走得太快，灵魂都跟不上了！”“走得太远，会不会忘了当初为什么出发？”我们是不是真的应该在步履匆匆向前赶路的同时，有意识地放慢脚步，关注我们沿途的景致，反思我们走过的路途，同时也重拾我们的“初心”呢？

锁清秋

导读

“无言独上西楼，月如钩。寂寞梧桐深院，锁清秋。”李煜的这首《相见欢》（亦名《乌夜啼》）词，道出了内心一种无尽的孤寂与凄凉，千百年来获得了无数人的共鸣与激赏。作为一国之君而身陷缧绁之境，李煜自有其独特的孤独与寂寞。不过，面对喧嚣的世界与浮躁的人生，静下心来作一番冷静的审视与自省，这应该是我们任何一个生命个体均应该具备的生命自觉，而并非要等到落寞失意甚或“大厦将倾”时才顾影自怜。这是本单元以“锁清秋”为名之本意所在。

本单元所选的10篇作品，体现的是不同作者、不同时代、不同视角对于生命的冷隽思索。

余秋雨《阳关雪》与石舒清《清水里的刀子》，分别从历史传统文化与民族宗教文化的角度切入，对生命的意义与价值展开思考。《阳关雪》将目光投注在自然景观背后所沉淀的文化内涵上，饱含着对民族、对文化的深切关怀；石舒清的文字，关注的是敏感而脆弱的个体直面死亡时的隐秘体验，探寻普通人的生死信念，在诗化而感伤的叙述里奏响生与死的华丽乐章。

汪曾祺《跑警报》与选自齐邦媛《巨流河》的两个片段，将“小我”和“大我”结合起来，将个人命运与重大历史事件焊接起来，为我们呈现了民族危亡时期，普通中国人所遭受的离乱痛楚以及无比强大的精神力量。

张爱玲的《姑姑语录》《爱》、郑小琼的《铁钉》及牛庆国的《放弃》《秋日即景》2首诗，则是将目光聚焦于普通世俗社会甚至是社会底层的平凡人生。这些作品当中，我们没有见到大历史、大社会、大事件，可是我们从中照样可以清晰地窥见智慧、爱与付出，感受到普通生命的无限力量，并且从中获得关于生命的意义的理性滋养。

作品

姑姑语录（外一篇）[1]

张爱玲

姑姑语录

我姑姑说话有一种清平的机智见识，我告诉她有点像周作人他们的。她照例说她不懂得这些，也不感到兴趣——因为她不喜欢文人，所以处处需要撇清。可是有一次她也这样说了："我简直一天到晚的发出冲淡之气来！"

有一天夜里非常的寒冷。急急地要往床里钻的时候，她说："视睡如归。"写下来可以成为一首小诗："冬之夜，视睡如归。"

洗头发，那一次不知怎么的头发很脏很脏了，水墨黑。她说："好像头发掉色似的。"

她有过一个年老唠叨的朋友，现在不大来往了。她说："生命太短了，费那么些时间和这样的人在一起是太可惜——可是，和她在一起，又使人觉得生命太长了。"

起初我当做她是说：因为厌烦的缘故，仿佛时间过得奇

① 选自《张爱玲散文》（浙江文艺出版社 2000 年版），有改动。张爱玲（1920—1995），上海人，原名张煐。著有《倾城之恋》《红玫瑰与白玫瑰》《红楼梦魇》等。

慢。后来发现她是另外一个意思：一个人老了，可以变得那么的龙钟糊涂，看了那样子，不由得觉得生命太长了。

她读了苏青和我对谈的记录，（一切书报杂志，都要我押着她看的。她一来就声称“看不进去”我的小说，因为亲戚份上，她倒是很忠实地篇篇过目，虽然嫌它太不愉快。原稿她绝对拒绝看，清样还可以将就。）关于职业妇女她也有许多意见。她觉得一般人都把职业妇女分开作为一种特别的类型，其实不必。职业上的成败，全看一个人的为人态度，与家庭生活里没有什么不同。普通的妇女职业，都不是什么专门技术的性质，不过是在写字间里做人罢了。在家里有本领的，如同王熙凤，出来了一定是个了不起的经理人才。将来她也许要写本书关于女人就职的秘诀，譬如说开始的时候应当怎样地“有冲头”，对于自己怎样地“隐恶扬善”……然而后来又说：“不用劝我写了，我做文人是不行的。在公事房里专管打电报，养成了一种电报作风，只会一味的省字，拿起稿费来太不上算了！”

她找起事来，挑剔得非常厉害，因为：“如果是个男人，必须养家活口的，有时候就没有选择的余地，怎么苦也得干，说起来是他的责任，还有个名目。像我这样没有家累的，做着个不称心的事，愁眉苦脸赚了钱来，愁眉苦脸活下去，却是为什么呢？”

从前有一个时期她在无线电台上报告新闻，诵读社论，每天工作半小时。她感慨地说：“我每天说半个钟头没意思的话，可以拿好几万的薪水，我一天到晚说着有意思的话，却拿不到一个钱。”

她批评一个胆小的人吃吃艾艾的演说：“人家唾珠咳玉，他是珠玉卡住了喉咙了。”

“爱德华七世路”（爱多亚路）我弄错了当做是“爱德华八世路”，她说：“爱德华八世还没有来得及成马路呢。”

她对于我们张家的人没有多少好感——对我比较好些，但也是因为我自动地粘附上来，拿我无可奈何的缘故。就这样她也常常抱怨：“和你住在一起，使人变得非常唠叨（因为需要嘀嘀咕咕）而且自大（因为对方太低能）。”

有一次她说到我弟弟很可怜地站在她眼前：“一双大眼睛吧达吧达望着我。”“吧达吧达”四个字用得真是好，表现一个无告的男孩子沉重而潮湿地睐着眼。

她说她自己："我是文武双全，文能够写信，武能够纳鞋底。"我在香港读书的时候顶喜欢收到她的信，淑女化的蓝色字细细写在极薄的粉红拷贝纸上，（是她办公室里省下来的，用过的部分裁了去，所以一页页大小不等，读起来淅沥沙辣作脆响。）信里有一种无聊的情趣，总像是春夏的晴天。语气很平淡，可是用上许多惊叹号，几乎全用惊叹号来做标点，十年前是有那么一派的时髦文章的吧？还有，她老是写着"狠好"，"狠高兴"，我同她辩驳过，她不承认她这里应当用"很"字。后来我问她："那么，'凶狠'的'狠'字，姑姑怎么写呢？"她也写作"狠"。我说："那么那一个'很'字要它做什么呢？姑姑不能否认，是有这么一个字的。"她想想，也有理。我又说："现在没有人写'狠好'了。一这样写，马上把自己归入了周瘦鹃他们那一代。"她果然从此改了。

她今年过了年之后，运气一直不怎么好。越是诸事不顺心，反倒胖了起来，她写信给一个朋友说，"近来就是闷吃闷睡闷长。……好容易决定做条裤子，前天裁了一只腿，昨天又裁了一只腿，今天早上缝了一条缝，现在想去缝第二条缝。这条裤子总有成功的一日吧？"

去年她生过病，病后久久没有复元。她带一点嘲笑，说道："又是这样的恹恹的天气，又这样的虚弱，一个人整个地像一首词了！"

她手里卖掉过许多珠宝，只有一块淡红的披霞，还留到现在，因为欠好的缘故。战前拿去估价，店里出她十块钱，她没有卖。每隔些时，她总把它拿出来看看，这里比比，那里比比，总想把它派点用场，结果又还是收了起来，青绿丝线穿着的一块宝石，冻疮肿到一个程度就有那样的淡紫红的半透明。襟上挂着做个装饰品吧，衬着什么底子都不好看。放在同样的颜色上，倒是不错，可是看不见，等于没有了。放在白的上，那比较出色了，可是白的也显得脏相了。还是放在黑缎子上面顶相宜——可是为那黑色衣服的本身着想，不放，又还要更好些。

除非把它悬空宕着，做个扇坠什么的。然而它只有一面是光滑的，反面就不中看；上头的一个洞，位置又不对，在宝石的正中。

姑姑叹了口气，说："看着这块披霞，使人觉得生命没有意义。"

爱

这是真的。

有个村庄的小康之家的女孩子，生得美，有许多人来做媒，但都没有说成。那年她不过十五六岁吧，是春天的晚上，她立在后门口，手扶着桃树。她记得她穿的是一件月白的衫子。对门住的年轻人同她见过面，可是从来没有打过招呼的，他走了过来。离得不远，站定了，轻轻的说了一声："噢，你也在这里吗？"她没有说什么，他也没有再说什么，站了一会，各自走开了。

就这样就完了。

后来这女子被亲眷拐子卖到他乡外县去作妾，又几次三番地被转卖，经过无数的惊险的风波，老了的时候她还记得从前那一回事，常常说起，在那春天的晚上，在后门口的桃树下，那年轻人。

于千万人之中遇见你所遇见的人，于千万年之中，时间的无涯的荒野里，没有早一步，也没有晚一步，刚巧赶上了，那也没有别的话可说，惟有轻轻的问一声："噢，你也在这里吗？"

赏读

张爱玲是散文写作高手，其作品既大雅又大俗，既传统又现代，热衷于表现对人生的切身体验和独特感悟。其散文创作取材广泛，真实感人，结构安排不拘一格，表达形式自由灵活又时时有创新之举。如《炎樱语录》和《姑姑语录》创新语录体形式，结构松散，主要是记录了两个个性独特的女子的奇言妙语，给读者展示了两个可爱的女性形象：冲淡平和、机智幽默的姑姑和聪慧敏捷、风趣大胆的炎樱。

张爱玲的散文，没有华丽雕琢的辞藻，很多是朴素平凡的白描，有的甚至是平铺直叙的家常话，却让读者感动不已和回味无穷。这类散文虽然是直接截自生活，但这种截取本身就体现了一种艺术的眼光。如《炎樱语录》简短凝练，却生动形象，富有表现力，主要通过语言描写表现姑姑的人物性格。《姑姑语录》篇幅稍长，语言简洁朴素，语句简短流畅，比较全面地描写了姑姑的日常生活和言谈举止，表现了姑姑这个知识女性的诙谐机智、幽默风趣和冲淡平和的性格。

由于父母离异和家庭冲突，在相当长的时间里，姑姑成为张爱玲唯一的亲人。本文记录了姑姑的一些富有生活情趣的言语，观察细致，用语老到，将寻常人看来毫无意义的身边琐事写得亲切、真实、妙趣横生。张爱玲的写法很“特别”，把姑姑讲的许多话拼在一起，是直接截自原汁原味的生活，名为《姑姑语录》。从这些语录中，活画出姑姑的聪明、灵秀和可爱。这种写法很少见，但艺术效果奇好，既有趣又催人思索。

台湾学者周芬伶这样评价张爱玲的语录体散文：“从来表达女性情谊的女性文学作品多以隐秘的书信、诗歌、小说体呈现。‘语录’这种作为表彰男性伟人哲人的形式，用来表彰女子的言行，在中国的文学传统中显得突兀，我们可以说这是作者的幽默，也可以说是作者的‘改写’与‘改装’的策略，利用崇高的形式装载女人的轻巧灵魂，这不也是‘怪诞’？又一次的‘反高潮’！”有趣的是，经过时间的大浪淘沙，张爱玲作品中的许多警句妙语也被人们奉为“张爱玲语录”，而且“张爱玲语录”被人们引用的句子数量在现代作家中名列前茅。张爱玲的散文多取材于平凡的题材和世俗的生活，她安于生活里点点滴滴的寻常人事的品味，又常常加以细腻入微的描写，甚至于使人有“琐碎”之感。但张爱玲的散文又常常赋予日常的世俗生活以“深幽的意义”，善于发现平凡中的不平凡，善于发现隐藏在日常生活中的“生的奥秘”。大俗大雅，平凡与艳异的神奇结合，使她的散文具有持久的艺术魅力。

张爱玲的散文多而杂，不仅描述了一个地道的女人世界，而且以文字折身社会，直逼世俗人生。中国文人士大夫生活艺术的背后总是衬着“不为无益之事，何以遣有崖之生”的潜台词，张爱玲不矫情，不撇清，她对生活的情趣更有一种清新的气息。她的散文没有林语堂游戏人生的名士气，也没有周作人不食人间烟火的冲淡，她生活的艺术是直逼世俗的。她的散文文字轻巧灵便，充满生活气息，字里行间还透露着对生活强烈的爱意。即使是描写人生的悲苦和不幸，她的笔调也是轻松和调侃的，往往让人读着便不知不觉地笑了。

爱，这一永恒的、古往今来述说不尽的主题，张爱玲仅以几百字的袖珍篇幅，便写出了其中的真味。不同于冰心的清浅甜美，也有别于丁玲的大胆直露。《爱》展示的是一种古典含蓄、类似于“冰山风格”般的爱。

文章大体可以分为两部分，前半部分叙述的是一个简短的故事；后半部分是一段由故事生发出来的议论。

《爱》以四个字起首作一段“这是真的”，潜台词即：这不是小说，更不是传奇。接下来叙述一个真的、美的、纯的，同时又是那么虚的、淡的、凄的关于“爱”的故事。张爱玲在此另起一段，六个字里用了两个“就”，就冷酷地葬送了那个在桃花盛开的春天里萌生的爱。

在中国传统文化中，“桃花”意象总是与美丽缠绵的爱情相联系。如《诗经》中《桃夭》云：“桃之夭夭，灼灼其华，之子于归，宜其室家。”唐代诗人崔护的《题都城南庄》：“去年今日此门中，人面桃花相映红。人面不知何处去，桃花依旧笑春风。”还有孔尚任的《桃花扇》等，也是借桃花喻爱情。

接下来的一段，寥寥数语，把以为“就这样就完了”的爱的故事平静地推向了高潮。至此，“爱”的故事结束了，张爱玲却欲罢不能，在末了一段忍不住要为她所体认的“爱”再作诠释。

这是典型的张爱玲的调子，张爱玲式的苍凉。爱是人生极其重要的篇章，不能不遭遇又难以遭遇，不能不追寻又难以追寻，它是千万人、千万年中的“刚巧”——这段话语的关键词是“刚巧”，而“刚巧”就是巧合，就是偶然，就是萍水相逢，没有必然性，哪还有什么永恒？而“于千万人之中遇见你所要遇见的人，于千万年之中，时间的无涯的荒野里，没有早一步，也没有晚一步，刚巧赶上”的人只是千万分之一。不过，即使是“千万分之一”也是一种因缘。偶合的因缘成就了所谓的“爱”。潜伏的是落花流水的偶然，莺飞燕过的渺茫啊。尽管张爱玲在前面故事的叙述中保持着冷静，最终也不由自主地流露出她的悲音。

张爱玲曾在《自己的文章》里阐述她的创作理念：“我是喜欢悲壮，更喜欢苍凉。壮烈只有力，没有美，似乎缺少人性悲壮则如大红大绿的配色，是一种强烈的对照但它的刺激性还是大于启发性。苍凉之所以有更深长的回味，就因为它像葱绿配桃红，是一种参差的对照……悲壮是一种完成，而苍凉则是一种启示。”

苍凉是张爱玲作品的底子——无论是她的散文或是小说，无论她是以素朴或是华艳的风格呈现，在《爱》这篇作品中作者对于逝水流年的敏感，对于美和爱稍纵即逝的无奈，对于女人无以把握自身命运的悲哀，也无不透着一种苍茫感、悲凉感。而令人惊叹的是，这一切都浓缩在仅仅三百多字的篇幅里，正是“妙在短——才抬头，已经完了，更使人低徊不已”。

这是一篇将“省略”之妙用到极致的大文章，将一个人从少女时代一直写到几经沧桑的老年时光，从文中，我们看到了偶然带给爱情的美好，同时也看到了偶然带给人的悲伤。

作品

阳关雪[1]

余秋雨

在中国古代，文官兼有文化身份和官场身份。在平日，自己和别人关注的大多是官场身份。但奇怪的是，当峨冠博带早已零落成泥，崇楼华堂也都沦为草泽之后，那一杆竹管毛笔偶尔涂画的诗文，却有可能镌刻山河、雕镂人心，永不漫漶。

我曾有缘，在黄昏的江船上仰望过白帝城，在浓冽的秋霜中登临过黄鹤楼，还在一个除夕的深夜摸到了寒山寺。我的周围人头济济，可以肯定，绝大多数人的心头，都回荡着那几首不必引述的诗。

人们来寻景，更来寻诗。这些诗，他们在孩提时代就能背诵。孩子们的想象，诚恳而逼真。因此，这些城，这些楼，这些寺，早在心头自行搭建。

待到年长，当他们刚刚意识到有足够脚力的时候，也就给自己负上了一笔沉重的宿债，焦渴地企盼着对诗境实地的踏访。为童年，为想象，为无法言传的文化归属。

有时候，这种焦渴，简直就像对失落的故乡的寻找，对离

---

① 选自《文化苦旅》（长江文艺出版社 2014 年版），有改动。余秋雨，1946 年生于浙江余姚。著有《山居笔记》《君子之道》《千年一叹》等。

散的亲人的查访。

文人的魔力，竟能把偌大一个世界的生僻角落，变成人人心中的故乡。他们薄薄的青衫里，究竟藏着什么法术呢？

今天，我冲着王维的那首《渭城曲》，去寻阳关了。出发前曾在下榻的县城向老者打听，回答是："路又远，也没什么好看的。这雪一时下不停，别去受这个苦了。"我向他鞠了一躬，转身钻进雪里。

一走出小小的县城，便是沙漠。除了茫茫一片雪白，什么也没有，连一个褶皱也找不到。在别地赶路，总要每一段为自己找一个目标，盯着一棵树，赶过去，然后再盯着一块石头，赶过去。在这里，睁疼了眼也看不见一个目标，哪怕是一片枯叶、一个黑点。于是，只好抬起头来看天。

从未见过这样完整的天，一点儿没有被吞食、被遮蔽，边沿全是挺展展的，紧扎扎地把大地罩了个严实。

有这样的地，天才叫天；有这样的天，地才叫地。在这样的天地中独个儿行走，侏儒也变成了巨人；在这样的天地中独个儿行走，巨人也变成了侏儒。

天竟晴了，风也停了，阳光很好。没想到沙漠中的雪化得这样快，才片刻，地上已见斑斑沙底，却不见湿痕。

天边渐渐飘出几缕烟迹，并不动，却在加深。疑惑半晌，才发现，那是刚刚化雪的山脊。

地上有一些奇怪的凹凸，越来越多，终于构成了一种令人惊骇的铺陈。我猜了很久，又走近前去蹲下身来仔细观看，最后得出结论：那全是远年的坟堆。

这里离县城已经很远，不大会成为城里人的丧葬之地。这些坟堆被风雪所蚀，因年岁而塌，枯瘦萧条，显然从未有人祭扫。它们为什么会有那么多，排列得又是那么密呢？只可能有一种理解：这里是古战场。

我在望不到边际的坟堆中茫然前行，心中浮现出艾略特的《荒原》。这里正是中华历史的荒原：如雨的马蹄，如雷的呐喊，如注的热血。中原慈母的白发，江南春闺的遥望，湖湘稚儿的夜哭。故乡柳荫下的诀别，将军咆哮时的怒目，丢盔弃甲后的军旗。随着一阵烟尘，又一阵烟尘，都飘散远去。

我相信，死者临死时都是面向朔北敌阵的；我相信，他们又很想在最后一刻回过头来，给熟悉的土地投注一个目光。于是，他们扭曲地倒下了，化作沙堆一座座。

这繁星般的沙堆，不知有没有换来史官们的几行墨迹？堆积如山的中国史籍，写在这个荒原上的篇页还算是比较光彩的，因为这儿是历代王朝的边远地带，担负着保卫华夏疆域的使命。所以，这些沙堆还铺陈得较为自在，这些篇页也能哗哗作响。就像眼下单调的土地一样，出现在这里的历史命题也比较单纯。在中原内地就不同了。那儿没有这么大大咧咧铺陈开来的坦诚，一切都在花草掩映中发闷，无数不知为何而死的冤魂，只能悲愤懊丧地深潜地底，使每片土地都疑窦重重。相比之下，这片荒原还算荣幸。

远处已有树影。疾步赶去，树下有水流，沙地也有了高低坡斜。登上一个坡，猛一抬头，看见不远的山峰上有荒落的土墩一座，我凭直觉确信，这便是阳关了。

树愈来愈多，开始有房舍出现。这是对的，重要关隘所在，屯扎兵马之地，不能没有这一些。转几个弯，再直上一道沙坡，爬到土墩底下，四处寻找，近旁正有一碑，上刻“阳关古址”四字。

这是一个俯瞰四野的制高点。西北风浩荡万里，直扑而来，踉跄几步，方才站住。脚是站住了，却分明听到自己牙齿打战的声音，鼻子一定是立即冻红了的。呵一口热气到手掌，捂住双耳用力蹦跳几下，才定下心来睁眼。

这儿的雪没有化，当然不会化。所谓古址，已经没有什么故迹，只有近处的烽火台还在，这就是刚才在下面看到的土墩。土墩已坍了大半，可以看见一层层泥沙，拌和着一层层苇草。苇草飘扬出来，在千年之后的寒风中抖动。

向前俯视，是西北的群山，都积着雪，直伸天际。我突然觉得自己是站在大海边的礁石上，那些山全是冰海冻浪。

王维的笔触实在是温厚。对于这么一个阳关，他仍然不露凌厉惊骇之色，而只是文静淡雅地写道：“劝君更尽一杯酒，西出阳关无故人。”他瞟了一眼渭城客舍窗外青青的柳色，看了看友人已打点好的行囊，微笑着举起了酒壶——再来一杯吧，阳关之外，也许就找不到可以这样对饮畅谈的老朋友了。

这杯酒，友人一定是毫不推却、一饮而尽的。

这便是唐人风范。他们多半不会声声悲叹，执袂劝阻。他们的目光放得很远，他们的人生道路铺展得很广。告别是经常的，步履是放达的。这种神貌，在李白、高适、岑参那里，焕发得越加豪迈。由此联想到，在南北各地的古代造像中，唐人造像一看便可识认，形体那么健美，目光那么平静，笑容那么肯定，神采那么自信。

在欧洲看蒙娜丽莎的微笑，你立即就能感受，这种恬然的自信只属于那些真正从中世纪的梦魇中苏醒、对前路挺有把握的艺术家们。这些艺术家以多年的奋斗，执意要把微笑输送进历史的魂魄。而更早就具有这种微笑的唐代，却没有把它的自信延续久远。阳关的风雪，竟越见凄迷。

王维诗画皆称一绝，莱辛等西方哲人反复论述过的诗与画的界线，在他是可以随脚出入的。但是，长安的宫殿只为艺术家们开了一个狭小的边门，只允许他们以文化侍从的身份躬身而入。这里，不需要艺术闹出太大的人文局面，不需要对美有太深的人性寄托。

于是，九州的文风渐渐刻板。阳关，再也难以享用温醇的诗句。西出阳关的文人越来越少，只有陆游、辛弃疾等人一次次在梦中抵达，倾听着穿越沙漠冰河的马蹄声。但是，梦毕竟是梦，他们都在梦中死去。

即便是土墩、石城，也受不住见不到诗人的寂寞，阳关坍弛了，坍弛在一个民族的精神疆域中。它终成废墟，终成荒原。身后，沙坟如潮；身前，寒峰如浪。谁也不能想象，这儿，一千多年之前曾经验证过人生旅途的壮美、艺术情怀的宏广。

这儿应该有几声胡笳和羌笛的，如壮汉啸吟，与自然浑和，却夺人心魄。可惜它们后来都不再欢跃，成了兵士们心头的哀音。既然一个民族都不忍听闻，它们也就消失在朔风之中。

回去吧，时间已经不早。怕还要下雪。

赏读

本文选自余秋雨先生的散文集《文化苦旅》，这本散文集展现了许多中国文化古迹，从阳关雪到吴江船，从青云谱到天一阁，从道士塔到酒公墓……余秋雨用丰厚的文化底蕴，细腻的笔触，将自己对于民族、文化的思考展现在读者眼前。他的散文读起来有些“苦涩”，正如《文化苦旅》的书名，“苦”从何而来？这苦涩来源于中国文化的历史命运，以及中国文人的人格构成。不同于其他散文作者，余秋雨的散文虽有景物和情感，却不曾把笔墨“浪费”于此，他把目光投注在自然景观背后所沉淀的文化内涵上，饱含着他对民族、对文化的深切关怀。他的散文突破了传统散文的审美模式，正如孙绍振先生所说：“他的散文是货真价实的大散文话语，五四以来，还没有他这样的融思想、智慧、情感于一炉的大容量大深度的话语。”

全文的开头并未直接写与阳关雪有关的一切，而是把中国古代文人的地位以及文人作品的深远影响做了对比，虽然中国古代的文人无足观，但奇怪的是“一杆竹管笔偶尔涂划的诗文，竟能镌刻山河，雕镂人心，永不漫漶”。看似与阳关雪毫无联系的一段，却为下文的文化反思埋下了伏笔。紧接着，作者运用了缘事写情的手法，谈到人们寻景的实质其实是为了寻诗，他“在黄昏的江船上仰望过白帝城，顶着浓烈的秋霜登临过黄鹤楼，还在一个冬夜摸到了寒山寺”，这些也都是为了追寻李白、张继等诗人才子的脚步。游阳关古址则是循着王维的足迹，感受记忆里的《渭城曲》。

婉谢老人的好意，踏上寻阳关之路，作者望见茫茫沙漠被白雪覆盖，天空浩瀚得就像巨大的罩子，将万物都笼盖了起来。这一部分，作者用传统的游记笔法，将寻阳关的过程记录下来。余秋雨是善于用对比的。联系上文，老人眼中的阳关古址和“我”眼中的阳关古址是不同的，老人眼里的阳关古址没什么好看，而“我”却觉得阳关古址的魅力非凡，吸引着“我”前去揭下它的面纱。正因作者从小的文化熏陶，那些美丽的诗篇早已在他心中烙下深深的痕迹，他想去一睹阳关古址的真容，看看是否和记忆里想象中的阳关古址一样雄伟。然而寻找的路途是漫长的，只有一片广袤无垠的天地，行走在这样的空间，余秋雨不禁触景生情：“有这样的地，天才叫天。有这样的天，地才叫地。在这样的天地中独个儿行走，侏儒也变成了巨人。在这样的天地中独个儿行走，巨人也变成了侏儒。”得有怎样的感慨与情怀才能说出如此哲理的语言，这不免让人对他也对文化的力量产生敬畏。

最终，他找到了阳关古址，荒落的土墩一座，古址已破败不堪，好在石碑上写着“阳关古址”四字。站在古址上俯瞰整片天地，这是古代文人常常会做的事情，登高而望，似乎有更深厚丰富的情感一涌而出。坍圮的阳关，整齐的坟堆，这些历史的见证，文化的痕迹就这样被遗忘在浩浩沙漠之中。站在俯瞰四野的制高点，作者说：“向前俯视，是西北的群山，都积着雪，直伸天际。我突然觉得自己是站在大海边的礁石上，那些山全是冰海冻浪。”礁石、冰海冻浪都显得如此凌厉萧瑟，这与王维“劝君更尽一杯酒，西出阳关无故人”的温厚截然不同，难道千年来王维一直欺骗了我们吗？不，这才是唐人的风范。不畏离别，步履豪迈，与西方的艺术家们不同。但是“长安的宫殿只为艺术家们开了一个狭小的边门，只允许他们以文化侍从的身份躬身而入。”作者感到悲哀，就像最后一句“怕还要下雪”，中华民族的文化精髓只能在叹息中化为绵绵白雪，随后消融。作者善于运用呼应的技巧，将文人和历史文化前后照应，使读者不断深入思考。

余秋雨散文的独特就在这里，他不停留在对历史古迹的感叹，他更深入思考，对民族文化进行反思，那一抔抔枯骨化作的沙堆，那一座低矮的土墩，那是中国文化的根，是作者苦苦找寻的宝藏。

作品

南开中学张伯苓校长（外一篇）[①]

齐邦媛

南开中学张伯苓校长

我从幼年离开小西山故乡后，经常活在病痛、转学和灾难之中。在南京虽曾有炉边幸福时日，但妹妹降生、父母欢颜，转眼都如昙花凋谢。我家随着流亡学生颠沛流离半个中国，从西南山路来到重庆，刚入市区，中山中学就有师生五人被日机炸死，战争与死亡的威胁如影随形。之后七年，轰炸宛如随着日升月落而至，不曾稍歇。但重庆是我们流亡的终点，中山中学走了五百里，在自流井大庙静宁寺安顿、复学，弦歌岂止未辍，流亡途中更收留一些新加入的湖南、广西、贵州学生和四川的本地生。

我父亲在重庆四德里租屋恢复东北协会（负责训练东北地下抗日工作，由政府资助，一九四六年东北光复后解散），但落脚不久，房子即被炸毁。父亲托人在沙坪坝镇外找到两所平

① 《南开中学张伯苓校长》选自《巨河流》（生活·读书·新知三联书店 2013 年版），有改动。《朱光潜先生的英诗课》选自《巨河流》（生活·读书·新知三联书店 2010 年版）。齐邦媛，1924 年生于辽宁铁岭。著有《千年之泪》《巨河流》等。

房，一所住家，一所作协会办公用，后来《时与潮》编辑部亦设于此。

在离开南京整整一年间，我们奔跑了半个中国的土地之后，一九三八年十一月的一个早晨，爸爸带着我坐车由重庆上清寺出发，送我去上学。

我们沿着嘉陵江往上走，车行大约二十公里，过了小龙坎不久，在一片黄土坝子上，远远地出现一群红褐色大楼，在稀疏的树木中相当壮观——那就是沙坪坝的南开中学。在这里六年，我成长为一个健康的人，心智开展，奠立了一生积极向上的性格。

日本人占领东北后，以天津日租界为基地，积极地向华北伸展侵略的魔掌，数年间，天津的南开中学和大学通过游行呼喊自强，号召爱国抗日。校长张伯苓先生（一八七六～一九五一年）深知局势危急，战争只是早晚的问题，因此早在一九三六年即到四川觅地建立分校，由沙坪坝乡绅捐地，各界捐款盖校舍，第一年即招收了一百六十名学生。卢沟桥开战后，南开是第一所被日本人炸毁的学校，也是第一所在后方以长期抗战为信念重建的学校。一九三七年上海失守后，国民政府在十二月一日正式迁至战时首都重庆。南开中学在抗战最艰困的八年中，教育了数万青年，每个人几乎都是张伯苓精神的延伸。

张校长创业立世全靠坚强的爱国精神，他就是校歌里“巍巍我南开精神”的化身，在我成长的六年中，留给我非常温暖的印象。他长得很高，约有一百八十几公分，体形又大又壮，不胖，肩膀很宽，长年穿着长袍，戴一副有颜色的眼镜，我们几乎每天都可以看到高大壮硕的他挺胸阔步地在校园行走。不论前线战报如何令人沮丧，日机轰炸多么猛烈，在张校长的带领下，我们都坚信中国不会亡。

想想在一百二十年前，幼年的他随着浪迹各地私塾教学的父亲到义学辗转读书，生活是何等辛酸！因此，他从小知道教育的重要意义。

十三岁时，考取官费的北洋水师学堂，他听得懂启蒙思想家创校的理想；当年清廷维新派的严复、伍光建等人和一些自英国留学归国的年轻军官，引进西方思想与新知，希望建立强大的现代海军，为国雪耻。这种奋发图强的志气，影响了他一生。

张校长在北洋水师学堂的年纪正是我在南开中学的年纪，我在校六年，听他在周会讲过多次的故事也成为我终生的记忆。

一八九四年，他由水师学堂毕业时，正逢中日甲午之战，北洋海军几乎全军覆没，连一艘可供学生实习的船都没有了。一年后，勉强派到“通济轮”上见习，竟是目睹甲午战场威海卫由战胜国日本人手中移交给英国人占领的场面。他在自己国家的领海上眼睁睁地看着国帜三易，先下清旗再升日旗，隔一日改悬英国旗。

他在晚年回忆当时：“悲愤填胸，深受刺激！念国家积弱至此，苟不自强，奚以图存？而自强之道端在教育。”（一九四四年《四十年南开学校之回顾》）他怒忆当年：“士兵上身穿一坎肩，前面写一‘兵’字，背后写‘勇’字，衣服非大必小，不称体，面黄肌瘦，精神委靡，手持大刀，腰怀一枪（烟枪，抽鸦片用）慢吞吞地走出来，将黄龙旗（清朝）降下。旋英军整队出，步伐整齐，精神奕奕，相形之下，胜败可知。”

这样的羞耻使他深受刺激，更因为看到怠惰无知的一般民众，既无纪律和敬业精神也不知国难当头，故思索唯一能振作民心的只有教育——教现代知识，教爱国。他毅然决然离开海军，一心办教育，一九〇八年，由严氏家馆扩大到天津南开（捐得校地在天津西南城角，名南开洼）中学。建校之前，他曾两度前往日本参观各类学校，特别是私立学校，当时不满三十岁的他，满腔热血，誓为教育新中国的子弟献身。

更令人意外的是，一九一七年他已四十一岁，竟决心到美国哥伦比亚大学读书，研究西方教育理念。很多人劝他：“你已功成名就，干嘛去和那些洋孩子同堂读书！”甚至说：“这个脸你丢得起，我们丢不起。”他还是去了，认真研究、见习，做了许多交流活动，实验主义思想大师杜威也是他的老师。回国后，他创设南开大学。

抗日战争之初，日本人恨他发起爱国活动，炸毁南开。当时蒋委员长公开宣称：“南开为国牺牲，有中国就有南开。”将南开与北平的北大、清华合为西南联大，在昆明设校，成为抗战期间最好的大学。

抗日胜利后，一九四六年哥伦比亚大学授予张校长荣誉博士，一九四八年胡适和十一位美国学者合撰 *There Is Another China* 一书贺他七十岁之成就。此书由燕京大学校长司徒雷登汇编，哥大 Crown Press 出版，中译为《另有表现的中国》，意指借由南开精神看到在政治军事动乱不宁的年代，尚有另一个中国在日益进步，充满了高瞻远瞩的理想。

自一九〇四年只有七十五个学生到他一九五一年逝世为止，张校长一直用强烈的激情到处演讲，鼓励“中国不亡，有我！”的志气，宣扬教育救国的理想，他足足说了半个世纪！那五十年间，中国的灾难有种种的新面貌，外侮与内煎并存。抗日胜利，从重庆回到故乡天津，老病缠身的他仍在国共两党之间呼号和平合作建设中国。七十五岁那年去世，临终最大的安慰是看到南开中学和大学在天津原址复校。

张校长的身影永远留在学生心里。在沙坪坝那八年，他住在校内宿舍，每天早上拄杖出来散步巡视，看到路旁读书的学生就过来拍一拍肩、摸一摸头，问衣服够不够，吃得饱不饱。南开的学生都必须住校，在他想，这些孩子都是父母托给他的，必须好好照顾。他那时不知道，他奋斗的心血都没有白费，他说的话，我们散居世界各地的数万学生都深深记得，在各自的领域传他的薪火，永恒不灭。

朱光潜先生的英诗课

进入外文系二年级即有朱老师的“英诗”全年课，虽是紧张面对挑战，却也有些定心作用，我立刻开始用功。朱老师用当时全世界的标准选本，美国诗人帕尔格雷夫（Francis T. Palgrave）主编的《英诗金库》（*The Golden Treasury*），但武大迁来的图书馆只有六本课本，分配三本给女生、三本给男生，轮流按课程进度先抄诗再上课。我去嘉乐纸厂买了三大本最好的嘉乐纸笔记本，从里到外都是梦幻般的浅蓝，在昏暗灯光下抄得满满的诗句和老师的指引。一年欣喜学习的笔迹仍在一触即碎的纸上，随我至今。

朱老师虽以《英诗金库》作课本，但并不按照编者的编年史次序——分莎士比亚（William Shakespeare，1564—1616）、弥尔顿（John Milton，1608—1674）、格雷（Thomas Gray，1716—1771）和浪漫时期（The Romantic Period）。他在上学期所选之诗都以教育文学品位为主，教我们什么是好诗，第一组竟是华兹华斯（William Wordsworth，1770—1850）那一串晶莹璀璨的《露西组诗》（*Lucy Poems*）。

那幽雅静美的少女露西是谁，至今两百年无人确定，但他为追忆这早夭的十八岁情人所写的五首小诗，却是英国文学史的瑰宝，平实简朴的深情至今少有人能超越。最后一首《彼时，幽黯遮蔽我心》（*A Slumber Did My Spirit Seal*）是我六十年来疗伤止痛最好的良药之一。我在演讲、文章中背诵它，希望证明诗对人生的力量，当年朱老师必是希望以此开启对我们的西方文学的教育吧。这组诗第三首《我在陌生人中旅行》（*I Travelled among Unknown Men*），诗人说我再也不离开英国了，因为露西最后看到的是英国的绿野——这对当时爱国高于一切的我，是最美最有力的爱国情诗了。

朱老师选了十多首华兹华斯的短诗，指出文字简洁、情景贴切之处，讲到他《孤独的收割者》（*The Solitary Reaper*），说她歌声渐远时，令人联想唐人钱起诗："曲终人不见，江上数峰青"的余韵。

直到有一天，教到华兹华斯较长的一首《玛格丽特的悲苦》（*The Affliction of Margaret*），写一妇女，其独子出外谋生，七年无音讯。诗人隔着沼泽，每夜听见她呼唤儿子名字："Where are thou，my beloved son，…"（你在哪儿，我亲爱的儿啊……）逢人便问有无遇见，揣想种种失踪情境。

朱老师读到"the fowls of heaven have wings，…Chains tie us down by land and sea"（天上的鸟儿有翅膀……链紧我们的是大地和海洋），说中国古诗有相似的"风云有鸟路，江汉限无梁"之句，此时竟然语带哽咽，稍微停顿又继续念下去，念到最后两行：

If any chance to heave a sigh，(若有人为我叹息，)

They pity me，and not my grief.（他们怜悯的是我，不是我的悲苦。)

老师取下了眼镜，眼泪流下双颊，突然把书合上，快步走出教室，留下满室愕然，却无人开口说话。

也许，在那样一个艰困的时代，坦率表现感情是一件奢侈的事，对于仍然崇拜偶像的大学二年级学生来说，这是一件难于评论的意外，甚至是感到荣幸的事，能看到文学名师至情的眼泪。

二十多年后，我教英国文学史课程时，《英诗金库》已完全被新时代的选本取代，这首诗很少被选。不同的时代流不同的眼泪。但是朱老师所选诗篇大多数仍在今日各重要选集上。

英诗课第二部分则以知性为主，莎士比亚的几首十四行诗，谈到短暂与永恒的意义，雪莱（Percy Bysshe Shelley，1792—1822）的《奥兹曼迪斯》（*Ozymandias*）也在这一组中出现；威武的埃及君王毁裂的头像半掩埋在风沙里，"boundless and bare，The lone and level sand，stretch far away"（寂寞与荒凉，无边地伸向远方的黄沙）。

朱老师引证说，这就是人间千年只是天上隔宿之意，中国文学中甚多此等名句，但是你听听这 boundless 和 bare 声音之重，lone and level 声音之轻，可见另一种语言中不同的感觉之美。

至于《西风颂》(*Ode to the West Wind*),老师说,中国自有白话文学以来,人人引诵它的名句:“冬天到了,春天还会远吗?”(If Winter comes, can Spring be far behind?)已到了令人厌倦的浮泛地步。雪莱的颂歌所要歌颂的是一种狂野的精神,是青春生命的灵感,是摧枯拉朽的震慑力量。全诗以五段十四行诗合成,七十行必须一气读完,天象的四季循环,人心内在的悸动,节节相扣才见浪漫诗思的宏伟感人力量。在文庙配殿那间小小的斗室之中,朱老师讲书表情严肃,也很少有手势,但此时,他用手大力地挥拂、横扫……口中念着诗句,教我们用 the mind's eye 想象西风怒吼的意象(imagery)。这是我第一次真正地看到了西方诗中的意象。一生受用不尽。

赏读

《南开中学张伯苓校长》一文选自齐邦媛先生的自传《巨流河》。在《巨流河》一书中,邦媛先生从个体的遭遇出发,抵达的是国家与民族的大命题,触及了现代中国种种不得已的转折。这当中,牵涉了民众的颠沛流离、民族的沉重悲痛,以及国家的隔绝苦难。这部作品由一个个片段组成,在邦媛先生纯正而富于尊严、深厚而富于典雅的语言叙述下,呈现给读者一幕幕跌宕起伏的历史的时代风云。王德威在“后记”中评论说:“《巨流河》最终是一位文学人对历史的见证。随着往事追忆,齐邦媛在她的书中一页一页地成长,终于有了风霜。但她的娓娓叙述却又让我们觉得时间流淌,人事升沉,却有一个声音不曾老去。那是一个‘洁净’的声音,一个跨越历史、从千年之泪里淬炼出来的清明而有情的声音。……如此悲伤,如此愉悦,如此独特。”

《南开中学张伯苓校长》一文,文字清澈典雅,书卷气息浓厚,兼具了中国古典散文的传统风致和现代汉语的质感。“弦歌岂止未辍,流亡途中更收留一些新加入的湖南、广西、贵州学生和四川的本地生”“父亲托人在沙坪坝镇外找到两所平房,一所住家,一所作协会办公用,后来《时与潮》编辑部亦设于此”“他那时不知道,他奋斗的心血都没有白费,他说的话,我们散居世界各地的数万学生都深深记得,在各自的领域传他的薪火,永恒不灭”……文中诸如此类文言和白话融合表述的文字,比比皆是,富有典雅的书卷气息,在当下粗鄙化散文写作泛滥的背景下,带给读者汉语文字特有的魅力。

《南开中学张伯苓校长》一文，齐邦媛先生以最为内敛的方式来处理那些原本该深刻触动人心的材料，让事件平静地呈现在纸上。然而明明是如此平淡的言语，读起来却似乎总是能触动人的内心深处，使人感受到平静外表下隐藏的深情与感动。譬如文中阐述张伯苓校长四十一岁赴哥伦比亚大学读书一事——“更令人意外的是，一九一七年他已四十一岁，竟决心到美国哥伦比亚大学读书，研究西方教育理念。很多人劝他：‘你已功成名就，干嘛去和那些洋孩子同堂读书！’甚至说：‘这个脸你丢得起，我们丢不起。’他还是去了，认真研究、见习，做了许多交流活动，实验主义思想大师杜威也是他的老师。回国后，他创设南开大学。”

叙述简洁明了，读来似乎颇为平淡。但细细品读，便不难品出其中蕴藏的深情与感动，深刻感受到张伯苓校长“学而不厌，诲人不倦”的精神风貌和人格魅力。文中诸如此类的片段不少，譬如描写张伯苓校长在自己国家的领海上目睹国帜三易的事情、描写张伯苓校长离开海军转而投身于中国教育致力于培养新中国子弟的事件等。这些材料本是非常感染人的，在齐邦媛先生的笔下，却变得节制、变得平静。然而这种节制与平静并没有让这些材料失去原有的感染力，相反，这些材料的感染力因为这份节制与平静，更添了一份独到的美感，包含着让人深思的沉重，以及让人沉重的感动。文本中处处体现出来的这种节制，使作品具有了一种哀而不伤的独特的美学风貌。

如果说《巨流河》见证了两岸历史的巨构，那么，《南开中学张伯苓校长》一文则呈现了张伯苓校长献身于中国教育事业的不朽精神。除此之外，齐邦媛先生不囿于个人事件的描写，而是进一步将“小我”和“大我”结合起来，将个人命运与重大历史事件焊接起来，反映了那个时代中国人所遭遇的巨大苦难和悲伤。

《朱光潜先生的英诗课》节选自齐邦媛先生的《巨流河》——从东北的巨流河写起，以台湾的哑口海结束，从惊涛骇浪到波澜不惊，齐邦媛先生用诗的笔调，从个人回忆切入，既写家庭变迁，又牵连了20世纪中国所经历的战争创伤、民族离散。如评论者所说：这是一本“如此悲伤，如此愉悦，如此独特”的书。

本文讲述了抗战时期，朱光潜先生任教于乐山武汉大学，一字一句吟读、教导雪莱、济慈诗歌的情形。朱光潜先生与齐邦媛先生的师徒缘分，亦起于此。1943年，齐邦媛先生考上武汉大学哲学系，朱光潜先生感于其扎实的英文功底与才华，亲自促请她从哲学系转到外文系，并亲任齐邦媛先生导师。作为一名教师，朱光潜先生的英诗课讲究循序渐进，以《英诗金库》做教材而不固守于原有编排顺序，根据自己的理解与学生求学之需要，进行选编——第一学期所选之诗以形成文学品位为主，第二学期则以知性为主，重在引导学生在诗中感悟人生，品读生命。在讲授英诗时，朱光潜先生并不崇英非中，相反，朱光潜先生的课总是会通中西，常以中国诗词中的意境做比较参照。——朱光潜先生所译，“信、达、雅”缺一不可，追求用另一国语文和原著“那情感思想融成一个新的作品”。如：

华兹华斯，《玛格丽特的悲苦》（*The Affliction of Margaret*）：“the fowls of heaven have wings，…Chains tie us down by land and sea”。

“风云有鸟路，江汉限无梁。”

雪莱，《奥兹曼迪斯》（*Ozymandias*）：“boundless and bare，The lone and level sand，stretch far away”。

人间千年只是天上隔宿。

毫无疑问，朱光潜先生的英诗课，是齐邦媛先生人生中云淡风轻却历久弥深的记忆，对齐邦媛先生影响巨大，使其“一生受用不尽”。朱光潜先生的英诗课，远离了弹片横飞的战火味儿，而唯有沉浸于文学的纯粹与真，与其说是与时代脱节，不如说是另一种对现实的响应——正所谓“言不及己，若不堪忧”。某日，朱光潜先生在教授华兹华斯《玛格丽特的悲苦》时，为其所触动，竟“语带哽咽”“眼泪流下双颊”“快步走出教室”。从哽咽到流泪到快步走出教室，“不同的时代流不同的眼泪”，朱光潜先生的泪是心与灵魂的触动，是感于现世的兵荒马乱，无所归依，他的静穆，他的沉着，又何尝不是痛定思痛的豁然与自尊。朱光潜先生的教育理念与美学理念一脉相承，沉淀着对现世的忧患。世人常说，唯有走过乱世，才言平凡是福。朱光潜先生，用他自己的方式向我们传递着这个时代的呼号——乱世虽乱，请于乱世中寻得心灵的皈依。朱光潜先生导人于言行的人格教育，“上接孔子‘从游’的教育精神，下启国难时期一代学子的纯洁心性”，为战火中的心灵辟得一处宁静归所。

作品

跑警报[1]

汪曾祺

西南联大有一位历史系的教授，——听说是雷海宗先生，他开的一门课因为讲授多年，已经背得很熟，上课前无需准备；下课了，讲到哪里算哪里，他自己也不记得。每回上课，都要先问学生："我上次讲到哪里了？"然后就滔滔不绝地接着讲下去。班上有个女同学，笔记记得最详细，一句不落。雷先生有一次问她："我上一课最后说的是什么？"这位女同学打开笔记来，看了看，说："您上次最后说：'现在已经有空袭警报，我们下课。'"

这个故事说明昆明警报之多。我刚到昆明的头二年，一九三九、一九四〇年，三天两头有警报。有时每天都有，甚至一天有两次。昆明那时几乎说不上有空防力量，日本飞机想什么时候来就什么时候来。有时竟至在头一天广播：明天将有二十七架飞机来昆明轰炸。日本的空军指挥部还真言而有信，说来准来！

一有警报，别无他法，大家就都往郊外跑，叫作"跑警

① 选自《老学闲抄》（上海三联书店2016年版），有删改。汪曾祺（1920—1997），江苏高邮人。著有《受戒》《沙家浜》《大淖记事》等。

报”。“跑”和“警报”联在一起，构成一个语词，细想一下，是有些奇特的，因为所跑的并不是警报。这不像“跑马”、“跑生意”那样通顺。但是大家就这么叫了，谁都懂，而且觉得很合适。也有叫“逃警报”或“躲警报”的，都不如“跑警报”准确。“躲”，太消极；“逃”又太狼狈。唯有这个“跑”字于紧张中透出从容，最有风度，也最能表达丰富生动的内容。

有一个姓马的同学最善于跑警报。他早起看天，只要是万里无云，不管有无警报，他就背了一壶水，带点吃的，夹着一卷温飞卿或李商隐的诗，向郊外走去。直到太阳偏西，估计日本飞机不会来了，才慢慢地回来。这样的人不多。

警报有三种。如果在四十多年前向人介绍警报有几种，会被认为有“神经病”，这是谁都知道的。然而对今天的青年，却是一项新的课题。一曰“预行警报”。

联大有一个姓侯的同学，原系航校学生，因为反应迟钝，被淘汰下来，读了联大的哲学心理系。此人对于航空旧情不忘，曾用黄色的“标语纸”贴出巨幅“广告”，举行学术报告，题曰《防空常识》。他不知道为什么对“警报”特别敏感。他正在听课，忽然跑了出去，站在“新校舍”的南北通道上，扯起嗓子大声喊叫：“现在有预行警报，五华山挂了三个红球!”可不！抬头望南一看，五华山果然挂起了三个很大的红球。五华山是昆明的制高点，红球挂出，全市皆见。我们一直很奇怪：他在教室里，正在听讲，怎么会“感觉”到五华山挂了红球呢？——教室的门窗并不都正对五华山。

一有预行警报，市里的人就开始向郊外移动。住在翠湖迤北的，多半出北门或大西门，出大西门的似尤多。大西门外，越过联大新校舍门前的公路，有一条由南向北的用浑圆的石块铺成的宽可五六尺的小路。这条路据说是古驿道，一直可以通到滇西。路在山沟里。平常走的人不多。常见的是驮着盐巴、碗糖或其他货物的马帮走过。赶马的马锅头侧身坐在木鞍上，从齿缝里咝咝地吹出口哨（马锅头吹口哨都是这种吹法，没有撮唇而吹的），或低声唱着呈贡“调子”：

哥那个在至高山那个放呀放放牛，
妹那个在至花园那个梳那个梳梳头。
哥那个在至高山那个招呀招招手，

妹那个在至花园点那个点点头。

这些走长道的马锅头有他们的特殊装束。他们的短褂外都套了一件白色的羊皮背心，脑后挂着漆布的凉帽，脚下是一双厚牛皮底的草鞋状的凉鞋，鞋帮上大都绣了花，还钉着亮晶晶的“鬼眨眼”亮片。——这种鞋似只有马锅头穿，我没见从事别种行业的人穿过。马锅头押着马帮，从这条斜阳古道上走过，马项铃哗棱哗棱地响，很有点浪漫主义的味道，有时会引起远客的游子一点淡淡的乡愁……

有了预行警报，这条古驿道就热闹起来了。从不同方向来的人都涌向这里，形成了一条人河。走出一截，离市较远了，就分散到古道两旁的山野，各自寻找一个合适的地方待下来，心平气和地等着，——等空袭警报。

联大的学生见到预行警报，一般是不跑的，都要等听到空袭警报：汽笛声一短一长，才动身。新校舍北边围墙上有一个后门，出了门，过铁道（这条铁道不知起讫地点，从来也没见有火车通过），就是山野了。要走，完全来得及。——所以雷先生才会说“现在已经有空袭警报”。只有预行警报，联大师生一般都是照常上课的。

跑警报大都没有准地点，漫山遍野。但人也有习惯性，跑惯了哪里，愿意上哪里。大多是找一个坟头，这样可以靠靠。昆明的坟多有碑，碑上除了刻下坟主的名讳，还刻出“×山×向”，并开出坟茔的“四至”。这风俗我在别处还未见过。这大概也是一种古风。

说是漫山遍野，但也有几个比较集中的“点”。古驿道的一侧，靠近语言研究所资料馆不远，有一片马尾松林，就是一个点。这地方除了离学校近，有一片碧绿的马尾松，树下一层厚厚的干了的松毛，很软和，空气好，——马尾松挥发出很重的松脂气味，晒着从松枝间漏下的阳光，或仰面看松树上面的蓝得要滴下来的天空，都极舒适外，是因为这里还可以买到各种零吃。昆明做小买卖的，有了警报，就把担子挑到郊外来了。五味俱全，什么都有。最常见的是“丁丁糖”。“丁丁糖”即麦芽糖，也就是北京人祭灶用的关东糖，不过做成一个直径一尺多，厚可一寸许的大糖饼，放在四方的木盘上，有人掏钱要买，糖贩即用一个刨刃形的铁片楔入糖边，然后用一个小小铁锤，一击铁片，丁的一声，一块糖就震裂下来了——所以叫作“丁丁糖”，其次是炒松子。昆明松子极多，个大皮薄仁饱，很香，也很便宜。

我们有时能在松树下面捡到一个很大的成熟了的生的松球，就掰开鳞瓣，一颗一颗地吃起来。——那时候，我们的牙都很好，那么硬的松子壳，一嗑就开了！

另一个集中点比较远，得沿古驿道走出四五里，驿道右侧较高的土山上有一横断的山沟（大概是哪一年地震造成的），沟深约三丈，沟口有二丈多宽，沟底也宽有六七尺。这是一个很好的天然防空沟，日本飞机若是投弹，只要不是直接命中，落在沟里，即便是在沟顶上爆炸，弹片也不易蹦进来。机枪扫射也不要紧，沟的两壁是死角。这道沟可以容数百人。有人常到这里，就利用闲空，在沟壁上修了一些私人专用的防空洞，大小不等，形式不一。这些防空洞不仅表面光洁，有的还用碎石子或碎瓷片嵌出图案，缀成对联。对联大都有新意。我至今记得两副，一副是：

人生几何

恋爱三角

一副是：

见机而作

入土为安

对联的嵌缀者的闲情逸致是很可叫人佩服的。前一副也许是有感而发，后一副却是记实。

警报有三种。预行警报大概是表示日本飞机已经起飞。拉空袭警报大概是表示日本飞机进入云南省境了，但是进云南省不一定到昆明来。等到汽笛拉了紧急警报：连续短音，这才可以肯定是朝昆明来的。空袭警报到紧急警报之间，有时要间隔很长时间，所以到了这里的人都不忙下沟，——沟里没有太阳，而且过早地像云冈石佛似的坐在洞里也很无聊，大都先在沟上看书、闲聊、打桥牌。很多人听到紧急警报还不动，因为紧急警报后日本飞机也不定准来，常常是折飞到别处去了。要一直等到看见飞机的影子了，这才一骨碌站起来，下沟，进洞。联大的学生，以及住在昆明的人，对跑警报太有经验了，从来不仓皇失措。

上举的前一副对联或许是一种泛泛的感慨，但也是有现实意义的。跑警报是谈恋爱的机会。联大同学跑警报时，成双作对的很多。空袭警报一响，男的就在新校舍的路边等着，有时还提着一袋点心吃食，宝珠梨、花生米……他等的女同学来了，“嗨！”于是欣然并肩走出新校舍的后门。跑警报说不上是同生死，共患难，但隐隐约约有那么一点危险感，和看电影、遛翠湖时不同。这一点危险感使两方的关系更加亲近了。女同学乐于有人伺候，男同学也正好殷勤照顾，表现一点骑士风度。正如孙悟空在高老庄所说："一来医得眼好，二来又照顾了郎中，这是凑四合六的买卖。"从这点来说，跑警报是颇为罗曼蒂克的。有恋爱，就有三角，有失恋。跑警报的"对儿"并非总是固定的，有时一方被另一方"甩"了，两人"吹"了，"对儿"就要重新组合。写（姑且叫作"写"吧）那副对联的，大概就是一位被"甩"的男同学。不过，也不一定。

警报时间有时很长，长达两三个小时，也很"腻歪"。紧急警报后，日本飞机轰炸已毕，人们就轻松下来。不一会儿，"解除警报"响了：汽笛拉长音，大家就起身拍拍尘土，络绎不绝地返回市里。也有时不等解除警报，很多人就往回走：天上起了乌云，要下雨了。一下雨，日本飞机不会来。在野地里被雨淋湿，可不是事！一有雨，我们有一个同学一定是一马当先往回奔，就是前面所说那位报告预行警报的姓侯的。他奔回新校舍，到各个宿舍搜罗了很多雨伞，放在新校舍的后门外，见有女同学来，就递过一把。他怕这些女同学挨淋。这位侯同学长得五大三粗，却有一副贾宝玉的心肠。大概是上了吴雨僧先生的《红楼梦》的课，受了影响。侯兄送伞，已成定例。警报下雨，一次不落。名闻全校，贵在有恒。——这些伞，等雨住后他还会到南院女生宿舍去敛回来，再归还原主的。

跑警报，大都要把一点值钱的东西带在身边。最方便的是金子，——金戒指。有一位哲学系的研究生曾经做了这样的逻辑推理：有人带金子，必有人会丢掉金子，有人丢金子，就会有人捡到金子，我是人，故我可以捡到金子。因此，他跑警报时，特别是解除警报以后，他每次都很留心地巡视路面。他当真两次捡到过金戒指！逻辑推理有此妙用，大概是教逻辑学的金岳霖先生所未料到的。

联大师生跑警报时没有什么可带，因为身无长物，一般大都是带两本书或一册论文的草稿。有一位研究印度哲学的金先生每次跑警报总要提了一只很小的手提箱。箱子里不是什么别的东西，是一个女朋友写给他的信——情书。他把这些情书视如性命，有时也会拿出一两封来给别人看。没有什么不能看的，因为没有卿卿我我的肉麻的话，只是一个聪明女人对生活的感受，文字很俏皮，充满了英国式的机智，是一些很漂亮的 Essay，字也很秀气。

这些信实在是可以拿来出版的。金先生辛辛苦苦地保存了多年，现在大概也不知去向了，可惜。我看过这个女人的照片，人长得就像她写的那些信。

联大同学也有不跑警报的，据我所知，就有两人。一个是女同学，姓罗。一有警报，她就洗头。别人都走了，锅炉房的热水没人用，她可以敞开来洗，要多少水有多少水！另一个是一位广东同学，姓郑。他爱吃莲子。一有警报，他就用一个大漱口缸到锅炉火口上去煮莲子。警报解除了，他的莲子也烂了。有一次日本飞机炸了联大，昆明北院、南院，都落了炸弹，这位郑老兄听着炸弹乒乒乓乓在不远的地方爆炸，依然在新校舍大图书馆旁的锅炉上神色不动地搅和他的冰糖莲子。

抗战期间，昆明有过多少次警报，日本飞机来过多少次，无法统计。自然也死了一些人，毁了一些房屋。就我的记忆，大东门外，有一次日本飞机机枪扫射，田地里死的人较多。大西门外小树林里曾炸死了好几匹驮木柴的马。此外似无较大伤亡。警报、轰炸，并没有使人产生血肉横飞，一片焦土的印象。

日本人派飞机来轰炸昆明，其实没有什么实际的军事意义，用意不过是吓唬吓唬昆明人，施加威胁，使人产生恐惧。他们不知道中国人的心理是有很大的弹性的，不那么容易被吓得魂不附体。我们这个民族，长期以来，生于忧患，已经很“皮实”了，对于任何猝然而来的灾难，都用一种“儒道互补”的精神对待之。这种“儒道互补”的真髓，即“不在乎”。这种“不在乎”精神，是永远征不服的。

为了反映“不在乎”，作《跑警报》。

赏读

昆明，这个汪曾祺生活了七年之久的地方，在那战火纷飞的年代，这座小城留给他的，多年后再度忆起，唯有幽静而深远的翠湖、连绵而诗意的雨、沾着白露的兰花以及谐趣而从容的跑警报……

汪曾祺先生的《跑警报》，是一篇以白描见长的叙事性散文。20 世纪三四十年代，抗日战争依旧如火如荼地进行中，日本发动的这场侵略战争带给中国人民的是罄竹难书的灾难。作者节选了西南联大师生战火中躲避空袭这一历史缩影，用干净、平和而温暖的文字向我们解开战争年代人们的求学、生活。

何谓“跑警报”？汪曾祺如是云：“‘跑’和‘警报’联在一起，构成一个语词，细想一下，是有些奇特”，却“觉得很合适”。“跑”，没有“躲”的消极，去了“逃”的狼狈，“于紧张中透出从容，最有风度，也最能表达丰富生动的内容”。文章以“跑警报”为线索，把重大事实生活细节与典型人物的个性化描写相融合，使文章既有历史的厚重感，又不失俏皮活泼。如颇有隐逸风骨、最善于跑警报的马同学，常一壶水，一卷诗，往来于学区、郊外；又如身在哲学而心系航空，“一副贾宝玉的心肠”的侯同学；又如每每跑警报总专注于地面的拾金子逻辑学研究生。所谓正反相依，有跑警报的，自然有不跑警报的：一有警报就洗头的罗同学；一有警报就炖莲子的郑同学，一次飞机轰炸了联大，北院、南院都落了炸弹，这位郑老兄“依然在新校舍大图书馆旁的锅炉上神色不动地搅和他的冰糖莲子”。这份淡然连汪曾祺先生都叹服。此乃学子们的生活图景，那么昆明的普通老百姓，他们又是如何生活的呢？做小买卖的将担子挑到了郊外，生意也是极好的。在沟上看书、闲聊、打桥牌……汪曾祺先生以悠闲笔调向我们呈现了空袭警报下中国人的种种人生状态。其用字用词有一种随心性的“精细”，这种处理，使平淡的文字有了直指人心的力量，流露出对生命的一种关怀和爱，是作者立足于个人经历对中国精神的另一种参悟。

我们这个民族，长期以来，生于忧患，已经很“皮实”了，对于任何猝然而来的灾难，都用一种“儒道互补”的精神对待之。这种“儒道互补”的真髓，即“不在乎”。这种“不在乎”精神，是永远征不服的。

中国，这个古老的国家；中华民族，这个悠久的民族，它的成长历经了太多的磨难，它的文明却从未因苦难而中断、消逝。如此艰难的抗战时期，我们的人民，依然在渺无希望中为自己找到了一条路。即使在无奈而压抑的生活状态中，每个人都乐观而努力地活着，这是中华文化赋予我们的坚韧而顽强的生命性格。汪曾祺先生落笔之处，有对战争的抗议、憎恶，有为倔强、不认输的民族气节的自豪、骄傲。灾难面前，人们这种宽容豁达无畏的乐观精神，让人们即使在最黑暗的岁月，心中依然怀有希望的火苗，而这火苗，终有一天足以燎原。

作品

清水里的刀子[①]

石舒清

和自己在同一面炕上滚了几十年的女人终于赶在主麻前头埋掉了。坟院里只不过添了一个新的坟包而已。这样一种朴素的结局，细想起来，真是惊心动魄。马子善老人是最后一个走出坟院的，在走出坟院门的那一刹那，老人突然觉得自己的鼻腔陡然一酸，似乎听到一个苍老而又稳妥的声音附在自己的耳畔轻轻说，好啊，老东西，你命大，让你又逃脱了，那么就再转悠上几天，再转悠上几天就回来，这里才是你的家。细想想，你在外面转的时间也不短，长得很了啊。马子善老人诚恳地点着头，是啊是啊，实在是在外面混得太久了，把那样一个鲜活的婴儿，把那样一个强壮的青年混成了目前这副样子，这使他觉得尴尬而辛酸。马子善老人记得，他是孩子的时候，村子小得像一个羊圈，坟院远没有现在大，但那时候的坟院也显得空空的。到如今村子已经很大了，坟院已经突破，成了眼下几乎和村子一样大的规模，而且里面密密麻麻地排列着坟堆，似乎几个村子的人都死光了都埋在这里，但实际上随着死人越

① 选自《开花的院子》（时代文艺出版社 2001 年版），有删改。石舒清，1969 年生于宁夏。著有《黄昏》《西海国的事情》《眼喜欢》等。

来越多活人也越来越多。马子善老人就在死人和活人都增多的过程里一天天一天天活到了七十多岁，衰老成了如今这副样子。马子善老人有时在水面上看一看自己苍老的影子觉得不可理解，他真讲不清是什么将自己变化得如此苍老。坟头一多，连坟院里也似乎热闹了，这使马子善老人有些淡淡的失意，他喜欢空旷寂寥的坟院，喜欢坟头很少，大家相互珍惜着经历永恒的时间；坟头一多，使人觉得到这里以后会像外面那样勾心斗角，争争吵吵。但毕竟坟院比尘世要宁静得多，毕竟人们都在黄土下埋得很深，连串个邻近的门都是不可能的了。送葬的人都走尽了，院门外的净土上印着很多的脚印，大家来时的脚印和去时的脚印重叠了，这样就使得许多脚印都失去了方向。人们走得多么快，只留了一些模模糊糊的脚印，但终有一天人们要把自己留在这里的。谁都不免把自己留在这里的。日光倾泻在坟院里，使坟院像一个庞大的废墟。看这天空多么像一个大大的钟面啊，日头不过一滴水银。在这巨大的钟面上无休止地晃来晃去。马子善老人瞅了瞅日头，日头自然也是看着他，马子善老人突然感激自己鼻腔的那一酸楚了，不然自己会很忽略地走出坟院的，正是那一酸楚使自己留在了这样一个重要的位置上。坟院门上，这就是生死之门，人应该在这里多站站的。马子善老人觉得自己是那样渴望在这里多站一会儿，躲在坟院深处是不好的，毕竟自己还活着嘛，可是盲目地到尘世上去就更不好。去干什么呢？似乎就没有什么可干的了。现在最好就是在这样的位置上多站一会儿，多想一会儿。想法很多的，想法会使人有一种觉悟的幸福。这么大的天空只有日头独自走长路实在是太孤单了，马子善老人看看日头觉得日头很孤单。孤单着也好，有时候奇怪地觉得孤单着也是一种福分。马子善老人回头看了看坟院，只这么一会，老婆坟头的土已没有刚才那样新鲜了，他想起自己将老婆用一匹小青驴从南山里驮来给自己当媳妇的事，老婆头上戴着红纱，两只鞋面上绣满花的脚在铜镫里摆着，随着铜镫一荡一荡，一荡一荡，让人的心生出化雪的感觉。那时候想不到那样年轻好看的媳妇最终会归宿于这样一个坟包。马子善老人轻轻叹一口气，应该在这里多走走的，应该在这里多看才是，这里才是家。那个用血肉温暖了一辈子几辈子的家如今不是自己的了，那是儿子孙子他们的家了。但儿子孙子们不久也会到这里来的，那么这个家究竟是谁的家呢？马子善老人想，该找李乡老讲讲了，该跟他给自己要一块地皮了，得好好找一块长眠之地，不然，草率地一死，让人埋到一个窄狭处，可就坏了。马子善老人突然非常地渴盼能知道自己什么时候死，他站在坟院门口喃喃自问，主啊，我究竟在几时呢？你能悄悄地告知我吗？四周一片寂静，坟院里的风微凉地掠过他的脸面，有些竟吹入他耳朵的深处。他想自己若是知道自己归真的一刻，那么提前一天，他就会将自己洗得干干净净的，穿一身洁洁爽爽的衣裳，然后去跟一些有必要告别的人告别，然后自己步入坟院里来，找到自己的长眠之地，含着清泪，诵着《古兰经》，听任自己的生命像和风那样一丝丝吹尽。想到必死无疑的自己连自己什么时候死都不知道，想到自己会在毫无准备的情况下死掉，他突然觉得一种异常的伤感与恐惧。他想起一句人们常说的话来，尤其那些善说大话的人也这样说，那些人，在他们说了一世界大话之后，突然会说，我除了不知道我几时死，再啥我不知道呢？听听，再善于讲大话的人，他也不知道他几时死。

回到家里，耶尔古拜还拿着他母亲的照片抽抽噎噎地哭着。他想劝劝儿子，又没劝，劝也是白劝。他想，儿子若到了自己这个年龄就不会因亡人而哭了。自己若在儿子那个年龄，大概也还是要哭的。这都是很自然的事。儿子见他回来了，就眼泪巴嚓地过来问他，如何搭救亡人。这里都是这样信仰的，亡人一入土，冥冥处就开始拷问他（她）的罪过了，亡人都有着一个罪人的身份。因而活着的亲属就得施行一些搭救亡人的仪式。有钱人家，搭救的排场是很大的，但人还是贫寒之家居多。那么宰一只鸡，烙两个油馕，也还是不比有钱人家差的。阿訇们说，有时候举念一枚枣，比举念一峰骆驼都贵重。但实际上人们还是看重骆驼，觉得骆驼贵重。人们也毕竟都是很世俗的，毕竟觉得宰一峰骆驼的搭救效力要远远强过宰一只鸡。儿子眼泪巴嚓地来问他如何搭救时他说，量力而行吧，七七的日子上点一根香，烙两个油馕就成了。儿子说，别的都可以将就，四十不能将就啊，四十日那天来的人多，不要说宰一只鸡，宰一只羊都不行，人笑话呢。他说，宰羊不行你还要宰啥。这样说时他突然想到家里那头老牛，他的心猛地一紧，什么都说不出来了。儿子又落下眼泪来，说，大，我妈苦了一辈子，活的时节没活上个好，殁了，咱们要把亡人当个事呢。他什么都没说，他担心什么一般闭着眼睛，似乎老牛就在他闭着的眼睛里了，悠闲地摇着干燥的尾巴。静了片刻，儿子说，大，我想，咱们那个牛，也老了，再买个嘛咱们也没钱，你看……他就觉得自己的心上被一只漆黑的拳头捣了一下。他凉凉地看了儿子一眼，说，把他宰了，地拿啥犁？儿子声音很低地说，它还能犁几年呢？是啊，老黄牛确乎是老了，经它拉朽的犁都有好几副了，还指望它能犁多少地？而且它活着也不过是个犁地而已。它最终就能免去一刀之劫吗？宰就宰了吧，他听到自己心里凉凉地说。但儿子似乎听到了，他看见儿子点了点头。他心里有什么东西在具有力度地纠缠着，又像是空空如也。

耶尔古拜牵着老黄牛走到西边的墙角下，清晨的阳光照亮了墙壁和牛的一部分，使牛身有着两样颜色。在光里的那一部分黄着，显得干燥，处在阴影中的部分却是紫色，显得厚重。牛那么温驯，耶尔古拜用一根指头粗的草绳子就牵走了它。它不缓不疾地走着，像是驮着什么极重的担子，又像了悟了什么一样显得旷达而随意，它和耶尔古拜之间的草绳软软地垂着，其实不是耶尔古拜在牵它，而是它跟着耶尔古拜走着罢了。它走到墙根下，就像一座山那样稳稳地站住了。阳光落在它那阔大的脸上，它微眯着眼，不疾不缓，悠闲而舒适地反刍着，显得自在而受用。耶尔古拜端了一大盆清水来，他这些日子每天都要把牛洗一次，这样老牛像是穿了新衣裳，显得稍稍年轻与精神了一些。耶尔古拜用一把大刷子蘸了清水洗着牛身，洗得很是详尽，他还把洗衣粉洒在牛身上，他把牛脖子里的褶皱用手指舒展开来洗着，把它的尾巴搭在自己的肩上，洗着它的臀部，他把牛蹄子都洗到了，他把女儿缺了齿的梳子拿来，将牛尾浸湿，然后像好看的女子梳理自己的长发那样梳着长长的牛尾。牛微闭着眼睛，忘我地享受着对它无微不至的洗浴，似乎这个被洗着的身体不是它的一样。耶尔古拜把牛洗净，用一领干净的毛巾擦干它，然后站在远处欣赏它。他很满意地点着自己的头。洗完牛，他就抱来新铲的鲜草给它吃，看着肥嫩的苦苦菜叶被牛大口大口香甜地吃着，看着牛瘪瘪的肚子有些夸张地鼓起来，耶尔古拜真是很有着一种难以言述的喜悦。他对母亲的强烈的情感与念想都寄托在这牛身上了。他觉得自己不是在伺候一头牛，而是虔敬地侍奉着自己敬重的一位老人。自从举意在母亲的四十祀日要用这头牛时，他就觉得这头牛已超越了其它一切牛，这头被举念了的牛已有了一种独特的品质与意义。它将携带使命去拯救苦海中因自己的罪行而受难的亡灵。耶尔古拜有时用心地洗着这牛，莫名其妙地有着一种感动，有几次更是匪夷所思，他突然想对着这牛，泪雨婆娑地喊一声娘，这愿望竟是那样强烈，使他几乎不能抑制。他觉得自己这么多年竟是把牛看轻了，牛有着博大而宽容的心灵，他觉得牛实在是一种了不起的生命。宰一只鸡怎么能跟宰一头牛相提并论？他真心地觉得，宰一头品质卓越的牛实在是能免却一份很大的灾难。他一点也不怀疑这头牛对他母亲的巨大作用。他觉得在举念之后，它就不是在人间的生命了，他一定会归宿到一个令人向往的地方。一只鸡可以生活在群星后面的天庭里吗？不能的，但一头牛却能。牛可以凭着它不改的忠厚和善良堂而皇之地走进一切巨大的宫殿之门。因此耶尔古拜像干着一件神圣的事业那样伺候着这头牛，使它一天一天地健壮起来，一天一天地年轻起来。耶尔古拜看着，心里有着难以言述的感动与狂喜。当牛大口大口地吃着鲜嫩的草时，马子善老人偶尔也会走过来，蹲在一旁看牛吃草，他脸上的表情没有耶尔古拜那样鲜明。他对耶尔古拜说，瞅它这吃，就像它还能活一千年。然后不待儿子说什么，拿起一大朵肥嫩的苦苦菜，将一片菜叶脆脆地折裂，立即溢出稠稠的奶汁来，马子善老人皱皱眉，说，唔，这么多的奶。

就这样，四十的日子一天一天像一大团阴影那样悄然地逼近了。

四十日的前三天，晨光给高高的树梢上淡淡地涂了一抹金色。无数的麻雀在巨大的树冠里异常激越地吵着，让人的心里荡开着一粼一粼很温馨的银波。马子善老人正在离树冠较近的高房子里精心地粘《古兰经》，经典历时久了，纸质已经泛黄，而且轻若鸿毛，但上面的字迹却似愈加清晰。突然耶尔古拜跑上来有些焦灼地说，老牛吃也不吃了，喝也不喝了，昨夜里放在槽里的清水与鲜草原模原样地放着。马子善的心强烈地一动，他把没有粘好的经典摊开在桌面上有阳光的地方晒着，自己匆匆随儿子来到了牛棚。牛棚盖在大门的外面，平时看不出，这一刻才发现这牛棚有着一些缝隙，一些金叶似的阳光从那些缝隙里照进来，很短，往往在空间就莫名地消失了。牛棚里很干净，有着一种促人感动的牛粪气息。牛宁静端庄地站在那里，像一个穿越了时空明澈了一切的老人。它依然在不缓不疾、津津有味地反刍着，它平静淡泊的目光像是看见了什么，又像是什么也无意看。它的肚子明显有些瘪。槽里有一盆清水，清得像能生出莲花来，显然，这水没有动过，盆旁边是草，显然也没有动过，一夜之间，那么鲜嫩的草有些蔫了。大，你看，这水，它一口都没喝，还有草，都没吃。儿子有些焦灼地说。牛像是没有看到他们父子俩，它投入而又忘我地反刍着自己的东西。儿子突然问他说，大，是不是……他知道儿子要说什么，他的鼻腔深处强烈地一酸，喉头处像硬硬地梗了一个什么硬物，他觉得自己的泪水带着一股温热迅疾地流下来了，他连忙转过头，有些踉跄地疾疾地走了出来。日头升高了一些，光星像凌乱的雪花那样扑面而来，他低下头像在风里面似地走着，上了高房子，麻雀吵得愈加热烈。他坐在炕边上，两手蒙住脸，感觉泪水在指缝里流出来了。他说不清自己为什么要流泪，更说不清自己为什么竟有那么多泪，似乎还有要哭出声来的欲望。终于呜呜咽咽地哭出来了，心像一个大海那样激情难抑，心里满满地都是感动。耶尔古拜诧异地出现在门口，阳光使他的正面显得很暗。见父亲那样，他显得有些无措，很快又走下去了。麻雀们不知受到了怎样的打击，轰一声响，骂咧咧地飞了，余下几只在树里，有些胆怯和猜测地鸣着。马子善老人不能自抑地哭了一会儿，感到自己像激流那样平缓了下来，他有着大病初愈那样伤感而美好的心境。他觉得有些罪过，把这么了不起的一个生命竟忽略了，竟像畜牲那样役使了它几十年。想起犁地时候他打在它背上的鞭子，他觉得愧疚而难过，如果谁用鞭子打他相同的数量以示惩罚，他一定会很乐意很感激的。还想起一件事来，那就是牛一边拉着犁走一边扬起尾巴拉粪，当时觉得没什么，渐渐就觉得这真是过于残忍了，我们人连一个拉粪的机会都不会给它，在它拉粪的时候我们还不放过它，还在役使它——哪里知道它竟是这样一个高贵的生命！马子善老人又想起槽里的那盆净无纤尘的清水，那水在他眼前晃悠着，似乎要把他的眼睛和心灵淘洗个清清净净。那是一盆怎样的水啊。在那样清澈的水里，果真有一把银光幽幽的刀子吗？记得老人们都讲过的，说牛这样的生命是大牲，如果举念端正，把牛能用到好路上，那么，这头牛在献出自己的生命之前，会在饮它的清水里看到与自己有关的那把刀子，自此就不吃不喝了。显然，这头不吃不喝的老牛是看到自己的那把刀子了，就在它面前的那盆清水里看见了。马子善老人真切地觉到一种难言的强烈的震动，他那么不能自禁地要为此流一些眼泪。

过了一天，过了两天，牛还是不吃，盆里的水有些浑了，草也蔫得像野风吹过一样，牛肚子触目惊心地瘪下去了。两个后胯那里有着两个深坑，里面可以卧两只母鸡了。但牛依旧静静地立着，双眼微闭，依旧在轻轻地反刍着。没有什么可以质疑的了。这了不起的生命，它竟然这样的韬光隐晦，竟为人役使地度过了自己艰辛的一生。马子善老人心里有了一种驱之不散的肃穆。只要他一闭眼，在他内部的视野里，就有一盆清得让人像涟漪那样微微颤栗的水，在这水里，慢慢就会生出一把世所罕见的刀子，在清水的深处像一种暗藏的秘密那样不断地向你闪悠着银光。马子善老人感恩地点着自己的头，泪水在他的脸上流着，他喃喃说，你比我强，你知道你的死，可是我不知道。他记得老人们讲过，像牛这样的大牲，看到清水里的刀子后，就不再吃喝，为的是让自己有一个清洁的内里，然后清清洁洁地归去。原来是这样的一种生命！这两天里，飞散的麻雀又聚在树梢上了，马子善老人把翻阅破了的经典精心粘好，放在桌面上，大大的玻璃窗上，阳光照进来，像金子那样的阳光落在大大的桌面上，落在摊开的古老的经典上。

马子善老人坐在高房子外面，纷乱的麻雀声像阳光下的雨泡儿那样明明灭灭个无休无止。他浴在阳光里，想起年轻的时候，老牛还不老，也还年轻，和他一般有着暴烈的脾气，不时就将自己那样一个健壮而沉重的身子腾起在半空，在半空里有力而又极度紧张地扭曲一下，它后面还是拖着犁的啊，就将地犁得乱七八糟，马子善老人欣慰地想着这些，喃喃说，原谅我吧，咱们都有过年轻的时候嘛。然而最令他伤痛不已的是，牛知道它的死，他贵而为人，却不能知道。

明天就是四十祀日了。这些日子阳光总是出奇的好。人总觉得自己是被置身在一个阳光的世界里。耶尔古拜拿了一把刀子来给他磨。刀子足有一尺多长，长久地不用，上面已生了红锈。但刀子是可以磨得锋利的。他借了村里最好的磨石来，灌了一铜汤瓶清水，把清水倒在磨石上，磨石上就像显出了一篇碑文。他想他一定要把刀子磨好，红锈在清水里像血丝那样迟疑地流动着，他想他一定要把刀子磨出银子那样的光来。他突然想牛在清水里看到的刀子，是自己磨的这一把么？一定是的，还能是哪一把呢？因此一定要把手里这把刀子磨得和清水里那把一模一样，不然就对不起那不凡的生命啊。他一边用力地磨着刀子，一边看见自己的眼里有亮亮的东西掉下来，溅到青青的磨石上和耀眼的刀刃上，儿子走过来对他讲什么，他不抬头，儿子就走了。

那天夜里星星密缀了天空，使整个天空显得沉甸甸的。没有风，偶或撞到极细微的一丝，倒给人一种担心与警觉。夜深的时候，马子善老人顶着满天星光悄然钻到牛棚里去，直到寺里喊邦克时才钻出来，他的脸有些苍白。

那时候星星已落掉不少，像被摘去果子的枝头那样，天空显得比深夜时轻渺了许多。耶尔古拜已经起来扫院子了。马子善老人对他说，家里的事你看着弄吧，我去县上买些调和之类的东西。耶尔古拜说大你今儿不能走啊。老人不答他的话，拿出一根很白很厚的毛巾来，说，宰的时候用这个把眼睛蒙上。耶尔古拜说，大，今儿你不能走啊。但马子善老人走了。一直到了日落，他才回来，他的脸总之是有些苍白，他先到牛棚里转了一圈，然后他像是下了一个决心，他走进门里去了，但是他很快站住了，他看见一个硕大的牛头在院子里放着，牛头正向着他，他不知道牛的后半个身子哪里去了。他觉得这牛是在一个难以言说的地方藏着，而只是将头探了出来，一脸的平静与宽容，眼睛像波澜不兴的湖水那样睁着，嘴唇若不是耷在地上，一定还要静静地反刍的。他有些惊愕，他从来没见过这么一张颜面如生的死者的脸。

赏读

《清水里的刀子》是回族作家石舒清的成名作。作品从回族父子二人与一头老牛的故事说起，从普通人的生死写起，窥探生死的秘密。小说充满了一种肃穆而庄严、敬畏而虔诚的宗教感、仪式感，是对死亡的诗化叙事，是刺破死亡迷障的通透。

因老婆去世而对死亡难以释怀的马子善老人；因母亲去世而执着于风俗祭祀的耶尔古拜；因预知被宰杀而伫立反刍的老黄牛：三者构成了一个稳定而又微妙的三角，而这个三角又随着老黄牛的死亡而摇摆，这份摇摆迫使我们更深入地思考生与死的命题。在我们的叙述传统里，死亡总是被赋予伟大而崇高的意义，比如革命，比如信念，往往是一种“舍生取义”“视死如归”的姿态。但历史并不仅仅是英雄的历史，也是普通人的历史，敏感而脆弱的个体直面死亡时的隐秘体验或许更是人类发展历程中不可估值的财富。

石舒清的文字，探寻普通人的生死信念，在诗化而感伤的叙述里奏响生与死的华丽乐章。生，是绚烂而美好的，但生又不可避免地向死而立。人一出生就注定不断迈向死亡。面对妻子的去世，凝望那新垒的小土包，马子善老人对人类最终的归宿感到迷茫、不解，面对儿子执意宰杀老牛祭祀，马子善老人并未过多地参与或干预，即使是“蹲在一旁看牛吃草”的时候，“脸上的表情也没有耶尔古拜那样鲜明”，只是平静。仪式，或许是对人们情感期待的庄严表达，却不是唯一。它对现实生活并不具有穿透力和超越性，某种程度上，更可视为在世之人寻求心灵慰藉的一剂处方。面对宗教祭祀仪式，马子善老人，比儿子更能看透这一宗教仪式的世俗本质，人们所寄托的情感也必将随着仪式的结束而飘逝耗散在尘世的俗念中。所以，当儿子怀着极大的热情与虔诚准备这一仪式的时候，马子善老人却像个局外人似的“在离树冠较近的高房子里精心地粘《古兰经》”。这一份超脱尘世生死的悠然沉静，是对生的彻悟，是一份静置心底的宗教情怀。从最初对相伴几十年老婆到头不过变成为一抔黄土的耿耿于怀，到目睹老黄牛静待死亡后的释然，马子善老人面对人类这一无法超越的生存困境的觉知，反而平添了许多从容和冷静，“心灵在生存之外获得安放”。

万物有灵，生命无别。真正的信仰是一种由心而生不带任何俗世功利色彩只求心的纯粹、灵魂的净化的坚韧努力。石舒清的文字让无数为世俗所纠绊的生命觅得一处宁静，其为文，是在深重的人性忧思中对失落的生命神性和悲剧精神的追寻。石舒清对死亡的解读，超越了世俗的牵绊而沾染了神性的光辉，所谓“向死而生”，生死本无分，不过是更换了一种存在形态罢了。

作品

铁钉[①]

郑小琼

铁钉

在炉中，她把自己熔铸成一颗铁钉
在墙上安置好她有些孤独与冷清的
下半生，主人在她的身上悬挂着
塑料袋，袋中的青菜，香葱，鸡蛋
油腻的肉块，她在缄默中接近生活
时光在她的身上生锈，光泽的年华
变成枯黄，暗红，她不说话，即使
回忆不断把她带进曾经火热的往昔
本来可成为运转的机台，却不留心
变成了一枚小小的铁钉，像隐形人
站在墙上，目睹生活的庸常，但是
内心真正的庸常，对于生活，她还
不那么绝望，相反，热爱着生活的

① 选自《郑小琼诗选》（花城出版社 2008 年版），有改动。郑小琼，1980 年生于四川南充。著有《黄麻岭》《铁》《内心的坡度》等。

平淡，主人间喋喋不休的争吵或者
谈话，她已甘于日常的平静，半截
陷身于墙间，时间一点一点积蓄着
锈一点一点吞噬着，每天，还接受
锃亮的铁器嘲笑，伟大的上苍把她
铸造成一枚铁钉，人生已是失败
现在她被固定墙上，这更是不幸
但她从不怨恨，她满怀宽恕地接受
命运，她知道生比死更勇敢而平静

赏读

郑小琼，作为中国南下广东的打工者之一，亲身经历、目睹了城市繁荣背后，为现实所逼迫、压榨的打工群体的苦难和悲哀。他们用长满老茧的手掌，用彻日彻夜的劳作，撑起了中国今日的繁荣与幸福，但，他们却逐渐被遗忘。在时间的间隙，如同他们从未存在一般，从未有人问过他们的名字。郑小琼的诗歌，孕育于如此现实，诞生于这样一个时代：机台、树影、厂区、小卖部等意象不断出现，平静的叙述文字，或者可以说是一部打工者的血泪历史。

《铁钉》一诗，以第三者自述的角度讲述了一枚小小铁钉的日常，或者说一生。“孤独与冷清”中，被固定在墙上，任时间在她身上留下斑斑锈迹，但她坚守在自我的岗位，为人类服务。她也曾有梦想，去往更伟大的地方——“成为运转的机台”，但终是成为庸常生活的一部分，但她对生活，“还不那么绝望”，相反，“热爱着生活的平淡”。这何尝不是诗人的自述，隐藏于文字之下的是诗人那颗在严冬中依旧灼热的心——一颗爱着这冷酷现实的尖利而又美好的心。“铁钉”“钉”“铁”这一反复在诗人笔下出现的意象，成为城市工业化创伤体验的隐喻。“铁”本身所具有的冰冷属性，铁代表着被锻造、被任意赋型的生存方式，是一种黑暗、冷硬的生存秩序的代名词。“铁钉”作为“铁”的一种具象外化物存在，挣扎于庸常中的“铁钉”，大概正是不屈的人性的挣扎。

“在炉中，她把自己熔铸成一颗铁钉/在墙上安置好她有些孤独与冷清的/下半生，主人在她的身上悬挂着/塑料袋，袋中的青菜，香葱，鸡蛋/油腻的肉块，她在缄默中接近生活。”

诗中，铁钉是万千打工者的化身，他们坚强、隐忍而悲凉。钉子有时候代表着一种暴力，一种劫持或胁迫性的暴力，她不由分说地穿透你我平淡的生活。被固定在墙上的不仅仅是铁钉的一生，更是社会底层群众的生存镜像。钉子有时又代表了一种被岁月温柔了的坚韧与不屈，生于庸常，但从未放弃自我，依旧爱着这个世界，被现实所挤压，但在批判中依然敢于去承担。

郑小琼是从时代创痛中走出来的诗人，她的身上凝着无数人的血泪、无数人的抗争、无数人的希望。她所关注的，所书写的，是自我真实而深刻的生活、经历，这些鲜活的印记构成了她诗歌的血肉质地，使诗所展现的不仅仅是“道义”层面的苦难，更有“精神”层面的劳作和坚守，是一种人的“持久而隐忍的悲伤”的重现。这大概就是历经底层生活的磨砺而生出的独属于郑小琼的力度与气度——她的文字有意地避开了一切风花雪月，而刻意选择了平凡到平庸的物件，以忧患和苦涩为养料，在艰难岁月中寻找自我。

作品

放弃（外一首）①

牛庆国

放弃

牵着气球在春天奔跑的孩子
很快就要跑出春天了
他和一只气球的失散
就像一棵小树放弃它的第一枚果
我知道他将来还要放弃许多
就像现在的我　即使在梦里
有时也会将一把握在手里的钥匙
有些门　你多想打开
但终究不得不放弃这个念头

① 《放弃》选自《第四届华文青年诗人奖获奖作品》（漓江出版社 2006 年版），有改动。《秋日即景》选自《新中国六十年文学大系·诗歌精选》（长江文艺出版社 2009 年版），有改动。牛庆国，1962 年出生于甘肃。著有《饮驴》《红旗，红旗，红旗》。

秋日即景

东山上娶亲
西山上埋人
山谷里走着赶集的乡亲

这是在秋天
谷物的乳汁　漫过山冈
忽然一杆唢呐　仰天吹响
吹响头顶的几只小鸟
像玻璃刀子　划出今天的暗伤

这是在傍晚
西山是太阳　东山是月亮
一个人坐在场边的碌碡上
抖了抖肩上的那件黑衣裳

赏读

这首诗的诗人牛庆国是甘肃会宁人，正如他淳朴的家乡一般，他的诗有如他家乡的高天厚土，有如黄土高原的积淀，具有某种不动声色的力量。这是林莽对他的诗的评价。而谢冕也说："牛庆国的诗生长在深厚的大地上，散发着泥土和汗水的乳息。艰难中挣扎的生命有它的庄严和高贵。"《放弃》这首诗简单而平实，没有过多的修饰，也不见吸引人的意象，但它就是有一种深厚的力量，不动声色地影响读者的思维，引起读者的共鸣。

诗歌以"放弃"为题，直接点明了这首诗的主旨，这样直截了当的方式让人感受到西北人民性格中的简单质朴。全诗可以分为两部分来欣赏。第一部分写了在春天奔跑的孩子，而第二部分则写了现在的"我"。"牵着气球在春天奔跑的孩子"是天真烂漫的，是快乐的，他努力在灿烂的春日奔跑，像风一样自由、无拘无束，没有忧郁和伤感。然而他却"很快就要跑出春天了”，他要和手中的气球失散了。这里的“春天”其实是指孩童时代，诗人是想说孩子渐渐长大，是时候告别手中的气球，告别自己的年少时代了。他放弃气球，就如同小树放弃第一枚果。要知道“第一枚”果子对于小树来说是很珍贵的，但它却不得不放弃，而这放弃的阵痛其实也是成长的阵痛。虽然第一次的放弃是艰难的，但却是每个生命必须经历的过程。这一部分中的小树和果子，与春天是相互对应的，作者如此设计，使得第一部分的内容之间紧密地联系了起来，使读者在欣赏的时候更能融入其中细细体会。另外，“孩子”这个意象可以理解为昔日之我，因为接下来诗人立即就说“我知道他将来还要放弃许多”，这是站在今日之我的角度去回首过去，现在的我经历了许多昔日之我不曾经历的事情，因此对于“放弃”这件事，现在的“我”比过去还是孩子的“我”更有经验和发言权。今昔之间的对比，以及时空错位，让“放弃”的意义更加深刻。

接下来的部分，诗人写“现在的我”。现在的我即使在梦里有时也会将一把握在手里的钥匙轻轻放下。诗人不写现实，而是写梦境，梦境中的“我”依然还在经历放弃，这说明“放弃”不论是在现实或是其他时候，都是“我”所不能逃避的事情。梦里，“我”会将握在手里的钥匙轻轻放下。这里诗人又运用了隐喻的手法，把机会机遇比作钥匙。然而这个机会不是缥缈的，而是已经握在“我”手中的机会，是可以属于“我”的机会，但是“我”却要放弃。“轻轻”一词可以读出“我”的犹豫和不舍，还有无可奈何。想象一下，放下的过程是轻轻的，也一定是慢慢的，在这个过程里，“我”的内心在经历无数次的挣扎，这是一个十分煎熬的过程。“有些门，你多想打开，但终究不得不放弃这个念头”，这里的“门”象征着人生领域，是现阶段生活的另一种方式，另一种人生经历。成长的烦恼和痛苦在于内心明明不想放弃，却仍要接受这样的结果。“终究”和“不得不”均体现了无奈和失落，但那又怎么样呢？人生就是这样的啊。不经历一次又一次的放弃，怎么能收获自己最重要的东西，怎么能掌握生命的意义呢？

诗人把过去的“我”和现在的“我”放在同一时空，以现在的“我”的经历劝说过去的“我”坦然接受放弃和失去，事实上，诗人也是通过这样的方式劝告读者学会接受，学会放弃。可以说，《放弃》这首诗在字面上并不深奥，却包含了作者的人生经验，蕴含着深刻的生命哲思。它是一首值得慢慢体会、细细欣赏的哲理诗。

诗歌是牛庆国写作的主要方式，大多以乡土生活作为题材。与其他乡土诗人不同的是，牛庆国对于诗歌创作倾注了其全部的热情与心血。在现在这个人心日益冷漠的年代，即使是乡土题材的作品，也少有真正深入体验农民生活从而使诗歌具有鲜活生命的作品了；大多只是描写乡土生活的表面，这样的诗歌没有血肉，没有心跳。牛庆国是以乡土之子的主体身份进行诗歌创作的。他走出了乡土，走出了农村，但是割舍不下对父老乡亲的牵念和记挂。所以牛庆国用诗歌为生活在乡土上的父老乡亲描绘了乡土生活，也绘下了一幅幅乡土人物的画卷。

这首《秋日即景》很短，主要由三个部分构成。在诗歌的开篇，我们可以看到两组对比："东山"与"西山"，"娶亲"与"埋人"。婚嫁是人生最为重要的几个时刻之一，象征着人生的另一个阶段。所谓"人生四大乐事"：久旱逢甘霖，他乡遇故知，洞房花烛夜，金榜题名时。可见，娶亲婚嫁是令人喜悦的。"埋人"这里大约是指葬丧，都说婚嫁是红事，丧葬是白事。死亡，显然是让人极度悲痛压抑的，与喜庆的婚嫁形成鲜明的对比。"东山""西山"，不知是否为山名，但是"东""西"显然是指方位。太阳从东边升起，西边落下，暗示了生命的诞生和逝去，正好对应了"婚嫁"与"埋人"。但是不论时间的流逝，日夜的更替，太阳是永恒的，即生死轮回，生命仍为永恒。

"这是在秋天/谷物的乳汁漫过山冈"，诗人在此点明了时间节点，即秋季。秋天在古代诗人眼中多是悲凉沧桑的，正所谓"自古逢秋悲寂寥"。但在乡土世界中，秋季并不单单是木叶凋零，秋风萧瑟而已；秋天是丰收的季节，庄稼丰收，果实成熟，生命得到最大程度的饱和。但与此同时秋天又是草木凋零、花草衰败的，目之所及满目萧条。秋季这个神奇的季节，他既象征着生，又暗示了死，生命的赞歌与哀乐此起彼伏，相互交错。也正因如此，只有处于秋季才能真切地感受到生与死，感受到生命的张力。"谷物的乳汁漫过山冈/忽然一杆唢呐仰天吹响"，这里的"谷物乳汁"或许是指山中的迷雾，唢呐经常出现在乡土作品之中，唢呐仰天吹响，为何而吹？是为了东边迎亲而吹，还是为西山上丧葬而吹？作者并没有给出答案。"吹响头顶的几只小鸟/像玻璃刀子划出今天的暗伤"，作者特意说明是"今天"的暗伤，这是谁的"今天"，是活着的人的，这份暗伤正照应了东山娶亲、西山埋人所引发的强烈冲击。事实上，不论是婚嫁的乐乐，还是丧葬的哀乐，都是生命的音乐。

在诗歌的最后，作者再次点明时间，这里的对比意象变成了“太阳”和“月亮”。在傍晚的这个特殊时间，月亮和太阳可以同时出现在天边，此时一个人坐在场边的诗人，所看到的不仅是昼夜的分割，更像是窥探了阴阳两界的分界线。作者对此没有发表过多的见解，只是“抖了抖肩上的那件黑衣裳”。

这首《秋日即景》时间感极其强烈，充满了对于生命真切的感受。婚嫁、丧葬、日出、日落，人生的短暂与生命的永恒都在强烈地冲击人们的内心。短短的几行诗，包含了作者的乡土生活体验，更多的是对于生命、时间的深刻感悟与思考。

切磋琢磨

1. 余秋雨说，“我曾有缘，在黄昏的江船上仰望过白帝城，顶着浓烈的秋霜登临过黄鹤楼，还在一个冬夜摸到了寒山寺”，原因是我们这些人的心头，“都回荡着那几首不必引述的诗”，“人们来寻景，更来寻诗”，人们“焦渴地企盼着对诗境实地的踏访”。“这种焦渴，简直就像对失落的故乡的寻找，对离散的亲人的查访。”——试问，在你的内心，是否也有着这样的“故乡”与“亲人”呢？你可曾也有试图去“踏访”实地的“焦渴”念头呢？或者，已经有过这样的实地踏访的经历？可以跟你的同学作分享交流。

2. 在上课过程中，朱光潜老师带领同学们赏读华兹华斯《玛格丽特的悲苦》诗作，说中国古诗有相似的“风云有鸟路，江汉限无梁”之句，此时竟然语带哽咽；念到最后两行时，朱老师取下了眼镜，眼泪流下双颊，突然把书合上，快步走出教室，留下满室愕然，却无人开口说话。这是文学的力量，当然也是文学名师至情的眼泪。——请问，你是否也有过类似的文学阅读的经历与体会呢？试着回想一下，当时的这种触动与感怀，是源于文字的力量，还是当时本人人生际遇的共鸣呢？

3. “本来可成为运转的机台，却不留心/变成了一枚小小的铁钉”，“伟大的上苍把她/铸造成一枚铁钉，人生已是失败/现在她被固定墙上，这更是不幸”。你是否有过这样面对理想与现实巨大落差的郁闷？可是，这枚“铁钉”却“从不怨恨，她满怀宽恕地接受/命运，她知道生比死更勇敢而平静”。——“生比死更勇敢而平静”，你是否认真地思考过这个问题呢？

4. 张爱玲的姑姑这样抱怨：“像我这样没有家累的，做着个不称心的事，愁眉苦脸赚了钱来，愁眉苦脸活下去，却是为什么呢？”“我每天说半个钟头没意思的话，可以拿好几万的薪水，我一天到晚说着有意思的话，却拿不到一个钱。”——生活当中好像有着太多这样让人感到无助、无趣的苦恼现象，我们应该如何来面对呢？如果我们也像迦叶王子那样去“静想人生的意义”，会不会也得出“人生是空的”这样让人沮丧的结论来呢？

怀采薇

导读

亲爱的读者，阅读到此刻，是否已经感觉到人生的重量？的确，经过无忧无虑的童年、满怀信心的青年、风雨漫漫的中年，我们将面对沧桑无限的老年。还没来得及细数生命的脉络，时光已匆匆流逝。匆匆的行程，如云烟一样，瞬间就被时光折叠在岁月的年轮里。念天地之千古，博世事之沧桑，阅尽人间百态，方知人生有味是清欢。希腊谚语说“认识你自己”，这是伴随我们终生的课题。

人总是在不知不觉间走过岁月璀璨的巅峰，也在渐行渐悟中领略“绚烂之极归于平淡”的滋味，从头细数，感知漫漫人生路，乃一场从“有我”到“无我”的修行。诗人里尔克说：我赞美，是在懂得了人生的黑暗、肮脏和寒冷之后。随着自我的不断扩大，我们能够超越一己之哀乐，感受千万人的悲欢。罗曼·罗兰说：“世上只有一种英雄主义，就是在认清生活真相之后依然热爱生活。”

本单元所选作品的4位作者，在写作这些作品时都已有丰富的人生阅历，都一定程度地“认清了生活的真相”，他们始终在思索着生命的根本问题。这种“思索”，恰是他们热爱生命、认真生活的证据。

白先勇的《寂寞的十七岁》用第一人称表述，让读者充分感受到主人公的懦弱、痛苦以及青春期的迷茫。主人公杨云峰是一个大户人家的少爷，他性格孤僻，学业不佳，不善交际，始终无法正视对其期望极高的父亲，在学校也成为同学嘲笑、孤立的对象。冷漠无情的学校教育和简单粗暴的家庭教育逼得杨云峰一步步走向崩溃。杨云峰的悲剧看似一出普通的少儿悲剧，实则具有广泛而普遍的社会意义。中国文化总是强调我们要学而优则仕，要衣锦还乡，却忽视了每个生命的独特性。我们来到这个世界是为了成为自己。

闫荣霞《一钵了却谁的余生》写李叔同入佛门前的才华横溢、交际甚广、生活清闲雅致以及入佛门后的与世隔绝、淡泊名利、追求内心的自由。

“一钵”指佛门清净清贫的生活，“浮生”指世俗生活，佛门的生活使弘一舍弃了尘世的一切牵挂，获得了心灵的自由，找到了灵魂的归宿。李琦的《变老的时候》《一个字》读来温婉而清润，使人充分感受到诗人对生命与生活的热爱，从容地老去同样是一件美好而优雅的事。只要有爱的甘霖滋润，我们无须惧怕走过生命的荒漠。史铁生的《命若琴弦》通过老瞎子和小瞎子的人生命运，揭示人类普遍面临的具体局限和更为抽象的生存困境，探寻了超越人生困境和存在悲剧的道路，表达了对生命终极意义的追问。

作品

寂寞的十七岁[①]

白先勇

1

回到家里，天已经蒙蒙亮了。昨天晚上的雨还没有停，早上的风吹得人难耐得很，冰浸的。大门紧闭着，我只得翻过围墙爬进去。来富听到有人跳墙，咆哮着冲过来，一看见是我，急忙扑到我身上，伸出舌头来舔我的脸。我没有理它，我倦得走路都走不稳了。我由厨房侧门溜进去，走廊一片浑黑。我脱了皮鞋摸上楼去，经过爸爸妈妈卧房时，我溜得特别快。

回到家里第一件事情就是到浴室里去照镜子，我以为一定变得认不出来了，我记得有本小说写过有个人做一件坏事，脸上就刻下一条“堕落之痕”。痕迹倒是没有，只是一张脸像是抽过了血，白纸一般，两个眼圈子乌青。我发觉我的下巴颏在打哆嗦，一阵寒气从心底里透了出来。

我赶忙关上灯，走进自己房里去，窗外透进来一片灰漾漾的曙光，我的铁床晚上没有人睡过，还是叠得整整齐齐的，制

① 选自《寂寞的十七岁》（广西师范大学出版社 2010 年版），有改动。白先勇，1937 年生于广西桂林。著有《台北人》《蓦然回首》《游园惊梦》。

服浆得挺硬，挂在椅背上，大概是妈妈替我预备好早上参加结业式用。我一向有点洁癖，可是这会儿小房里却整洁得使我难受。我的头发黏湿，袖口上还裹满了泥浆，都是新公园草地上的。我实在不愿泥滚滚地躺到我的铁床上去，可是我太疲倦了，手脚冻得僵硬，脑子里麻木得什么念头都丢干净了。我得先钻到被窝里暖一暖，再想想昨天晚上到底是怎么回事。我的心乱得慌，好多事情我得慢慢拼凑才想得起来。

2

说来话长，我想还是从我去年刚搭上十七岁讲起吧！十七岁，啧啧，我希望我根本没有活过这一年。

我记得进高一的前一晚，爸爸把我叫到他房里。我晓得他又要有一番大道理了，每次开学的头一天，他总要说一顿的。我听妈妈说，我生下来时，有个算命瞎子讲我的八字和爸爸犯了冲。我顶信他的话，我从小就和爸爸没有处好过。天理良心，我从来没有故意和爸爸作对，可是那是命中注定了的，改不了。有次爸爸问我们将来想做什么；大哥讲要当陆军总司令，二哥讲要当大博士，我不晓得要当什么才好，我说什么也不想当，爸爸黑了脸，他是白手成家的，小时候没钱读书，冬天看书脚生冻疮，奶奶用炭灰来替他焐脚，所以他最恨读不成书的人，可是偏偏我又不是块读书的材料。从小爸爸就看死我没有出息，我想他大概有点道理。

我站在爸爸写字台前，爸爸叫我端张椅子坐下。他开头什么话都不说，先把大哥和二哥的成绩单递给我。大哥在陆军官校考第一，保送美国西点；二哥在哥伦比亚读化学硕士。爸爸有收集成绩单的癖好，连小弟在建国中学的月考成绩单他也收起来，放在他抽屉里。我从来不交成绩单给他，总是他催得不耐烦了，自己到我学校去拿的。大哥和二哥的分数不消说都是好的，我拿了他们的成绩单放在膝盖上没有打开。爸爸一定要我看，我只得翻开来溜一眼，里面全是A。

"你两个哥哥读书从来没考过五名以外，你小弟每年都考第一。一个爹娘生的，就是你这么不争气。哥哥弟弟留学的留学，念省中的念省中，你念个私立学校还差点毕不得业，朋友问起来，我连脸都没地方放——"

爸爸开始了，先说哥哥弟弟怎么怎么好，我怎么怎么不行。他问我为什么这样不行，我说我不知道。爸爸有点不高兴，脸沉了下来。

“不知道？还不是不用功，整天糊里糊涂，心都没放在书本上，怎么念得好？每个月三百块钱的补习老师，不知补到哪里去了。什么不知道！就是游手好闲，爱偷懒！”

爸爸愈说愈气。天理良心，我真的没有想偷懒。学校里的功课我都按时交的，就是考试难得及格。我实在不大会考试，数学题目十有九会看错。爸爸说我低能，我怀疑真的有这么一点。

爸爸说这次我能进南光中学是他跟校长卖的面子，要不然，我连书都没的读，因此爸爸要我特别用功。他说高中的功课如何紧如何难，他教我这一科怎么念，那一科该注意些什么。他仔仔细细讲了许多诸如此类的话。平常爸爸没有什么和我聊的，我们难得讲上三分钟的话，可是在功课上头他却耐性特大，不惜重复又重复地叮咛。我相信爸爸的话对我一定很有益，但是白天我去买书、买球鞋、理发、量制服，一天劳累，精神实在不济了。我硬撑着眼皮傻怔怔地瞪着他，直到他要我保证：

“你一定要好好读过高一，不准留级，有这个信心没有？”

我爱说谎，常常我对自己都爱说哄话。只有对爸爸，有时我却讲老实话。我说我没有这个信心，爸爸顿时气得怔住了，脸色沉得好难看。我并没有存心想气他，我是说实话，我真的没有信心。我在小学六年级留过一次级，在初二又挨过一次。爸爸的头筋暴了起来，他没有做声，我说第二天要早起想去睡觉了，爸爸转过头去没有理我。

我走出爸爸房门，妈妈马上迎了上来，我晓得她等在房门口听我们说话，爸爸和妈妈从来不一起教训我，总是一个来完另一个再来。

“你爸爸——”

妈妈总是这样，她想说我，总爱加上“你爸爸——”我顶不喜欢这点，如果她要说我什么，我会听的。从小我心中就只有妈妈一个人。那时小弟还没出世，我是妈妈的幺儿，我那时长得好玩，雪白滚圆，妈妈抱着我亲着我照了好多照片，我都当宝贝似的把那些照片夹在日记本里，天天早上，我钻到妈妈被窝里，和她一齐吃“芙蓉蛋”，我顶爱那个玩意儿，她一面喂我，一面听我瞎编故事，我真不懂她那时的耐性竟有那么好，肯笑着听我胡诌，妈妈那时真可爱。

“你爸爸对你怎么说你可听清楚了吧？”

妈妈冲着我说，我没有理她，走上楼梯回到我自己房里去，妈妈的脾气可不大好，爸爸愈生气愈不说话，妈妈恰巧相反。我进房时，把门顺带关上，妈妈把门用力摔开骂道：

“报应鬼！我和你爸爸要给你气死为止。你爸爸说你没出息，一点都不错，只会在我面前要强，给我看脸嘴，中什么用呀！猥猥琐琐，这么大个人连小弟都不如！你爸爸说——！”

“好了，好了，请你明天再讲好不好？”我打断妈妈的话说。我实在疲倦得失去了耐性。妈气哭了，她用袖子去擦眼泪，骂我忤逆不孝。我顶怕妈妈哭，她一哭我就心烦。我从衣柜里找了半天拿出一块手帕递给她。真的，我觉得我蛮懂得体谅妈妈，可是妈妈老不大懂得人家。我坐在床上足足听她训了半个钟头。我不敢插嘴了，我实在怕她哭。

妈妈走了以后，我把放在床上的书本、球鞋，统统砸到地上去，趴到床上蒙起头拼命大喊几声，我的胸口胀极了，快炸裂了一般。

3

我不喜欢南光，我慢些儿再谈到它吧！我还是先讲讲我自己。你不晓得我的脾气有多孤怪，从小我就爱躲人。在学校里躲老师、躲同学，在家里躲爸爸。我长得高，在小学时他们叫我傻大个，我到现在走路还是直不起腰来。升旗的时候，站在队伍里，我总把膝盖弯起来缩矮一截。我继承了妈妈的皮肤，白得自己都不好意思。有人叫我“小白脸”，有人叫我“大姑娘”。我多么痛恨这些无聊的家伙。我常在院子里脱了上衣狠狠地晒一顿，可是晒脱了皮还是比别人白，人家以为我是小胖子，因为我是个娃娃脸，其实我很排，这从我手梗子看得出来，所以我总不爱穿短袖衣服，我怕人家笑。我拘谨得厉害，我很羡慕我们班上有些长得乌里乌气的同学，他们敢梳飞机头，穿红衬衫，我不敢。人家和我合不来，以为我傲气，谁知道我因为脸皮薄，生怕别人瞧不起，装出一副高不可攀的样子，其实我心里直发虚。

我不是讲过我爱扯谎吗？我撒谎不必经过大脑，都是随口而出的。别人问我念什么学校，我说建国中学；问我上几年级，我说高三。我乘公共汽车常常挂着建中的领章，手里夹着范氏大代数。明明十七，我说十九。我运动顶不行，我偏说是篮球校队。不要笑我，我怕人家瞧不起。爸爸说我自甘堕落，我倒是蛮想要好的，只是好不起来就是了。

我找不到人做伴，一来我太爱扯谎；二来我这个人大概没有什么味道，什么玩意儿都不精通。我贴钱请小弟看电影他都不干，他朋友多，人缘好，爸爸宠他，说他是将才。小时我在他腿子上咬下四枚牙印子，因为妈妈有了他就不太理睬我了。我想着那时真傻，其实我一直倒蛮喜欢他的，可恨他也敢看不起我，我一跟他说话，他就皱起鼻子哼道："吹牛皮。"

一到礼拜天，我就觉得无聊，无聊得什么傻事都做得出来。我买了各式各样的信封，上面写了"杨云峰先生大展"、"杨云峰同学密启"、"杨云峰弟弟收"。我贴了邮票寄出去，然后跑到信箱边去等邮差。接到这些空信封，就如同得到情书一般，心都跳了起来，赶忙跑到房里，关起房门，一封封拆开来。妈妈问我哪儿来的这么多信，我有意慌慌张张塞到裤袋里，含糊地答说是朋友写来的。

礼拜天晚上，爸爸和妈妈去看京戏，小弟有的是朋友，家里只有我孤鬼一个。我只有把来富放到客厅来做伴。来富傻头傻脑的，我不大喜欢它，它是小弟的宝贝。我觉得实在无聊了，就乱打电话玩，打空电话。有时我打给魏伯飏，他是我们班长，坐在我后面，在南光里只有他对我好。其实他家里没有电话，我是在瞎闹。我跟他说烦死了，一晚上抽了两包香烟。我常偷妈妈的香烟抽。抽烟容易打发时间。我跟魏伯飏说如果不要剃光头，我简直想出家当和尚，到山里修行去。我告诉他，我在家里无聊得很，在学校里更无聊，倒不如云游四海，离开红尘算了。我在武侠小说里常常看到有些人看破红尘入山修道的。

有时我打给吴老师，她是我小学六年级的国文老师。我碰见这么多老师，我觉得只有她瞧得起我。她把我那篇《母亲》贴到壁报上去，里面我写了妈妈早上喂我吃"芙蓉蛋"的事，我得意得了不得，回家兴冲冲讲给妈妈听，妈妈撇了撇嘴道："傻仔，这种事也写出来。"妈妈就是这样不懂人家。不知怎的，我从小就好要妈妈疼，妈妈始终没理会到这点。我喜欢吴老师，她的声音好柔，说起国语来动听得很。我不大敢跟我同年龄的女孩子打交道，在班上不是她们先来逗我，我总不敢去找她们的。不知怎的，她们也喜欢作弄我。我告诉吴老师听，我考进了建国高中，第一次月考我的国文得九十分，全班最高。我答应过年一定去跟她拜年。其实吴老师早嫁人了，跟先生离开台北了。我去找过一次，没有找到她。

我曾这样自言自语拿着听筒讲个个把钟头，有一次给小弟撞见了，他说我有神经病，其实我只是闷得慌，闹着玩罢了。

我在家里实在闷得发了馊，没有一个人谈得来的。爸爸我可不敢惹，我一看见他的影子，早就溜走了。我倒是很想和妈妈聊聊，有时爸爸出去应酬，撂下她一个人在客厅里闷坐，我很想跟妈妈亲近亲近。可惜妈妈的脾气太难缠，说不到三句话，她就会发作起来。先是想念在美国西点的大哥，想完大哥又想二哥，然后忽然指我头上来说：

"还不是我命苦？好儿子大了，统统飞走了，小弟还小，只剩下你这么个不中用的，你要能争点气也省了我多少牵挂啊！你爸爸老在我面前埋怨，说你丢尽了杨家的脸，我气起来就说'生已经生下来了，有什么办法呢？只当没生过他就是了'。"

说完就哭，我只得又去找手帕给她。去年暑假我偷了爸爸放在行李房的一架照相机，拿去当了三百块，一个人去看了两场电影，在国际饭店吃了一大顿广东菜，还喝了酒，昏陶陶跑回家。当票给爸爸查到了，打了我两个巴掌。那次以后，爸爸一骂我就说丢尽了杨家的脸。我不晓得为什么干下那么傻的事情，我猜我一定闷得发了昏。

我对我补习老师也没有真心话说。我的补习老师全是我爸爸派来的奸细。补习老师头一天来，爸爸就把他叫去，把我从小到大的劣迹，原原本本都抖出来，然后交待他把我的一举一动都要报告给他听，他跟补习老师所讲的话我都听得清清楚楚，因为我们家个个都有偷听的本事。

你说叫我跟谁去说话，只有跟自己瞎聊了。不要笑话我，我跟我自己真的说得有滋有味呢。

4

在学校里我也是独来独往的。一开始我就不喜欢南光。谭校长是爸爸的老同学，爸爸硬把我塞进去。我猜谭校长也有苦说不出。我的入学试，数学十一分，理化三十三分，英文三十五。谭校长劝爸爸把我降级录取，爸爸不肯，他说十六岁再念初三太丢人。谭校长勉强答应我试读一个学期，所以一开学爸爸就叮嘱我只许成功不准失败。爸爸死要面子，我在小学那次留级，爸爸足足有三四天没出大门，一个朋友也不见。

我不喜欢南光的事情难得数，头一宗我就跟我们班上合不来，他们好像一径在跟我过不去似的。我们是乙班，留级生、留校察看生，统统混在里面，而且我们班上女生特多，嚷得厉害，我受不了，我怕吵。

同学大略分为两三类。有几个是好学生，就像考第一的李律明，上了高中还剃个和尚头。鼻头上终年冒着粉刺，灌了脓也不去挤。余三角讲课时，他们老爱点头，一点头，余三角就把黑板擦掉，我连几个角还分不清楚。这些人，没的说头。有些同学巴结他们，为的是要抄他们的习题，考试时可以打个 Pass。我不会这套，做不出就算了，所以老不及格。

还有一些是外罩制服，内穿花汗衫的。一见了女生，就像群刚开叫的骚公鸡，个个想歪翅膀。好像乐得了不得，一天要活出两天来似的。我倒是蛮羡慕他们，可是我打不进他们圈子里，我拘谨得厉害。他们真会闹，一到中午，大伙就聒聒不休谈女人经，今天泡这个，明天泡那个。要不然就扯起嗓门唱流行歌曲，有一阵子个个哼 *Seven Lonely Days*。我听不得这首歌，听了心烦。过一阵子，个个抖着学起猫王普里斯莱，有两个学得真像。我佩服他们的鬼聪明，不读书，可是很容易混及格。

我坐在几个大女生后面，倒霉极了。上课的时候，无缘无故，许多纸团子掷到头上脸上来。这些纸团，给我前面的唐爱丽居多，给吕依萍和牛敏的也不少。“下午两点新生戏院门口 CK”，“下午五点凯利 JJ”。唐爱丽不像个高中生，我敢说她起码比我大两岁，老三老四，整天混在男孩子堆里。她敢拿起杜志新的帽子，劈头盖脸打得杜志新讨饶。一到下雨天不升旗，她就把大红毛衣罩在制服外面。我们班的女生，都不大规矩似的。大概看多了好莱坞的电影，一点大年纪，浑身妖气，我怕她们。

除了魏伯飏以外，我简直找不出一个人谈得拢的。魏伯飏不爱讲话，他很懂事，喜怒全不放在脸上，我猜不透他的心事。

你说我在学校哪还有什么意思，一个人游魂似的，东荡荡，西晃晃。一下课他们就成群成伙去投篮，上福利社，只有我不喜欢夹在他们里面，我躲在教室里面看闲书，什么小说，我都爱看，武侠小说、侦探小说，我还爱看《茶花女》、《少年维特之烦恼》，我喜欢里面那股痴劲。妈妈老说我愣头愣脑不懂事，我自己倒觉得蛮横的。我看了《欲望街车》回家难受了老半天，我不懂马龙白兰度对费雯丽为什么那么残忍，费雯丽那副可怜巴巴的样子，好要人疼的。

我上课常常心不在焉，满脑子里尽是一些怪想头。上三角时，我老在桌子角上画字，我把“杨云峰”三个字，颠来倒去写着玩，我的字真丑，连名字都写不好，我练习本上的名字总是魏伯飏替我写的，他的字漂亮。

有一次我伸头出窗外看一只白头翁在啄树上的石榴花，余三角把我抓了起来问道：

“杨云峰，什么叫对称?”

我答不出来红了脸。

“你东张西望当然答不出来，回去照照镜子，你的眼睛就跟你的鼻子对称。”

余三角自以为很幽默地解释道。全班哄笑，唐爱丽回头向我做鬼脸，我觉得她真难看，我不懂杜志新和高强他们那么喜欢泡她，两个人还为她打架呢！从此以后，余三角就对我印象不佳。第一次月考我得了个大鸭蛋，他写了张通知给我爸爸，希望家长和学校密切合作。爸爸向我提出严重警告，他又加请了一个数学老师，是师大数学系的学生，我讨厌这些大学生。·

才挨爸爸警告过两三天，我又碰到了倒霉事。王老虎要我们星期一背英文，我把这件事完全忘了。那天早上到了学校才猛然记起来，我的记性实在不好。那一课是讲空气里的水分子如何撞击凝成雨点，颠来倒去，句句话都差不多。我没去升旗，躲在教室里拼命硬背。王老虎最恨学生背不出书，她说学英文，就要死背。她骂起人来，不给脸的，我试过一次，吓怕了。我愈急愈背不出，心发慌，头顶直冒汗，我收拾了书包，跑出学校，在新公园里混了半天。爸爸接到旷课单后，有三天没有跟我说话。他连眼角也没扫我一下。吃饭的时候，他的脸黑得跟铁板一样，我低着头，把汤泡在饭里，草草把饭吞掉，躲进自己房里去。妈妈装不知道，爸爸不先发作，她不会开火的。

那三天我差点不想活了。要是爸爸即刻骂我一顿，甚至揍我一顿，我还好过些。我顶怕他黑脸，我心寒。出人意料之外，过了三天，大概妈妈疏通过一番，爸爸气平了些，他向我晓以大义，着实地教训了几句，他说我要是这学期读不及格，就别想再念书，当兵去算了。最后还要我写过悔过书，发誓不再逃学。

唉！我觉得做人真麻烦。

5

我从小就恨体育，我宁愿生来就是个跛子；像我们班谢西宁那样，坐在篮球场边替同学们看管衣服。我比他们发育得早，十七岁的人，胳肢窝及大腿上的汗毛都长齐了，我们上篮球和足球课时，赖老师规定要我们打赤膊。他们都笑我是猴子变的，全身的毛，我恨透了。有一次踢足球，我躲到竹林子里没出来参加，赖老师罚我脱去外衣裤在操场中央做十个伏地挺身，他们都围着我笑，高强蹲下来拍手叫我加油，杜志新用手拔我腿上的毛，我用脚蹬他，没有蹬到。

学期中的时候，赖老师要我们做体能测验，全是机械运动。他叫魏伯飏带队领我们去操场，他亲自在单杠那儿挖沙地。前几天下过雨，沙地都结成了硬块。第一项测验项目就是倒挂金钩，我顶怕那个玩意儿，我从来没有翻上去过，我的手臂跟身体一点都不平衡，细杆子似的，没有劲道，放学时，我瞅着没人，也去练过几天单杠，可是无效，我的腿太长，拖在下面翻不上去。我们排队坐在沙池旁边等候，赖老师按着学号，一个个叫上去做。头一号是高强，他简直是个猴儿，浑身小肌肉块，他一上体育课就脱得赤精大条，他在手掌上吐了一泡吐沫，抹把沙子，起身一纵就翻了上去。第二个是李律明，我以为他只会读书，一定不会这套把戏。他脱下眼镜，不慌不忙，居然一纵也上去了。我有点失望，心里开始发虚了。赖老师一个一个叫着，我坐在沙地边好像上了法场，等着去砍头似的。他点到第三十号，我硬着头皮走上去，抬头看看那根杠子，天那么高。我也学他们在地上抹抹沙子，我明明晓得无济于事，我在拖时间，做最后一分钟的挣扎。我跳上去抓住了杠子，用力蹬了两下没有用，翻不上去。我拼命蹬踢，蹬得整个人在半空中来回晃荡。我猜我的样子一定很难看，他们在我对面一直发笑。我跳了下来，听见有人笑道："杨云峰踢得像只青蛙！"

赖老师不肯饶过我，他一定要我上去试。又是一番蹬踢，还是不行。他叫几个同学上来托住我的屁股，往上用力一送，把我翻到空中去，我觉得一阵头晕，心一慌，手滑开了，一跤摔进沙坑里去。我觉得满头金星乱迸，耳朵雷鸣一样。我趴在沙坑里没有动，嘴巴里塞满湿沙块。我听见他们笑得厉害，我宁愿摔死了算了。

有一个人走过来把我扶了起来，我一看，是魏伯飏。我赶忙低下头把嘴里的沙子吐掉，我干笑着直说没关系，我不愿他看见我这副狼狈样子。他扳起我的脸说：

"你的鼻子流血了。"

经他一讲我才发觉一嘴巴的血腥气，整个脸都摔麻木了。我感到有点头晕，晃了两下。魏伯飏赶紧抓住我的膀子，我掏了一下，没有带手帕。魏伯飏拿出他的来捂到我鼻子上说：

“你把头仰起来，靠在我肩上，我陪你到医务室去，你的脸色白得怕人。”

赖老师叫我先回家，不必参加降旗了。魏伯飏扶我到医务室，里面没有人。他叫我躺下来，他去把杨护士请了来。杨护士用硼酸水把我鼻腔及嘴巴的泥沙洗去，用两团棉花球塞到我鼻孔里。我只好张开嘴呼吸，我的手肘及膝盖也擦了，杨护士要替我擦碘酒，我不肯，我怕痛，她替我涂了点红药水。

我把魏伯飏的手帕弄脏了，浸满了血块，我说拿回去洗干净再还给他。

“你不要说话，躺一会儿就好了。”他说。

“你去上课吧，我就会好的。”我说。

他不肯，他要送我回家，他说我的脸色太难看。他回教室清理东西，把我的书包也带来了。他跟我慢慢走到大门口去，我的头晕浪似的。他叫了一辆三轮车，我们一同上车。

走到半路，我的鼻腔又开始流血了。魏伯飏把手臂伸过来，他叫我把头仰起来枕到他手弯里，那样血可以流得缓一些。鼻血流进我嘴巴里，又咸又腥，我把魏伯飏的手帕掩着嘴；慢慢将血水吐到手帕上去。天渐渐暗了，路上有电灯光射过来。我仰着头感到整个天空要压下来了。我觉得十分疲倦，一身骨头都快散开了似的。

“杨云峰，你今天真倒霉，你不会翻单杠，赖老师实在不该勉强你的。”

魏伯飏对我说道。不晓得哪儿来的一阵辛酸，我像小孩子一般哭了起来。平常我总哭不出来的，我的忍耐力特大，从小我就受同学们作弄惯了。我总忍在心里不发作出来。爸爸妈妈刮我，我也能不动声色。心里愈难受，我脸上愈没表情。爸爸有次骂我恬不知耻，因为他骂我时我没有反应。可是枕在魏伯飏手弯里，我却哭得有滋有味。魏伯飏吓得怔住了，他拍着我的背一直对我说道：

“喂，喂，别哭啦！这么大个人，怎么像娃娃似的。我们在大街上啊！”

我可管不了那么多了。我靠着魏伯飏失声痛哭起来。魏伯飏叫三轮车夫停下来对他说道：

“请你把帘子挂起来，我弟弟的身体不舒服。”

我哭得更厉害，眼泪鼻涕鼻血涂得魏伯飏一身。大哥二哥在家时从不理睬我。只要有人给我一句好话，我反而觉得难受。魏伯飏没有办法，只得让我哭个痛快。我下车时看见魏伯飏的衣服给我搓得稀脏。我指指他肩上的血块，他笑着说没关系，催我快点回家休息。我回到家中把脸上的血污洗净，赶紧蒙头大睡，我推说不舒服，没有起来吃晚饭。我不让爸爸晓得这天的事，他晓得了，一定又要说我没出息的。爸爸的身体很壮，他老说在中学时，一口气可以来上二十几个倒挂金钩。

6

我晓得我不讨人喜欢，脾气太过孤怪。没有什么人肯跟我好，只要有人肯对我有一点好处，我就恨不得想把心掏出来给他才好。自从魏伯飏那天送我回家以后，我不知道怎样对他感激才好。我这个人呆呆的，一点也不懂得表示自己的感情。我只有想法帮帮他的小忙，表示报答他。他是班长，我常常帮他抄功课进度表，帮他发周记大小楷，有时帮他擦黑板，做值日，我喜欢跟他在一起，在他面前，我不必扯谎，我知道他没有看不起我，我真希望他是我哥哥，晚上我们可以躺在床上多聊一会儿。

我对人也有一股痴劲，自从和魏伯飏熟了以后，整天我都差不多跟他磨缠在一块儿。早上我在公共汽车站等他一起上学，下午我总等他办好事情一同回去。下课解小便我也要他一道去，不要笑我，我实在没人做伴，抓到一个就当宝贝似的。

魏伯飏这个人真好，什么事都替你想得周周到到的。可是他太沉默，我跟他处了很久还是摸不清他的心事。后来有几次，我发觉他有点避开我。有一天放学，我邀他一起回去，他说有事，叫我先走。我要等他，他不肯。我一再坚持要陪他，他把我叫到操场角落上对我说：

“杨云峰，我想我还是老实告诉你吧！最近我们过往太密了，班上的同学把我们讲得很难听，你知道不?”

我没有察觉到，我不大理睬我们班上那些人。我知道有几个人专会恶作剧，我的书上他们常常写上“杨云峰小姐”“杨云峰妹妹”，我为了这个换过多少本书，我简直恨透了这些家伙，可是表面上我都装着不知道，那些人愈理愈得意，魏伯飏告诉我他们把我叫做他的姨太太，因为他们开玩笑把吕依萍叫做魏太太。魏伯飏说早上他还为了这个把杜志新揪到操场的竹林子里揍了一顿。我听了半晌没有说话。我对他说：

“我想我们以后还是不要在一起算了。”

我向他道了再见，独自回到家里去。那天晚上，我又一个人在打空电话了。我告诉魏伯飏听，我真的想出家当和尚，把头剃光算了。我从来没有感到像那样寂寞过。

我在班上不和魏伯飏讲话了。一有空，我就伏在桌子上打瞌睡。下课时，吕依萍和牛敏她们老爱拥到唐爱丽位子上来，交头接耳，疯癫得了不得。有时她们一屁股坐到我桌上，害得我打瞌睡的地方都没有。我懒得跟她们交涉，我避到楼上，倚着石栏晒太阳去，冬天的太阳软绵绵的，晒得人全身都有一股说不出的懒怠劲，我喜欢那么悠悠晃晃，做白日梦。一堂课我胡思乱想混去了半堂。我老想到出家修行这个念头，国文老师出了“我的志愿”这个作文题目，我说我但愿能够剃发为僧，隐居深山野岭，独生独死，过一辈子。国文老师给了我一个丙，批着：“颓废悲观，有为之现代青年，不应作此想法。”我不是悲观，我在南光里就是觉得无聊乏味。我不懂杜志新为什么整天那样乐，一进教室就咧着嘴向他那一伙叫道：

“喂，我跟你们说，昨天我在Tony家的Party里碰到金陵女中的小野猫，那个妞儿，骚得厉害，我和她跳过两个恰恰，我敢说一个照面，我就把她泡上了。你们等着瞧，我去约她去。”

我也佩服李律明，他能天天六点钟到学校，把彭商育编的《三角讲义》从头做到尾。余三角一考试就说：

“这次的题目，我看只有李律明一个人拿得到八十分。”

我不会泡Miss，我说过我的脸皮太薄。也不会埋头用功，我提不起那股劲，我不是为自己读书，我在为爸爸读。

大考的时候，学校放了三天假，让我们温习功课。我没有在家看，下午补习老师来过后，我就带书到学校里去了。我在家里安不下心来，爸爸和妈妈常借故走到我房里瞧我是不是在看书。爸爸进来说找前一天的《××日报》，妈妈进来说拿午点给我吃。有时我看书看得眼倦了，歪着身子朦着一会儿，一听到他们脚步声，就吓得赶忙跳起来胡抓一本书，乱念一顿。

那天下午有点阴寒，台北这阵子一直阴雨连绵。我穿了一件银白色的太空衣，围上一条枣红的围巾，乘车到学校里去。大考期间，学校的教室全部开放，让学生自习。可是这天学校里连人影都不见一个。寒流来了，又下雨，大家躲在家里，才是四点多钟，天色乌沉沉的。教室的玻璃窗，外面看进去，全是黑洞。我走到楼上尽头我们高一乙班去，想不到唐爱丽在里面，要是早知道她在那儿，我一定不会进去的了。

“嗨，是你!”唐爱丽站起叫道。

我知道她在等人，快放假的前两天，她得到好多纸团了。我开了日光灯，坐到自己座位上去。

“我还以为是杜志新呢!”唐爱丽在讲台上踱来踱去说道，“这个死鬼，约好我四点钟在这里等他，四点二十五分了，人影子还不见。等一下他来了，我不要他好看才怪呢!”

我没有理她，乘她转身的时候，我溜瞅了她两眼。唐爱丽穿了一件西洋红的呢大衣，大衣领还露出一角白纱巾来，我猜一定是她故意把纱巾扯出那么一点来的。唐爱丽最会做作了。高中女生不准烫头发，可是唐爱丽的发脚子一径是卷的。这天卷得特别厉害，大概用火钳烧过了。无论唐爱丽怎么打扮，我总觉得她难看。她的牙齿是龅的，老爱龇出来，她在牙齿上戴钳子，看着别扭得很，他们爱泡她，他们说她骚。

唐爱丽在讲台上走来走去，走得我心乱死了。我眼睛盯在书上，来去总在那几句上。我想叫她坐下来，不要来回穷晃荡，可是我不敢。

“我想杜志新一定让他的老头儿关起来了。”唐爱丽说道，“你猜呢?”她问我。

我摇摇头说不知道，唐爱丽有点不耐烦了，她向我说道：“杨云峰，不要读你的鬼书了，我们来聊聊天吧！反正你读了也不及格的。”

我恨她最后那句话。唐爱丽走到我旁边坐了下来，她把大衣解开撂到桌子上，里面穿了一件紧身毛衣，鲜红的，她喜欢红色。唐爱丽的话真多，东问西问，好多话我都答不上来，我一答不出，她就笑。我希望她快点离开，我不会应付女孩子，尤其是唐爱丽，我简直怕她。她一点也不像高中生，她居然敢涂口红。

“呀，你这件太空衣真好看，是什么牌子的。”唐爱丽忽然站了起来，走到我跟前伸手把我的衣领翻了起来。我吓了一跳，我的心跳得厉害。

“是外国牌子嘛！是不是香港带来的?”

唐爱丽凑近我在看我的衣服牌子，我闻到她头发上一股浓香。我不喜欢女人的香水。唐爱丽放开我的衣领，突然将手伸进我领子里去，她的手好冷，我将颈子缩起打了一寒战。

“哈哈，”唐爱丽笑了起来，“杨云峰你真好玩。”她说。

唐爱丽的手在我颈背上一直掬弄，搞得我很不舒服，我的脸烧得滚烫，我想溜走。唐爱丽忽儿摸摸我头发，忽儿拧拧我耳朵。我简直不敢看她。忽然间她扳起我的脸在我嘴上用力亲了一下，我从来没有和女孩子亲过嘴，我不懂那套玩意儿。我的牙齿闭得紧紧的，我觉得唐爱丽的舌头一直在顶我的牙门。我真有点害怕，我的头晕死了。唐爱丽亲了我的嘴又亲我的额头，亲着亲着，她将我整个耳朵一口咬住，像吮什么似的用力吮起来，她吐出舌头乱舔我的脸腮，我觉得黏瘩瘩的，很难受。我好像失去了知觉一般，傻怔怔地坐着，任她摆布。

唐爱丽亲了我一会儿，推开我立起来。我看见她一脸绯红，头发翘起，两只眼睛闪闪发光，怕人得很。她一声不响，走过去，将教室的灯关上，把门闩起，又向我走了过来。教室里暗得很，唐爱丽的身躯显得好大，我觉得她一点都不像高中生。我站了起来，她走过来搂住我的颈子，把我的手拿住围着她的腰。

“杨云峰，你怎么忸怩得像个女孩。”

她在我耳边喃喃地说。她的声音都发哑了，嘴巴里的热气喷到我脸上来。突然间，她推开我，把裙子卸了丢在地上，赤着两条腿子，站在我面前。

“唐爱丽，请你——不要——这样——”

我含糊地对她说，我的喉咙发干，快讲不出话来了，我害怕得心里直发虚。唐爱丽没有出声，直板板地站着，我听得到她呼吸的声音。突然间，我跨过椅子，跑出了教室。我愈跑愈快，外面在下冷雨，我的头烧得直发晕。回到家的时候，全身透湿，妈妈问我到哪儿去来。我说从学校回来等车时，给打潮了。我溜到房里，把头埋到枕头底下直喘气。我发觉我的心在发抖。

7

我不喜欢唐爱丽，我着实不喜欢她。可是不知怎的，我很替她难受，我觉得实在不应该那样丢下她不管。我觉得她直板板地站在我面前，好可怜的；到底她是第一个对我那样好过的女孩子。

第二天，我写信写了一天，我实在不大会表达自己的感情。我向她道歉，我说我并不想那样离开她的。我以后一定要对她好些，希望她能做我的朋友，我告诉她我好寂寞，好需要人安慰。我把信投了出去，我寄的是限时专送，还加挂号，我怕她收不到。那一晚我都没睡好，我希望唐爱丽接到我的信以后，不再生我的气了。

大考的头一天，早上考数学、英文，下午考三民主义。我五点钟就爬了起来，把三角公式从头背了一遍，我常把公式记错，余三角爱整我，老叫我在堂上背积化和差公式。我晓得我的三角死定了，三次月考平均只有二十八。

我到学校时，到处都站满了人在看书。我一走进教室时，立刻发觉情形有点不对。他们一看见我，都朝着我笑，杜志新和高强两个人勾着肩捧着肚子怪叫。前面几个矮个子女生挤成一团，笑得前仰后翻，连李律明也在咧嘴巴。我回头一看，我写给唐爱丽那封信赫然钉在黑板上面。信封钉在一边，上面还有限时专送的条子，信纸打开钉在另一边，不知道是谁，把我信里的话原原本本抄在黑板上。杜志新及高强那伙人跑过来围住我，指到我头上大笑。有一个怪声怪调的学道：“唐爱丽，我好寂寞。”我没有出声，我发觉我全身在发抖。我看见唐爱丽在座椅子上和吕依萍两个人笑得打来打去，装着没有看见我。我跑到讲台上将黑板上的字擦去，把信扯下来搓成一团，塞到口袋里去。杜志新跑上来抢我的信，我用尽全身力气将书包砸到他脸上，他红着脸，跳上来叉住我的颈子，把我的头在黑板上撞了五六下，我用力挣脱他，头也没回，跑出了学校。

我没有参加大考，这两天来，我都是在植物园和新公园两地方逛掉的，我的钱用光了，没地方去。爸爸问我考得怎么样，有把握及格没，我说大概可以。我在日记本上写了几个大字：“杨云峰，你完蛋了！”

8

昨天是大考的最后一天。我从新公园回家已经五点钟了。爸爸不在家，妈妈洗头去了。小弟告诉我爸爸到南光去了，我们校长来了电话。我知道大难将临。这几天我都在等待这场灾难，等得已经不耐烦了。我刚走到楼上，就听得爸爸的汽车在门外停了下来：

“你三哥呢?”爸爸一进门就问小弟。

“刚上楼。”小弟答道。

“叫他下来。”爸爸的声音发冷的。

我不等小弟来叫，自己下楼走到爸爸书房里。爸爸在脱大衣，他听见我开门，并没有转过身来。他把大衣挂到衣架上，然后卸下围巾，塞到大衣口袋里。他的动作慢得叫人心焦，我站在他写字台前，心都快停了。爸爸坐到椅子上冷冷地说道：

“我刚刚去见过你们校长。”他的声音压得低低的，我看见他额头及手背上的青筋暴了起来。我没有出声，呆呆地瞪着地板。

“他说你没有参加大考。”爸爸见我没有搭腔，索性明说了出来。我仍然没有说话，我不知说什么才好。

“你说吧，这两天你到底搞什么去了。”爸爸站起来，走到我跟前，问到我脸上来。

“我在新公园和植物园里。”我照实答道。我没抬起头来，我怕看爸爸的脸色。

“哦，在公园里呢！你还告诉我考得不错——”

爸爸举手一巴掌打在我脸上，我向后连连打了几个踉跄才煞住脚，我觉得脸上顿时麻木了半边。

“你去死！你还是个人哪，书不读，试不考，去逛公园——”

爸爸气得声音抖了，伸手又给了我一个巴掌。我脸上痛得快淌眼水了，可是我拼命抵住，不让眼泪流下来。在爸爸面前，我不想哭。

“逃学、扯谎、偷东西，你都占全了。我们杨家没有这种人！我生不出这种儿子！亏你说出口，不考试去逛公园——你不想读书，想做什么呀！文不能文，武不能武，废物一个，无耻！”

爸爸动了真气，足足骂我半个多钟点。骂完后，靠在椅子上怔怔出神起来。我猜他一定很伤心，我想说一两句道歉的话，可是我说不出来。我转身，想离开爸爸的书房，我站在爸爸面前有点受不了，我的脸热痛得像火烫过一般。

“回来！”爸爸突然喝住我道。我只得又转过身来。

“我告诉你，明天是你们结业式，你们校长要你一定参加，他给你最后一个机会，下学期开学以前让你补考。你好好听着：明天你要是敢不去学校，我就永远不准你再进这间屋子。”

爸爸一个字一个字地告诉我，我知道爸爸的脾气，他说得出做得出的。

我上楼回到自己房里，小弟跟了上来。他问爸爸为什么发那么大的脾气，是不是我又逃学。我没有理他，我要他借我五十块钱。我身上一毫子都没有了。我从来弄不清我裤袋里有多少钱的，我没有数字观念。小弟比我精于计算，我知道他有积蓄。小弟最初不肯，我把手表脱下来押给他，我答应一有钱即刻还他。小弟掏出五十块给我，我把钱收进裤袋，穿上我的太空衣走了出去。我一定要在妈妈回家以前溜出去，妈妈回家知道我没有去考试，一定也要来讲一大顿的，而且她一定会哭，我受不了。无论谁再要对去讲一句重话，我就发疯了。

9

我不晓得去哪里好，我想去找魏伯飏，我在学校已经有一个多月没有跟他讲话了。他写过一封信给我，他说我们这样分手他很难受，但是他不愿人家把我说得那么难听。我知道他是为我好，魏伯飏这个人真周到。可是我不好意思见他，他一定也看到我给唐爱丽那封信。你不晓得我心里有多懊丧，我的右耳根子刀割一般，爸爸的手太重了。

这几天，台北一直有寒流，空气沉甸甸的，直往下坠，我把太空衣的领子翻了起来，遮住脖子，走过街口时，那股风直往领子里灌。我在重庆南路衡阳街一带溜达了一下，逛不出个名堂来。路上人来人往，刚好是下班放学的时候，公共汽车站挤满了人。天黑得早，店铺都开了灯。许多学生在杂志摊上翻书看，我也挤了进去，拿起一本《健而美》来，里面全是模特儿的裸体照，有些姿势照得很难看，我赶忙合上，交给摊贩，他向我龇牙齿，我掉转头，匆匆走过对街去。我真不知道去哪儿好，我觉得好无聊。

我信步溜到西门町，一大堆人在新生戏院排队赶七点钟的电影。我走到新生对面一家小吃馆要了一碟萝卜丝饼。外面闻着香，拿来半个也吃不了，我一点胃口也没有。馆子里暖和，外面冷，我呆坐着混时间，看着对面挤电影的人一个个拥进戏院。等到人走得差不多的时候，我忽然看见对街有两个太保装束的男孩子走到街心向我这里乱挥手，立即有两个女孩子从隔壁咖啡馆跑出来，拉拉扯扯走过街去。我赶忙起身换个位子，背向着他们。我猜我的脸在发白，那两个男的，有一个是杜志新，另外一个不认得，两个女孩，竟是唐爱丽和牛敏。唐爱丽穿着那天那件西洋红的大衣，头上还系了一块黑花头巾。他们大概考完试约好出来赶电影的。

我忙忙付了账，离开西门町。我不管了，我一定要去找魏伯飏。我不怕他笑我，你不晓得我心里的悲哀有多深。魏伯飏住公园路，就在新公园过去一点。我到魏伯飏家时，魏伯飏妈妈告诉我，刚刚有几个向学来找他出去看电影，走了还不到十分钟。魏伯飏妈妈问我为什么这样久不到他们家玩。她真好，对我讲话总是那么客客气气的。她又问我大考考得怎么样，我说还可以。我请他告诉魏伯飏听，我来找过他。魏伯飏就是那么周到，他连他妈妈也没有告诉我逃学的事情。

我离开魏伯飏家，沿着新公园兜了两个大圈子，我一面走一面数铁栏杆那些柱子，刚好四百根。我不愿到闹街上去，我怕碰见熟人，可能还会碰到妈妈，她平常在西门町的红玫瑰做头发。

新公园里面冷清清的，没有几个人影子，只有播音台那儿亮些，其余的地方都是黑压压的。我走到公园里博物馆的石阶上去，然后从旁边滑下来。滑下来时我看见博物馆底下石柱子中间有两个人影子。我猜他们一定在亲嘴。我真的听到他们发出吧哒吧哒的声音来。亲嘴亲得那么响，真蠢。我记得唐爱丽那天和我亲嘴，一点声音也没有，我的牙齿关得紧紧的。

我绕到扩音台那儿，那里亮些，暗的地方我怕闯到有人亲嘴。我点了根香烟，用力吸了几口。嘴淡得很，这几天胃真坏，肚子饿得要命，就是吃不下东西。扩音台前有个大理石的日晷，我竖起那根石针，来回转着玩。我觉得无聊到了极点。

有一个人从我背后走来向我借火，他说他忘记带打火机，我把火柴递给他，他点上烟，还给我火柴，说了声谢谢，站在我旁边，徐徐地吐着烟圈。我低着头继续在拨弄日晷上的石针。我发觉他并没有离开的意思，我猜不透他是干什么来的。新公园这个地方到了晚上常发生稀奇古怪的事情，可是我不想离开新公园，我没有别的地方去。

那个人问我一个人在公园里做什么，我说买不到电影票，顺便来逛逛。我撒谎从不费心机，随口就出来了。他邀我一同去散散步，他说站着冷得很，我答应了，我的脚板早就冻僵了。我看不清楚那个人的脸，他穿着一件深色的雨衣，身材比我高出一个头来。大概是中年男人，声音低沉，讲话慢慢吞吞的。

我们沿着网球场走去。他问我叫什么名字，读什么学校，我瞎编了一套。他告诉我他叫李××，我没听清楚。我不在乎他叫李什么。我正觉得无聊，找不到伴。

“你刚才买哪家的电影票。”他问我。

“新生，《榆树下的欲望》。”我说。

“哦，我昨天刚看过，还不坏，是部文艺片。”他说。

我们走到一半，天下雨了。雨水打到脸上来，冰冷的。

“你冷吗？”他问我道。

我说我的太空衣很厚，可以挡风。他脱下雨衣，罩到我身上，拉着我跑到网球场边一丛树林子里去。他的雨衣披在身上很暖和，我裹着坐到林子里一张双人椅上，我在街上逛了两个多钟头，两腿酸得厉害。他坐在我旁边在擦额上的雨水，他要替我擦，我说用不着。他说冷雨浸在头发里会使人头痛，他硬伸过手来替我揩头，我裹紧他的雨衣没有做声。他替我擦好雨水，掏出两支香烟，塞给我一支，自己点上一支，他拿出一个打火机来点烟，我不懂他刚刚为什么要扯谎。我们坐着一起抽烟，没有说话，我听得到他猛吸香烟的声音。雨不停地下着，将叶子上发出沙沙的响声来。过了一会儿，他把手上的香烟丢掉，把我手上的香烟也拿去按灭，树林子里一片漆黑，我从树缝里看到台大医院那边有几条蓝白色的日光灯。他把我的两只手捧了起来，突然放到嘴边用力亲起来，我没有料到他会这样子。我没想到男人跟男人也可以来这一套。

我没有表，不晓得逃出新公园时已经几点钟了。我没有回家，我在空荡荡的马路上逛了好一会儿，路灯发着紫光，照在皮肤上，死人颜色一般，好难看。我想到第二天的结业式，想到爸爸的话，想到唐爱丽及南光那些人，我简直厌烦得不想活了。我荡到小南门的时候，我真的趴到铁轨上去过，有一辆柴油快车差点轧到我身上来。我滚到路旁，吓得出了一身冷汗，跑了回来。

10

天已经大亮了。我听见小弟在浴室里漱口。我的头痛得快炸裂了一般，肚子饿得发响。妈妈就要上来了。她一定要来逼我去参加结业式，她又要在我面前流泪。我是打定主意再也不去南光了，爸爸如果赶我出去，我真的出家修行去。我听见楼梯发响，是妈妈的脚步声。我把被窝蒙住头，搂紧了枕头。

赏读

白先勇是中国台湾现代派小说的代表作家，他的小说创作赢得了台湾及海外华文文坛的极大关注与高度评价，被誉为“当代中国短篇小说家中的奇才”。纵观白先勇的三十多个短篇和长篇《孽子》，无一例外均具浓郁的悲剧色彩。白先勇是一位悲天悯人的悲剧艺术家，唱出的是一个旧时代的挽歌。所以，他又被余光中视为“现代中国最敏感的伤心人”。

十七岁，敏感而多情的花季年龄，为何会寂寞？作者用《寂寞的十七岁》中的“我”——杨云峰，唱出一首“弱者的哀歌”。《寂寞的十七岁》主人公杨云峰是一个大户人家的少爷，他性格孤僻，学业不佳，始终无法在对其期望极高的父亲面前抬起头来。在学校一无所长且不善交际的他没有朋友，更成为同学嘲笑的对象。这个十七岁的孩子无论在家，还是在学校，都始终觉得郁闷孤单，以至于到了自己给自己打电话的地步：“我会这样自言自语拿着听筒讲个个把钟头，有一次给小弟撞见了，他说我有神经病，其实我只是闷得慌，闹着玩罢了。”

在他就读的南光中学，唯一可以让他倾诉并理解他的，就是魏伯飏了。在体育课上，杨云峰意外受伤，在众多嘲笑他的同学中，只有班长魏伯飏扶起他去医务室，并护送他回家。路上，杨云峰回想自己在家及在学校遭受的种种不平，忍不住大哭起来：“平常我总哭不出来的，我的忍耐力特大，从小我就受同学们作弄惯了……爸爸妈妈刮我，我也能不动声色……可是枕在魏伯飏手弯里，我却哭得有滋有味。”

此后，杨云峰对魏伯飏的感情更加深厚，他不但找各种机会和魏伯飏待在一起，而且还幻想“他是我哥哥，晚上我们可以躺在床上多聊一会儿”。可见，魏伯飏已成为杨云峰的情感依赖。后来，杨云峰的同学对他们的交往议论纷纷，说他是魏伯飏的“姨太太”。终于，在风言风语中，两人疏远了，杨云峰十分苦闷，“我真的想出家当和尚……从来没有感到像那样寂寞过。”我们早已习惯了青春与褒义词联系在一起。读了《寂寞的十七岁》，是不是给我们开启了一扇特别的门，得以窥见不同人生的不同侧面？忍不住要在心里问：如果家长、同学和老师都能像杨云峰的班长魏伯飏那样亲近他、帮助他、一点也不歧视他，杨云峰的掉队是否可以避免呢？遗憾的是，魏伯飏反而因为亲近、帮助杨云峰而获咎，流言迫使他也不敢接近杨云峰了。杨云峰在情感孤绝中一步步走向了绝路。这篇小说对今天的我们依然有深远的启发意义。

作品

一钵了却谁的浮生[1]

闫荣霞

李叔同“二十文章惊海内”，会作诗，会填词，会书法，会作画，会篆刻，又会音乐，会演戏……这个世界上，还有什么是他不会的？

鲁迅、郭沫若也以得他一幅字为无上荣耀；他作的《送别歌》，“长亭外，古道边，芳草碧连天。晚风拂柳笛声残，夕阳山外山……”我毕业的时候还在唱。这样的歌就是诗了，他的诗又怎么能不好：“梨花淡白菜花黄，柳花委地芥花香，莺啼陌上人归去，花外疏钟送夕阳。”连他给友人夏丏尊的画随便题两句话，都好得不行不行的：“屋老。一树梅花小。住个诗人，添个新诗料。爱清闲，爱天然；城外西湖，湖上有青山。”（《为题小梅花屋图》）

可是一入佛门，以前种种，譬如昨日死，今后种种，譬如今日生。叶圣陶谈弘一晚年书法：“就全幅看，好比一位温良谦恭的君子，不亢不卑，和颜悦色，在那里从容论道……毫不

① 选自《在时光逗号处静候佳期》（江苏凤凰文艺出版社 2017 年版），有改动。闫荣霞，1971 年生于河北。著有《红楼的草根儿们》《走自己的路，让西瓜去说吧》《看这个世界红了樱桃，绿了芭蕉》。

矜才使气，功夫在笔墨之外，所以越看越有味。”就像一道虹剑去七彩，白气藏身天地间，非为字变，实则人变。当了和尚，字也有了一颗为僧为佛的心，自然是“刊落锋颖，一味恬静”，美，却美得平淡。

就如他这个人。初始华丽，剃须裹腰在舞台上扮茶花女，如今却是面容清癯，眉目疏淡，一个过午不食、行脚度世的老和尚。就像一莲烟花“啪”地炸开，整个天地都为之增了色彩。眼看着亮了，更亮了，大了，更大了，圆了，又更圆，然后暗了，又更暗……整个人生就这样由绚丽归于平淡。

庄子讲天地有大道，却是一定要做到“无已”，成为“至人”，才能得之。世事不再关注，生死不再思虑，贫富得失不是挂在心尖上的事，形如槁木，心如死灰，游于宇内，有时候真是快乐过形鲜体美，心嫩得一掐一股水，一根针插上去都流一股血。

可是，要想得到大道的快乐，却要能熬得过刳骨剔肉的痛苦。剃度后，与他有过刻骨爱恋的日籍夫人伤心欲绝地携了幼子千里迢迢赶到灵隐寺，他铁石心肠，竟然连庙门都没有让他们进，妻子无奈离去，只是对着关闭的大门悲伤地责问道：“慈悲对世人，为何独独伤我?”

他用刳骨剔肉的痛苦，置换了真正的自由。

很多时候，我们想这么做，却不得不那么做，想这么说，却不得不那么说，想取甲，又舍不了乙，得到了丙，又被丁吸引……一颗心其实是没有自由的，自己不能，不会，也不肯给自己自由的。可是他却给了。想做什么，就去做了。想扔掉什么，就扔掉了；想捡起来什么，就捡起来了；想追逐什么，就追逐。即心即佛，在他这里算是贯彻得彻彻底底了。

一切他都舍得，因为他觉得他将来得到的，比这些将要丢弃的，值钱的多，值得的多，所以就这么干脆利落地扔掉俗世一切，只为追求心中那一点萤火。至于追到之后会不会失望，管它呢，追到再说。就像喝酒，丰子恺讲李叔同的酒量大，必须喝高粱酒才过瘾，而我们通常酒量大的人，其实却是酒量最浅，喝一点花雕就开始晕晕然地上头。

我们对于追求自由的人一向是敬仰的。自身是燕雀，怎不羡鸿鹄?

林语堂说：“他曾经属于我们的时代，却终于抛弃了这个时代，跳到红尘之外去了。”张爱玲说：“不要认为我是个高傲的人，我从来不是的——至少，在弘一法师寺院围墙的外面，我是如此的谦卑。”赵朴初评他是“无尽奇珍供世眼，一轮圆月耀天心。”

其实他才不要当什么奇珍和明月，他不过是为了自己的心罢了。所以他出家也不是为的当律宗第十一世祖，更不为能和虚云、太虚、印光并称“民国四大高僧”。弃家毁业不为此，大彻大悟不消说。那些虚名，他是不要的。真实的他，63个流年，在俗39年，在佛24年，恪遵戒律，清若自守，传经授禅，普度众生，却自号“二一老人”：一事无成人渐老，一钱不值何消说。

1942年10月13日，弘一写下“悲欣交集”四字，三天后，沐浴更衣，安详圆寂。“问余何适，廓而忘言，华枝春满，天心月圆。”一钵了却他的浮生，他的粗钵里盛满自由。

赏读

在佛、俗两界均享有如此高声望的，恐怕也只有李叔同了。

他的前半生，叫李叔同，是音乐、美术、诗词、书法等无一不精的天才。

音乐，他被誉为中国近现代音乐启蒙者，第一个传播西方钢琴音乐，他是中国用五线谱作曲的第一人，创办了中国第一本音乐刊物《音乐小杂志》；绘画，他堪称中国现代美术之先驱，是第一个研究油画并开创裸体写生的老师；戏剧，他是中国最早话剧团体“春柳社”的创立者，是20世纪戏剧改革先锋，还曾亲自扮演“茶花女”；书法，他是近代著名书法家，文人墨客以得他一幅字为无上荣耀；篆刻，他是西泠印社的早期成员；教育，他培养了一大批名扬天下的艺术家，画家丰子恺、音乐家刘质平等文化名人都是他的弟子。

按照丰子恺形容：“文艺的园地，差不多被他走遍了。”

他不仅诗文、绘画、书法等无所不能，而且学贯中西，话剧、钢琴也是强项，并且，他还相貌俊秀，是一位翩翩美少年。

他年少时接受了非常系统的儒家思想，人生顺遂，广受追捧。20岁前，热衷科举，崇拜康有为，推崇光绪帝和维新变法。21岁时，他的政治热情有了一个大的转折，从改良派变成革命派。他接受了非常多的现代思想，热衷于民主、自由、民族主义。作为一个统治阶级的既得利益者，他竟高举起革命的大旗，写出“自由花开八千春，是真自由能不死”的句子。

像李叔同这种有如此大才的人，一生的终极追求就注定不会如常人一样，衣暖食足儿孙满堂，而是精神艺术的享受和自我价值的最终实现。突然间，风华正茂的李叔同，才情精绝的李叔同，潇洒恣意的李叔同，却遁入空门，从此皈依，坚决地放弃红尘。

李叔同少年时享受过富足的物质生活，青年时期也有了丰富的艺术精神生活，再去追求，就只能去追求灵魂上的清净和纯粹了。正如丰子恺所说“他嫌艺术力道薄弱，过不来他的精神生活的瘾”。

他的后半生，叫弘一法师，是南山律宗一代祖师，被誉为“民国四大高僧”之一，影响深远。

弘一法师在上虞法界寺佛前，发下誓愿，要将失传七百年的南山律宗发扬光大，并决定：不当住持，不为他人剃度，不做依止师即佛法的传授、解惑者，而是成为学者型哲僧。他精修净土宗与华严宗，并受马一浮等友人的引导，研究已失传七八百年的南山律。他在僧界走出一条独特的光明道路，最后成为南山律第十一代中兴律师。

出家后，他写下“虽存犹殁”四个字，认为“出家并非谋衣食，而是了死生大事”，过去不复存在，从此向死而生，摆脱不安与恐惧，寻求“华枝春满，天心月圆”的安然归宿。

晚年的他在《南闽十年之梦影》里这样描述自己，“我的性格很特别，我只希望我的事情失败。因为事情失败不完满，这才使我常常发大惭愧，能够晓得自己的德行欠缺，自己的修养不足，那我才可努力用功，努力改过迁善。”

林语堂曾如此评价：“李叔同是我们时代里最有才华的几位天才之一，也是最奇特的一个人，最遗世而独立的一个人。”

从人生巅峰，到万事皆空，他拥有两个不同的人生，成为一直传唱至今的传奇。

作品

变老的时候（外一首）[①]

李　琦

变老的时候

变老的时候，一定要变好
要变到所能达到的最好
犹如瓜果成熟，焰火腾空
舒缓地释放出最后的优美
最后的香与爱意
最后的，竭尽全力
变老的时候，需要平静
犹如江河入海，犹如老树腰身苍劲
回望来路，一切已是心平气和
一切已选择完毕
再无长吁短叹，双手摊开
左手经验丛生，右手教训纵横
变老的时候，犹如名角谢幕

---

① 《变老的时候》选自《变老的时候》（福利中国 2007 年第 1 期），有改动。《一个字》选自《一个字》[《星星（下期）》2014 年第 11 期]，有改动。李琦，1956 年，生于哈尔滨。著有《从前的布拉吉》《最初的天空》《莫愁》。

身子谦和　自信在心
眼角眉梢　深藏着历练后的从容
幕帷垂落　丝竹声远　一切已是过眼云烟
只有尊严的光芒　闪耀在幕后时分
变老的时候是起身回到儿童
看起来未必鹤发童颜而内心里却趋向坦率而纯真
我们已经变老而世界依然年轻貌美
一切都是循环往复，婴儿在啼哭
而这收留了我们笑容和泪水的人间
又一场轮回正在声色里进行。

一个字

无论对谁
我已很难说出这个字
这个字是我心底的金子
是我眼睛里的瞳仁
是我心灵之花上
那滴一触即碎的露水
这个字说出来就有一种惋惜
虽是一个字
却吐露了太多太多
这个字是温柔的手指
是我一生的笑容和泪水
我心中深藏着这个字
它的光芒倏尔一闪时
我的心是那么湿润温暖
这个字树大根深
结满了最美最甘甜的果子
为了这个字
我可以在人间受苦
可以慨然走过

语言的沼泽目光的荆棘
这个字多么好听
爱——
只需轻轻把口张开
你却必须鼓足
几乎一生的勇气
我这一生其实多么简单
从这个字出发
又向这个字走去
世界你静下来
听我轻轻吐出这个字

赏读

你可曾想象过，当你变老的时候，你会是什么样子？在《变老的时候》这首小诗中，诗人描绘出她心中理想的变老的样子，是瓜果成熟，焰火腾空；是江河入海，老树苍劲；是名角谢幕，自信从容；是返老还童，坦率纯真。

没有人永远年轻，但却永远有人年轻着。世界在周而复始地旋转，我们每时每刻都在走向衰老，然而诗人并不害怕变老，她甚至把变老描绘得如此优雅、如此坦然，字里行间无不透露出对生命的热爱。为什么诗人能如此热爱生命与生活呢？李琦说，是因为“一个字”，一个很难说出的字。

难以言说是因为“这个字”珍贵又深厚，蕴含太多深情，却像露水般易碎。诗人不能轻易地说出，小心翼翼地用“一个字”代述。这难得的情感使得爱本身伟大。它不需要对象，这是人类自发的美好而又珍贵的感情。

爱是生命永恒的主题。如果说人生的轨迹是由幸福和苦难交替着向前延伸，爱则贯穿其中。爱太美好了，有了爱，语言的沼泽不再使人畏缩不前，目光的荆棘也不再刺痛人心，得爱时倏尔一闪的光芒也使得诗人甘愿在人间受苦。

写诗的当下，诗人一定被“爱”深深感动，感动于爱本身，又感动于这一生她自身也能够感知爱，并有勇气付出爱。此刻爱如温暖的气体如此纯然地包裹着她，让她似乎觉得“这一生其实多么简单/从这个字出发又向这个字走去”，事实上也确实如此。世界你安静下来，听我轻轻地吐露出这个字吧。

作品

命若琴弦[①]

史铁生

莽莽苍苍的群山之中走着两个瞎子，一老一少，一前一后，两顶发了黑的草帽起伏蹿动，匆匆忙忙，像是随着一条不安静的河水在漂流。无所谓从哪儿来，也无所谓到哪儿去，每人带一把三弦琴，说书为生。

方圆几百上千里的这片大山中，峰峦叠嶂，沟壑纵横，人烟稀疏，走一天才能见一片开阔地，有几个村落。荒草丛中随时会飞起一对山鸡，跳出一只野兔、狐狸，或者其他小野兽。山谷中常有鹞鹰盘旋。

寂静的群山没有一点阴影，太阳正热得凶。

“把三弦子抓在手里，”老瞎子喊，在山间震起回声。

“抓在手里呢。”小瞎子回答。

“操心身上的汗把三弦子弄湿了。弄湿了晚上弹你的肋条？”

“抓在手里呢。”

---

① 选自《一个人的记忆》（上海人民出版社2014年版），有改动。史铁生（1951—2010），北京人。著有《我与地坛》《务虚笔记》《病隙碎笔》。

老少二人都赤着上身，各自拎了一条木棍探路，缠在腰间的粗布小褂已经被汗水洇湿了一大片。蹚起来的黄土干得呛人。这正是说书的旺季。天长，村子里的人吃罢晚饭都不呆在家里；有的人晚饭也不在家里吃，捧上碗到路边去，或者到场院里。老瞎子想赶着多说书，整个热季领着小瞎子一个村子一个村子紧走，一个晚上一个晚上紧说。老瞎子一天比一天紧张、激动，心里算定：弹断一千根琴弦的日子就在这个夏天了，说不定就在前面的野羊坳。

暴躁了一整天的太阳这会儿正平静下来，光线开始变得深沉。远远近近的蝉鸣也舒缓了许多。

“小子！你不能走快点吗？”老瞎子在前面喊，不回头也不放慢脚步。

小瞎子紧跑几步，吊在屁股上的一只大挎包叮啷哐啷地响，离老瞎子仍有几丈远。

“野鸽子都往窝里飞啦。”

“什么？”小瞎子又紧走几步。

“我说野鸽子都回窝了，你还不快走！”

“噢。”

“你又鼓捣我那电匣子呢。”

“噫——！鬼动来。”

“那耳机子快让你鼓捣坏了。”

“鬼动来！”

老瞎子暗笑：你小子才活了几天。“蚂蚁打架我也听得着，”老瞎子说。

小瞎子不争辩了，悄悄把耳机子塞到挎包里去，跟在师父身后闷闷地走路。无尽无休的无聊的路。

走了一阵子，小瞎子听见有只獾在地里啃庄稼，就使劲学狗叫，那只獾连滚带爬地逃走了，他觉得有点开心，轻声哼了几句小调儿，哥哥呀妹妹的。师父不让他养狗，怕受村子里的狗欺负，也怕欺负了别人家的狗，误了生意。又走了一会儿，小瞎子又听见不远处有条蛇在游动，弯腰摸了块石头砍过去，“哗啦啦”一阵高粱叶子响。老瞎子有点可怜他了。停下来等他。

“除了獾就是蛇，”小瞎子赶忙说，担心师父骂他。

“有了庄稼地了，不远了。”老瞎子把一个水壶递给徒弟。

“干咱们这营生的，一辈子就是走，”老瞎子又说，“累不?”

小瞎子不回答，知道师父最讨厌他说累。

“我师父才冤呢。就是你师爷，才冤呢，东奔西走一辈子，到了没弹够一千根琴弦。”

小瞎子听出师父这会儿心绪好，就问：“什么是绿色的长乙（椅)?”

“什么？噢，八成是一把椅子吧。”

“曲折的油狼（游廊）呢?”

“油狼？什么油狼?”

“曲折的油狼。”

“不知道。”

“匣子里说的。”

“你就爱瞎听那些玩艺儿。听那些玩艺儿有什么用？天底下好东西多啦，跟咱们有什么关系?”

“我就没听您说过，什么跟咱们有关系。”小瞎子把“有”字说得重。

“琴！三弦子！你爹让你跟了我来，是为让你弹好三弦子，学会说书。”

小瞎子故意把水喝得咕噜噜响。

再上路时小瞎子走在前头。

大山的阴影在沟谷里铺开来。地势也渐渐地平缓，开阔。

接近村子的时候，老瞎子喊住小瞎子，在背阴的山脚下找到一个小泉眼。细细的泉水从石缝里往外冒，淌下来，积成脸盆大的小洼，周围的野草长得茂盛，水流出去几十米便被干渴的土地吸干。

“过来洗洗吧，洗洗你那身臭汗味。”

小瞎子拨开野草在水洼边蹲下，心里还在猜想着“曲折的油狼”。

“把浑身都洗洗。你那样儿准像个小叫花子。”

“那您不就是个老叫花子了?”小瞎子把手按在水里，嘻嘻地笑。

老瞎子也笑，双手掬起水往脸上泼。“可咱们不是叫花子，咱们有手艺。”

“这地方咱们好像来过。”小瞎子侧耳听着四周的动静。

“可你的心思总不在学艺上。你这小子心太野。老人的话你从来不着耳朵听。”

“咱们准是来过这儿。”

“别打岔！你那三弦子弹得还差着远呢。咱这命就在这儿根琴弦上，我师父当年就这么跟我说。”

泉水清凉凉的。小瞎子又哥哥呀妹妹地哼起来。

老瞎子挺来气：“我说什么你听见了吗？”

“咱这命就在这几根琴弦上，您师父我师爷说的。我都听过八百遍了。您师父还给您留下一张药方，您得弹断一千根琴弦才能去抓那副药，吃了药您就能看见东西了。我听您说过一千遍了。”

“你不信？”

小瞎子不正面回答，说：“干吗非得弹断一千根琴弦才能去抓那副药呢？”

“那是药引子。机灵鬼儿，吃药得有药引子！”

“一千根断了的琴弦还不好弄？”小瞎子忍不住哧哧地笑。

“笑什么笑！你以为你懂得多少事？得真正是一根一根弹断了的才成。”

小瞎子不敢吱声了，听出师父又要动气。每回都是这样，师父容不得对这件事有怀疑。

老瞎子也没再做声，显得有些激动，双手搭在膝盖上，两颗骨头一样的眼珠对着苍天，像是一根一根地回忆着那些弹断的琴弦。盼了多少年了呀，老瞎子想，盼了五十年了！五十年中翻了多少架山，走了多少里路哇。挨了多少回晒，挨了多少回冻，心里受了多少委屈呀。一晚上一晚上地弹，心里总记着，得真正是一根一根尽心尽力地弹断的才成。现在快盼到了，绝出不了这个夏天了。老瞎子知道自己又没什么能要命的病，活过这个夏天一点不成问题。“我比我师父可运气多了，”他说，“我师父到底没能睁开眼睛看一回。”

“咳！我知道这地方是哪儿了！”小瞎子忽然喊起来。

老瞎子这才动了动，抓起自己的琴来摇了摇，叠好的纸片碰在蛇皮上发出细微的响声，那张药方就在琴槽里。

“师父，这儿不是野羊岭吗？”小瞎子问。

老瞎子没搭理他，听出这小子又不安稳了。

“前头就是野羊坳，是不是，师父？”

“小子，过来给我擦擦背，”老瞎子说，把弓一样的脊背弯给他。

“是不是野羊坳，师父？”

“是！干什么？你别又闹猫似的。”

小瞎子的心扑通扑通跳，老老实实地给师父擦背，老瞎子觉出他擦得很有劲。

“野羊坳怎么了？你别又叫驴似的会闻味儿。”

小瞎子心虚，不吭声，不让自己显出兴奋。

“又想什么呢？别当我不知道你那点心思。”

“又怎么了，我？”

“怎么了你？上回你在这儿疯得不够？那妮子是什么好货！”老瞎子心想，也许不该再带他到野羊坳来。可是野羊坳是个大村子，年年在这儿生意都好，能说上半个多月。老瞎子恨不能立刻弹断最后几根琴弦。

小瞎子嘴上嘟嘟囔囔的，心却飘飘的，想着野羊坳里那个尖声细气的小妮子。

“听我一句话，不害你，”老瞎子说，“那号事靠不住。”

“什么事？”

“少跟我贫嘴。你明白我说的什么事。”

“我就没听您说过，什么事靠得住。”小瞎子又偷偷地笑。

老瞎子没理他，骨头一样的眼珠又对着苍天。那儿，太阳正变成一汪血。

两面脊背和山是一样的黄褐色。一座已经老了，嶙峋瘦骨像是山根下裸露的基石。另一座正年轻。老瞎子七十岁，小瞎子才十七。

小瞎子十四岁上父亲把他送到老瞎子这儿来，为的是让他学说书，这辈子好有个本事，将来可以独自在世上活下去。

老瞎子说书已经说了五十多年。这一片偏僻荒凉的大山里的人们都知道他：头发一天天变白，背一天天变驼，年年月月背一把三弦琴满世界走，逢上有愿意出钱的地方就拨动琴弦唱一晚上，给寂寞的山村带来欢乐。开头常是这么几句：“自从盘古分天地，三皇五帝到如今，有道君王安天下，无道君王害黎民。轻轻弹响三弦琴，慢慢稍停把歌论，歌有三千七百本，不知哪本动人心。”于是听书的众人喊起来，老的要听董永卖身葬父，小的要听武二郎夜走蜈蚣岭，女人们想听秦香莲。这是老瞎子最知足的一刻，身上的疲劳和心里的孤寂全忘却，不慌不忙地喝几口水，待众人的吵嚷声鼎沸，便把琴弦一阵紧拨，唱道：“今日不把别人唱，单表公子小罗成。”或者：“茶也喝来烟也吸，唱一回哭倒长城的孟姜女。”满场立刻鸦雀无声，老瞎子也全心沉到自己所说的书中去。

他会的老书数不尽。他还有一个电匣子，据说是花了大价钱从一个山外人手里买来，为的是学些新词儿，编些新曲儿。其实山里人倒不太在乎他说什么唱什么。人人都称赞他那三弦子弹得讲究，轻轻漫漫的，飘飘洒洒的，疯癫狂放的，那里头有天上的日月，有地上的生灵。老瞎子的嗓子能学出世上所有的声音，男人、女人，刮风下雨，兽啼禽鸣。不知道他脑子里能呈现出什么景象，他一落生就瞎了眼睛，从没见过这个世界。

小瞎子可以算见过世界，但只有三年，那时还不懂事。他对说书和弹琴并无多少兴趣，父亲把他送来的时候费尽了唇舌，好说歹说连哄带骗，最后不如说是那个电匣子把他留住。他抱着电匣子听得入神，甚至没发觉父亲什么时候离去。

这只神奇的匣子永远令他着迷。遥远的地方和稀奇古怪的事物使他幻想不绝，凭着三年朦胧的记忆，补充着万物的色彩和形象。譬如海，匣子里说蓝天就像大海，他记得蓝天，于是想象出海；匣子里说海是无边无际的水，他记得锅里的水，于是想象出满天排开的水锅。再譬如漂亮的姑娘，匣子里说就像盛开的花朵，他实在不相信会是那样，母亲的灵柩被抬到远山上去的时候，路上正开遍着野花，他永远记得却永远不愿意去想。但他愿意想姑娘，越来越愿意想；尤其是野羊坳的那个尖声细气的小妮子，总让他心里荡起波澜。直到有一回匣子里唱道，“姑娘的眼睛就像太阳”，这下他才找到了一个贴切的形象，想起母亲在红透的夕阳中向他走来的样子。其实人人都是根据自己的所知猜测着无穷的未知，以自己的感情勾画出世界。每个人的世界就都不同。

也总有一些东西小瞎子无从想象，譬如“曲折的油狼”。

这天晚上，小瞎子跟着师父在野羊坳说书，又听见那小妮子站在离他不远处尖声细气地说笑。书正说到紧要处——“罗成回马再交战，大胆苏烈又兴兵。苏烈大刀如流水，罗成长枪似腾云，如似海中龙吊宝，犹如深山虎争林。又战七日并七夜，罗成清茶无点唇……”老瞎子把琴弹得如雨骤风疾，字字句句唱得铿锵。小瞎子却心猿意马，手底下早乱了套数……

野羊岭上有一座小庙，离野羊坳村二里地，师徒二人就在这里住下。石头砌的院墙已经残断不全，几间小殿堂也歪斜欲倾百孔千疮，唯正中一间尚可遮蔽风雨，大约是因为这一间中毕竟还供奉着神灵。三尊泥像早脱尽了尘世的彩饰，还一身黄土本色返璞归真了，认不出是佛是道。院里院外、房顶墙头都长满荒藤野草，蓊蓊郁郁倒有生气。老瞎子每回到野羊坳说书都住这儿，不出房钱又不惹是非。小瞎子是第二次住在这儿。

散了书已经不早，老瞎子在正殿里安顿行李，小瞎子在侧殿的檐下生火烧水。去年砌下的灶稍加修整就可以用。小瞎子撅着屁股吹火，柴草不干，呛得他满院里转着圈咳嗽。

老瞎子在正殿里数叨他："我看你能干好什么。"

"柴湿嘛。"

"我没说这事。我说的是你的琴，今儿晚上的琴你弹成了什么。"

小瞎子不敢接这话茬，吸足了几口气又跪到灶火前去，鼓着腮帮子一通猛吹。"你要是不想干这行，就趁早给你爹捎信把你领回去。老这么闹猫闹狗的可不行，要闹回家闹去。"

小瞎子咳嗽着从灶火边跳开，几步蹿到院子另一头，呼哧呼哧大喘气，嘴里一边骂。

"说什么呢？"

"我骂这火。"

"有你那么吹火的？"

"那怎么吹？"

"怎么吹？哼，"老瞎子顿了顿，又说，"你就当这灶火是那妮子的脸！"

小瞎子又不敢搭腔了，跪到灶火前去再吹，心想：真的，不知道兰秀儿的脸什么样。那个尖声细气的小妮子叫兰秀儿。

"那要是妮子的脸，我看你不用教也会吹。"老瞎子说。

小瞎子笑起来，越笑越咳嗽。

"笑什么笑！"

"您吹过妮子脸？"

老瞎子一时语塞。小瞎子笑得坐在地上。"日他妈，"老瞎子骂道，笑笑，然后变了脸色，再不言语。

灶膛里腾的一声，火旺起来。小瞎子再去添柴，一心想着兰秀儿。才散了书的那会儿，兰秀儿挤到他跟前来小声说："哎，上回你答应我什么来？"师父就在旁边，他没敢吭声。人群挤来挤去，一会儿又把兰秀儿挤到他身边。"噫，上回吃了人家的煮鸡蛋倒白吃了？"兰秀儿说，声音比上回大。这时候师父正忙着跟几个老汉拉话，他赶紧说："嘘——，我记着呢。"兰秀儿又把声音压低："你答应给我听电匣子你还没给我听。""嘘——，我记着呢。"幸亏那会儿人声嘈杂。

正殿里好半天没有动静。之后，琴声响了，老瞎子又上好了一根新弦。他本来应该高兴的，来野羊坳头一晚上就又弹断了一根琴弦。可是那琴声却低沉、零乱。

小瞎子渐渐听出琴声不对，在院里喊："水开了，师父。"

没有回答。琴声一阵紧似一阵了。

小瞎子端了一盆热水进来，放在师父跟前，故意嘻嘻笑着说："您今儿晚还想弹断一根是怎么着？"

老瞎子没听见，这会儿他自己的往事都在心中。琴声烦躁不安，像是年年旷野里的风雨，像是日夜山谷中的流溪，像是奔奔忙忙不知所归的脚步声。小瞎子有点害怕了：师父很久不这样子，师父一这样就要犯病，头疼、心口疼、浑身疼，会几个月爬不起炕来。

"师父，您先洗脚吧。"

琴声不停。

"师父，您该洗脚了。"小瞎子的声音发抖。

琴声不停。

"师父！"

琴声戛然而止，老瞎子叹了口气，小瞎子松了口气。

老瞎子洗脚，小瞎子乖乖地坐在他身边。

"睡去吧，"老瞎子说，"今儿个够累的了。"

"您呢？"

"你先睡，我得好好泡泡脚。人上了岁数毛病多。"老瞎子故意说得轻松。

“我等你一块儿睡。”

山深夜静。有了一点风，墙头的草叶子响。夜猫子在远处哀哀地叫。听得见野羊坳里偶尔有几声狗吠，又引得孩子哭。月亮升起来，白光透过残损的窗棂进入了殿堂，照见两个瞎子和三尊神像。

“等我干嘛，时候不早了。”

“你甭担心我，我怎么也不怎么。”老瞎子又说。

“听见没有，小子？”

小瞎子到底年轻，已经睡着。老瞎子推推他让他躺好，他嘴里咕囔了几句倒头睡去。老瞎子给他盖被时，从那身日渐发育的筋肉上觉出，这孩子到了要想那些事的年龄，非得有一段苦日子过不可了。唉，这事谁也替不了谁。

老瞎子再把琴抱在怀里，摩挲着根根绷紧的琴弦，心里使劲念叨，又断了一根了，又断了一根了。再摇摇琴槽，有轻微的纸和蛇皮的摩擦声。唯独这事能为他排忧解烦。一辈子的愿望。

小瞎子做了一个好梦，醒来吓了一跳，鸡已经叫了。他一骨碌爬起来听听，师父正睡得香，心说还好。他摸到那个大挎包，悄悄地掏出电匣子，蹑手蹑脚出了门。

往野羊坳方向走了一会儿，他才觉出不对头，鸡叫声渐渐停歇，野羊坳里还是静静的没有人声。他愣了一会儿，鸡才叫头遍吗？灵机一动扭开电匣子，电匣子里也是静悄悄。现在是半夜。他半夜里听过匣子，什么都没有。这匣子对他来说还是个表，只要扭开一听，便知道是几点钟，什么时候有什么节目都是一定的。

小瞎子回到庙里，老瞎子正翻身。

“干嘛哪？”

“撒尿去了。”小瞎子说。

一上午，师父逼着他练琴。直到晌午饭后，小瞎子才瞅机会溜出庙来，溜进野羊坳。鸡也在树荫下打盹，猪也在墙根下说着梦话，太阳又热得凶；村子里很安静。

小瞎子踩着磨盘，扒着兰秀儿家的墙头轻声喊：“兰秀儿——兰秀儿——”

屋里传出雷似的鼾声。

他犹豫了片刻，把声音稍稍抬高："兰秀儿！——兰秀儿！"

狗叫起来。屋里的鼾声停了，一个闷声闷气的声音问："谁呀？"

小瞎子不敢回答，把脑袋从墙头上缩下来。

屋里吧唧了一阵嘴，又响起鼾声。

他叹口气，从磨盘上下来，怏怏地往回走。忽听见身后嘎吱一声院门响，随即一阵细碎的脚步声向他跑来。

"猜是谁！"尖声细气。小瞎子的眼睛被一双柔软的小手捂上了。——这才多余呢。兰秀儿不到十五岁，认真说还是个孩子。

"兰秀儿！"

"电匣子拿来没？"

小瞎子掀开衣襟，匣子挂在腰上。"嘘——，别在这儿，找个没人的地方听去。"

"咋啦？"

"回头招好些人。"

"咋啦？"

"那么多人听，费电。"

两个人东拐西弯，来到山背前那眼小泉边。小瞎子忽然想起件事，问兰秀儿："你见过曲折的油狼吗？"

"啥？"

"曲折的油狼。"

"曲折的油狼？"

"知道吗？"

"你知道？"

"当然。还有绿色的长椅。就是一把椅子。"

"椅子谁不知道。"

"那曲折的油狼呢？"

兰秀儿摇摇头，有点崇拜小瞎子了。小瞎子这才郑重其事地扭开电匣子，一支欢快的乐曲在山沟里飘荡。

这地方又凉快又没有人来打扰。

“这是‘步步高’。”小瞎子说，跟着哼。

一会儿又换了支曲子，叫“旱天雷”，小瞎子还能跟着哼。兰秀儿觉得很惭愧。

“这曲子也叫‘和尚思妻’。”

兰秀儿笑起来：“瞎骗人！”

“你不信？”

“不信。”

“爱信不信。这匣子里说的古怪事多啦。”小瞎子玩着凉凉的泉水，想了一会儿。“你知道什么叫接吻吗？”

“你说什么？”

这回轮到小瞎子笑，光笑不答。兰秀儿明白准不是好话，红着脸不再问。

音乐播完了，一个女人说：“现在是讲卫生节目。”

“啥？”兰秀儿没听清。

“讲卫生。”

“是什么？”

“嗯——，你头发上有虱子吗？”

“去——，别动！”

小瞎子赶忙缩回手来，赶忙解释：“要有就是不讲卫生。”

“我才没有。”兰秀儿抓抓头，觉得有些刺痒。“噫——，瞧你自个儿吧！”兰秀儿一把扳过小瞎子的头。“看我捉几个大的。”

这时候听见老瞎子在半山上喊：“小子，你不给我回来！该做饭了，吃罢饭还得去说书！”他已经站在那儿听了好一会儿了。

野羊坳里已经昏暗，羊叫、驴叫、狗叫、孩子们叫，处处起了炊烟。野羊岭上还有一线残阳，小庙正在那淡薄的光中，没有声响。

小瞎子又撅着屁股烧火。老瞎子坐在一旁淘米，凭着听觉他能把米中的沙子拣出来。

“今天的柴挺干。”小瞎子说。

“嗯。”

“还是焖饭？”

“嗯。”

小瞎子这会儿精神百倍，很想找些话说，但是知道师父的气还没消，心说还是少找骂。

两个人默默地干着自己的事，又默默地一块儿把饭做熟。岭上也没了阳光。

小瞎子盛了一碗小米饭，先给师父：“您吃吧。”声音怯怯的，无比驯顺。

老瞎子终于开了腔：“小子，你听我一句行不？”

“嗯。”小瞎子往嘴里扒饭，回答得含糊。

“你要是不愿意听，我就不说。”

“谁说不愿意听？我说‘嗯’！”

“我是过来人，总比你知道的多。”

小瞎子闷头扒拉饭。

“我经过那号事。”

“什么事？”

“又跟我贫嘴！”老瞎子把筷子往灶台上一摔。

“兰秀儿光是想听听电匣子。我们光是一块儿听电匣子来。”

“还有呢？”

“没有了。”

“没有了？”

“我还问她见没见过曲折的油狼。”

“我没问你这个！”

“后来，后来，”小瞎子不那么气壮了。“不知怎么一下就说起了虱子……”

“还有呢？”

“没了。真没了！”

两个人又默默地吃饭。老瞎子带了这徒弟好几年，知道这孩子不会撒谎，这孩子最让人放心的地方就是诚实、厚道。

“听我一句话，保准对你没坏处。以后离那妮子远点儿。”

“兰秀儿人不坏。”

“我知道她不坏，可你离她远点儿好。早年你师爷这么跟我说，我也不信……”

“师爷？说兰秀儿？”

“什么兰秀儿，那会儿还没她呢。那会儿还没有你们呢……”老瞎子阴郁的脸又转向暮色浓重的天际，骨头一样白色的眼珠不住地转动，不知道在那儿他能“看”见什么。

许久，小瞎子说：“今儿晚上您多半又能弹断一根琴弦。”想让师父高兴些。

这天晚上师徒俩又在野羊坳说书。“上回唱到罗成死，三魂七魄赴幽冥，听歌君子莫嘈嚷，列位听我道下文。罗成阴魂出地府，一阵旋风就起身，旋风一阵来得快，长安不远面前存……”老瞎子的琴声也乱，小瞎子的琴声也乱。小瞎子回忆着那双柔软的小手捂在自己脸上的感觉，还有自己的头被兰秀儿扳过去时的滋味。老瞎子想起的事情更多……

夜里老瞎子翻来覆去睡不安稳，多少往事在他耳边喧嚣，在他心头动荡，身体里仿佛有什么东西要爆炸。坏了。要犯病，他想。头昏，胸口憋闷，浑身紧巴巴地难受。他坐起来，对自己叨咕：“可别犯病，一犯病今年就甭想弹够那些琴弦了。”他又摸到琴。要能叮叮当当随心所欲地疯弹一阵，心头的忧伤或许就能平息，耳边的往事或许就会消散。可是小瞎子正睡得香甜。

他只好再全力去想那张药方和琴弦：还剩下几根，还只剩最后几根了。那时就可以去抓药了，然后就能看见这个世界——他无数次爬过的山，无数次走过的路，无数次感到过她的温暖和炽热的太阳，无数次梦想着的蓝天、月亮和星星……还有呢？突然间心里一阵空，空得深重。就只为了这些？还有什么？他朦胧中所盼望的东西似乎比这要多得多……

夜风在山里游荡。

猫头鹰又在凄哀地叫。

不过现在他老了，无论如何没几年活头了，失去的已经永远失去了，他像是刚刚意识到这一点。七十年中所受的全部辛苦就为了最后能看一眼世界，这值得吗？他问自己。

小瞎子在梦里笑，在梦里说：“那是一把椅子，兰秀儿……”

老瞎子静静地坐着。静静地坐着的还有那三尊分不清是佛是道的泥像。

鸡叫头遍的时候老瞎子决定，天一亮就带这孩子离开野羊坳。否则这孩子受不了，他自己也受不了。兰秀儿人不坏，可这事会怎么结局，老瞎子比谁都“看”得清楚。鸡叫二遍，老瞎子开始收拾行李。

可是一早起来小瞎子病了，肚子疼，随即又发烧。老瞎子只好把行期推迟。

一连好几天，老瞎子无论是烧火、淘米、捡柴，还是给小瞎子挖药、煎药，心里总在说：“值得，当然值得。”要是不这么反反复复对自己说，身上的力气似乎就全要垮掉。“我非要最后看一眼不可。”“要不怎么着？就这么死了去?”“再说就只剩下最后几根了。”后面三句都是理由。老瞎子又冷静下来，天天晚上还到野羊坳去说书。

这一下小瞎子倒来了福气。每天晚上师父到岭下去了，兰秀儿就猫似的轻轻跳进庙里来听匣子。兰秀儿还带来熟的鸡蛋，条件是得让她亲手去扭那匣子的开关。“往哪边扭?”“往右。”“扭不动。”“往右，笨货，不知道哪边是右哇?”“咔哒”一下，无论是什么便响起来，无论是什么两人都爱听。

又过了几天，老瞎子又弹断了三根琴弦。

这一晚，老瞎子在野羊坳里自弹自唱：“不表罗成投胎事，又唱秦王李世民。秦王一听双泪流，可怜爱卿丧残身，你死一身不打紧，缺少扶朝上将军……”

野羊岭上的小庙里这时更热闹。电匣子的音量开得挺大，又是孩子哭，又是大人喊，轰隆隆地又响炮，嘀嘀答答地又吹号。月光照进正殿，小瞎子躺着啃鸡蛋，兰秀儿坐在他旁边。两个人都听得兴奋，时而大笑，时而稀里糊涂莫名其妙。

“这匣子你师父哪买来?”

“从一个山外头的人手里。”

“你们到山外头去过?”兰秀儿问。

“没。我早晚要去一回就是，坐坐火车。”

“火车?”

“火车你也不知道？笨货。”

“噢，知道知道，冒烟哩是不是?”

过了一会儿兰秀儿又说：“保不准我就得到山外头去。”语调有些恓惶。

“是吗？”小瞎子一挺坐起来：“那你到底瞧瞧曲折的油狼是什么。”

“你说是不是山外头的人都有电匣子？”

“谁知道。我说你听清楚没有？曲、折、的、油、狼，这东西就在山外头。”

“那我得跟他们要一个电匣子？”兰秀儿自言自语地想心事。

“要一个？”小瞎子笑了两声，然后屏住气，然后大笑：“你干嘛不要俩？你可真本事大。你知道这匣子几千块钱一个？把你卖了吧，怕也换不来。”

兰秀儿心里正委屈，一把揪住小瞎子的耳朵使劲拧，骂道：“好你个死瞎子。”

两个人在殿堂里扭打起来。三尊泥像袖手旁观帮不上忙。两个年轻的正在发育的身体碰撞在一起，纠缠在一起，一个把一个压在身上，一会儿又颠倒过来，骂声变成笑声。匣子在一边唱。

打了好一阵子，两个人都累得住了手，心怦怦跳，面对面躺着喘气，不言声儿，谁却也不愿意再拉开距离。

兰秀儿呼出的气吹在小瞎子脸上，小瞎子感到了诱惑，并且想起那天吹火时师父说的话，就往兰秀儿脸上吹气。兰秀儿并不躲。

“嘿，”小瞎子小声说，“你知道接吻是什么了吗？”

“是什么？”兰秀儿的声音也小。

小瞎子对着兰秀儿的耳朵告诉她。兰秀儿不说话。老瞎子回来之前，他们试着亲了嘴儿，滋味真不坏……

就是这天晚上，老瞎子弹断了最后两根琴弦。两根弦一齐断了。他没料到。他几乎是连跑带爬地上了野羊岭，回到小庙里。

小瞎子吓了一跳：“怎么了，师父？”

老瞎子喘吁吁地坐在那儿，说不出话。

小瞎子有些犯嘀咕：莫非是他和兰秀儿干的事让师父知道了？

老瞎子这才相信：一切都是值得的。一辈子的辛苦都是值得的。能看一回，好好看一回，怎么都是值得的。

“小子，明天我就去抓药。”

“明天？”

“明天。”

“又断了一根了?”

“两根。两根都断了。”

老瞎子把那两根弦卸下来，放在手里揉搓了一会儿，然后把它们并到另外的九百九十八根中去，绑成一捆。

“明天就走?”

“天一亮就动身。”

小瞎子心里一阵发凉。老瞎子开始剥琴槽上的蛇皮。

“可我的病还没好利索，”小瞎子小声叨咕。

“噢，我想过了，你就先留在这儿，我用了十天就回来。”

小瞎子喜出望外。

“你一个人行不?”

“行!”小瞎子紧忙说。

老瞎子早忘了兰秀儿的事。“吃的、喝的、烧的全有。你要是病好利索了，也该学着自个儿去说回书。行吗?”

“行。”小瞎子觉得有点对不住师父。

蛇皮剥开了，老瞎子从琴槽中取出一张叠得方方正正的纸条。他想起这药方放进琴槽时，自己才二十岁，便觉得浑身上下都好像冷。

小瞎子也把那药方放在手里摸了一会儿，也有了几分肃穆。

“你师爷一辈子才冤呢。”

“他弹断了多少根?”

“他本来能弹够一千根，可他记成了八百。要不然他能弹断一千根。”

天不亮老瞎子就上路了。他说最多十天就回来，谁也没想到他竟去了那么久。

老瞎子回到野羊坳时已经是冬天。

漫天大雪，灰暗的天空连接着白色的群山。没有声息，处处也没有生气，空旷而沉寂。所以老瞎子那顶发了黑的草帽尤其蹿动得显著。他蹒蹒跚跚地爬上野羊岭。庙院中衰草瑟瑟，蹿出一只狐狸，仓惶逃远。

村里人告诉他，小瞎子已经走了些日子。

“我告诉他我回来。”

“不知道他干嘛就走了。”

“他没说去哪儿？留下什么话没？”

“他说让您甭找他。”

“什么时候走的？”

人们想了好久，都说是在兰秀儿嫁到山外去的那天。

老瞎子心里便一切全都明白。

众人劝老瞎子留下来，这么冰天雪地的上哪去？不如在野羊坳说一冬书。老瞎子指指他的琴，人们见琴柄上空荡荡已经没了琴弦。老瞎子面容也憔悴，呼吸也孱弱，嗓音也沙哑了，完全变了个人。他说得去找他的徒弟。

若不是还想着他的徒弟，老瞎子就回不到野羊坳。那张他保存了五十年的药方原来是一张无字的白纸。他不信，请了多少个识字而又诚实的人帮他看，人人都说那果真就是一张无字的白纸。老瞎子在药铺前的台阶上坐了一会儿，他以为是一会儿，其实已经几天几夜，骨头一样的眼珠在询问苍天，脸色也变成骨头一样的苍白。有人以为他是疯了，安慰他，劝他。老瞎子苦笑：七十岁了再疯还有什么意思？他只是再不想动弹，吸引着活下去、走下去、唱下去的东西骤然间消失干净。就像一根不能拉紧的琴弦，再难弹出赏心悦耳的曲子。老瞎子的心弦断了。现在发现那目标原来是空的。老瞎子在一个小客店里住了很久，觉得身体里的一切都在熄灭。他整天躺在炕上，不弹也不唱，一天天迅速地衰老。直到花光了身上所有的钱，直到忽然想起了他的徒弟，他知道自己的死期将至，可那孩子在等他回去。

茫茫雪野，皑皑群山，天地之间蹿动着一个黑点。走近时，老瞎子的身影弯得如一座桥。他去找他的徒弟。他知道那孩子目前的心绪、处境。

他想自己先得振作起来，但是不行，前面明明没有了目标。

他一路走，便怀恋起过去的日子，才知道以往那些奔奔忙忙兴致勃勃的翻山、赶路、弹琴，乃至心焦、忧虑都是多么欢乐！那时有个东西把心弦扯紧，虽然那东西原是虚设。老瞎子想起他师父临终时的情景。他师父把那张自己没用上的药方封进他的琴槽。“您别死，再活几年，您就能睁眼看一回了。”说这话时他还是个孩子。他师父久久不言语，最后说：“记住，人的命就像这根弦，拉紧了才能弹好，弹好了就够了。”……不错，那意思就是说：目的本来没有。老瞎子知道怎么对自己的徒弟说了。可是他又想：能把一切都告诉小瞎子吗？老瞎子又试着振作起来，可还是不行，总摆脱不掉那张无字的白纸……

在深山里，老瞎子找到了小瞎子。

小瞎子正跌倒在雪地里，一动不动，想那么等死。老瞎子懂得那绝不是装出来的悲哀。老瞎子把他拖进一个山洞，他已无力反抗。

老瞎子捡了些柴。打起一堆火。

小瞎子渐渐有了哭声。老瞎子放了心，任他尽情尽意地哭。只要还能哭就还有救，只要还能哭就有哭够的时候。

小瞎子哭了几天几夜，老瞎子就那么一声不吭地守候着。火光和哭声惊动了野兔子、山鸡、野羊、狐狸和鹞鹰……

终于小瞎子说话了："干嘛咱们是瞎子!"

"就因为咱们是瞎子。"老瞎子回答。

终于小瞎子又说："我想睁开眼看看，师父，我想睁开眼看看！哪怕就看一回。"

"你真那么想吗?"

"真想，真想——"

老瞎子把篝火拨得再旺些。

雪停了。铅灰色的天空中，太阳像一面闪光的小镜子。鹞鹰在平稳地滑翔。

"那就弹你的琴弦，"老瞎子说，"一根一根尽力地弹吧。"

"师父，您的药抓来了?"小瞎子如梦方醒。

"记住，得真正是弹断的才成。"

"您已经看见了吗？师父，您现在看得见了。"

小瞎子挣扎着起来，伸手去摸师父的眼窝。老瞎子把他的手抓住。

"记住，得弹断一千二百根。"

"一千二?"

"把你的琴给我，我把这药方给你封在琴槽里。"老瞎子现在才弄懂了他师父当年对他说的话——咱的命就在这琴弦上。

目的虽是虚设的，可非得有不行，不然琴弦怎么拉紧，拉不紧就弹不响。

“怎么是一千二，师父?”

“是一千二。我没弹够，我记成了一千。”老瞎子想：这孩子再怎么弹吧，还能弹断一千二百根？永远扯紧欢跳的琴弦，不必去看那张无字的白纸……

这地方偏僻荒凉，群山不断。荒草丛中随时会飞起一对山鸡，跳出一只野兔、狐狸，或者其他小野兽。山谷中鹞鹰在盘旋。

现在让我们回到开始：

莽莽苍苍的群山之中走着两个瞎子，一老一少，一前一后，两顶发了黑的草帽起伏蹿动，匆匆忙忙，像是随着一条不安静的河水在漂流。无所谓从哪儿来、到哪儿去，也无所谓谁是谁……

赏读

人活着要有一个奔头。但是《命若琴弦》通过两位瞎子的故事告诉我们，这个奔头其实是虚构的，真可谓釜底抽薪。

对生命以及生命意义的探索是史铁生小说永恒的主题，《命若琴弦》就是史铁生创作的一部抗争荒诞命运、追求生命意义的作品。在小说《命若琴弦》中，史铁生将朴素的语言与深刻的哲思结合起来，以寓言的方式讲述了老瞎子和小瞎子的生命故事：一老一少拿着三弦琴走乡串户，靠说书为生，在老瞎子的琴槽中有一张他师父留下的药方：在弹断一千根琴弦时取出药方，依方抓药，就可以使他双眼复明。在老瞎子弹断一千根琴弦时，他取出了那张珍藏多年的药方，但上面什么也没有。老瞎子并未将真相告诉小瞎子，而是将这张白纸封进了小瞎子的琴槽中，并告诉小瞎子，“得弹断一千二百根”。

史铁生通过这个简单的寓言故事揭示了深刻的人生哲理：生命困境是无法逃避的，生命意义在于过程，而不在于结果，人生需要目标与希望，目标可能是虚无的、渺茫的，但它却能引导真实的结果。

在《务虚笔记》中，史铁生这样写道“人的本性倾向福音，但是人的处境却是苦难，或是残疾”，而小说《命若琴弦》就展现了史铁生对待人生和命运的感悟。当老瞎子终于弹断一千根琴弦，打开了师父留下的药方，他才知道这所谓的药方不过是一张白纸。老瞎子陷入了极度痛苦之中，他面容憔悴、嗓子沙哑、呼吸孱弱，人生希望和精神支柱也轰然倒塌，“老瞎子在药铺前的台阶上坐了一会儿……其实已经几天几夜……有人以为他是疯了”，他用“骨头一样的眼珠在询问苍天”，但却无法抗拒命运。

开始时，小瞎子并未将瞎当成一种生活烦恼，他与兰秀儿相亲相爱，但是兰秀儿却被嫁到了外村。后来，小瞎子才知道是因为他双眼失明，才失去了宝贵的爱情。他质疑命运的不公，“干嘛咱们是瞎子”，老瞎子无可奈何地回答“就因为咱们是瞎子”。双目失明是老瞎子和小瞎子无法抗拒的宿命。其实，每个人都有自己的宿命，因为人的能力与欲望之间总是有着巨大的距离，人无论怎样努力，都无法满足自我欲望，这就是人类永恒的生存困境。史铁生认为，“残疾是上帝对人的缺陷的强调……从残疾人看到人的残疾”，残疾不过是被强化的个体困境，残疾境遇是人类普遍生存困境的缩影，人生总会不停地遭遇困境，摆脱一种困境之后又会出现新的困境。古希腊神话中，勇敢、睿智的西西弗斯触犯了众神，为了惩罚西西弗斯，众神让他做无效而无望的劳动——将巨石推向山顶，在巨石即将被推向山顶时，就会从山上滚落下来。西西弗斯只能不断重复、永无止境地做这件毫无意义的事情。西西弗斯的生存困境就是老瞎子和小瞎子的生存困境，也是每个人都不得不面对的生存困境。

既然生存困境是永恒的、不可逃避的，那么人们应当如何面对生存困境，实现生命的超越呢？史铁生给出的答案就是用过程取代目的，体验苦难、超越苦难，坦然面对人与现实世界的冲突，以洒脱的态度对待人生的虚无和无尽的生命苦难，在追求中获取生命的意义和生活的幸福。生命的意义就在于过程，因为过程是终极意义的寄托，无论什么样的人生目标都不具有终极意义，都无法与生命的困境抗衡，人们只能将对人生目的的焦虑转向对生命过程的珍惜，在奋斗中获得充实的精神生活，找到人生的幸福。

对老瞎子而言，人生目标和生命意义就是弹断一千根琴弦，一根琴弦需要两个点才能拉紧，心弦也要两点，一头追求，一头目的，在没有目的之后，老瞎子的心弦空无所系，这时他想起了师父临终前的嘱托，“人的命就像这根弦……弹好了就够了”。最终，老瞎子认识到，一辈子被虚设的目的拉紧，生活中丁丁当当才有了生气，以往的那些奔忙、翻山、赶路、弹琴，乃至悲伤、忧虑是多么快乐。同时，老瞎子也悟透了人生的意义：一切人生目的都是假定的，生活的意义不在于那张能使自己重见光明的药方，而在于“真正地弹断每根琴弦”的过程。

人生的真相是空无，我们只能用充实的生命过程与之对抗，只能通过弹好每根“琴弦”，消解人生这张“白纸”，突破虚无和失落的生命结局。《命若琴弦》关注的不只是残疾人的存在价值和生命意义，更是对人类的生命意义、终极价值的普遍关怀。

切磋琢磨

1. 你是否也曾有《寂寞的十七岁》中的“我”类似的茫然而寂寞的处境？这种复杂的情绪对你的生活有过什么样的影响？

2. 支持你人生最重要的信念是什么？你如何看待激流勇进和急流勇退？

3. 在《变老的时候》这首诗中，李琦想象自己变老时候的样子，优雅而从容。请想象自己在七十岁的时候回忆自己十七岁的心情。

4.《命若琴弦》中老瞎子拉断琴弦的行为，和希腊神话中西西弗斯的惩罚十分相像。请你阅读西西弗斯的故事，并对比西西弗斯推石头和老瞎子拉断琴弦行为的异同，思考他们行为的意义。